스트레스의 힘

KB132010

THE
UPSIDE OF STRESS

끊임없는 자극이 만드는 극적인 성장

켈리 맥고니걸

신예경 옮김

21세기북스

배 속에 나비를 품고 있다면

마음속으로 날아오라고 초대하세요.

• 쿠퍼 에덴스(Cooper Edens) •

스트레스는 해롭다는 생각에
숨겨진 진실

스트레스에 대해 평소 여러분이 갖고 있던 생각은 다음 중 어느 쪽인가?

    A. 스트레스는 해로우므로 반드시 피하고 줄여야 한다.

    B. 스트레스는 유용하므로 반드시 수용하고 활용해야 한다.

5년 전의 나라면 조금도 망설이지 않고 A를 선택했을 것이다. 건강심리전문가인 나는 심리학과 의학 교육을 모두 받은 뒤에 대단히 분명한 교훈을 하나 얻었다. 스트레스는 해롭다는 것이다.

몇 년 동안 여러 가지 강연과 워크숍을 진행하고 연구를 실시하며 논문과 저서를 집필하면서 나는 그 교훈을 선택해서 이용하기 시작했다. 그리고 스트레스가 사람을 병들게 만들고 평범한 감기에서 심장병과 우울증, 중독에 이르는 온갖 질병에 걸릴 위험을 증가시킬 뿐 아니라, 뇌세포를 죽이고 DNA를 손상시키며 노화를 촉진시킨다고 말했다. 《워싱턴포스트Washington

Post》에서부터《마사스튜어트웨딩Martha Stewart Weddings》에 이르는 각종 매스 미디어에서 여러분이 아마도 수천 번은 들어봤음직한, 스트레스 줄이기에 관한 조언을 제안하기도 했다. "숨을 크게 들이쉬어라", "수면 시간을 늘려라", "시간을 관리하라"는 등의 조언을 비롯해, 생활 속에서 스트레스를 줄이기 위한 방법이라면 무엇이든 시도해도 좋다는 충고도 당연히 빼놓지 않았다.

나는 스트레스를 적으로 규정했고, 사실 이런 태도를 취하는 사람이 나 혼자만은 아니었다. 나는 스트레스를 적대시하는 흔하디흔한 심리학자와 의사 그리고 과학자들 중 한 사람일 뿐이었다. 그들이 그랬듯이 나 또한 스트레스란 반드시 막아야 할 위험한 전염병이라고 믿었다.

그러나 이제 나는 스트레스에 대한 기존 생각을 바꿨고, 여러분의 생각도 바꿔주고 싶다. 우선 내가 스트레스에 대해 처음으로 달리 생각하게 된 충격적인 과학적 사실에 대해 언급하고 넘어가겠다. 1998년 어떤 연구에서 미국 성인 3만 명에게 "작년 한 해 동안 경험한 스트레스가 얼마나 컸는지" 물었다. "스트레스가 건강에 해롭다고 믿는가"라는 질문도 함께 제시했다.

8년 뒤 당시의 연구원들은 3만 명의 참가자들 가운데 사망자를 알아내기 위해 공식 기록을 샅샅이 뒤졌다. 나쁜 소식부터 전하자면 스트레스 수치가 높은 사람들은 사망 위험이 43퍼센트 증가했다. 그런데 내 주의를 사로잡은 결과는 스트레스가 건강에 해롭다고 '믿었던' 사람들만 사망 위험이 증가했다는 사실이었다.[1]

비록 높은 스트레스 수치를 기록했지만, 스트레스가 해롭다고 '믿지 않은' 사람들은 사망 확률이 증가하지 않았다. 사실 이들은 연구에 참여한 사람들

중 사망 위험이 가장 낮았고, 심지어 스트레스를 거의 받지 않는다고 기록된 사람들보다도 낮았다.

연구원들은 사람들을 죽음으로 몰아가는 요인이 스트레스만은 아니라고 결론지었다. 스트레스 그 자체와 스트레스는 해롭다는 '믿음'이 결합될 때 일어나는 현상이라는 것이었다. 연구원들은 8년 동안 연구를 진행하면서 18만 2,000명의 미국인들이 스트레스가 건강을 해친다는 믿음 때문에 조기에 사망했음을 발견해냈다.

나는 이 숫자에 마음을 완전히 빼앗겼다. 자그마치 연간 2만 명이 넘는다는 뜻이 아닌가. 질병통제예방센터Centers for Disease Control and Prevention에 따르면 "스트레스는 해롭다"는 믿음은 사망 원인 15위를 차지했고, 피부암과 HIV/AIDS 및 살인보다도 더 많은 사람을 죽였다.

짐작하다시피 이 연구 결과에 나는 크게 당황했다. 스트레스가 건강에 해롭다는 사실을 사람들에게 주지시키기 위해 그토록 많은 시간과 에너지를 허비하지 않았던가. 나는 이 메시지와 내 작업이 사람들에게 도움이 된다는 생각을 당연하게 여겼다. 하지만 전혀 도움이 되지 않는다면 어떻게 될까? 신체 활동과 명상 그리고 사교 활동 등 그동안 내가 제시한 스트레스 감소법이 설령 실제로 도움이 된다고 하더라도, "스트레스가 해롭다"는 메시지까지 함께 전달함으로써 그 혜택을 약화시켰던 것은 아닐까? 결국 나는 스트레스 관리라는 미명하에, 도움을 주기보다 오히려 피해를 더 많이 끼쳤던 것은 아닐까?

사실 나는 처음에는 그 연구 결과를 본 적 없는 것처럼 행동하고 싶은 충동을 느꼈다. 한 가지 연구에 지나지 않는 데다, 그것도 상관 연구일 뿐이니까.

당시 연구원들은 그 연구 결과를 설명할 만한 광범위한 요인들을 살폈다. 여기에는 성性, 인종, 민족, 나이, 교육, 수입, 직업, 혼인 여부, 흡연, 건강 상태, 건강 보험 등이 포함됐다. 그런데 이 중에서 스트레스에 대한 믿음이 왜 스트레스 수치와 상호작용해 사망률을 예측하는지 설명하는 요인은 하나도 없었다.

스트레스에 대한 사람들의 믿음을 실제로 능숙하게 조종하지는 못했으므로 사망의 원인이 정말로 믿음에 있다고 확신할 수는 없었다. 스트레스가 해롭다고 믿는 사람들이 생활 속에서 다른 종류의 스트레스, 말하자면 보다 유해한 스트레스를 느끼는 게 가능했을까? 아니 어쩌면 그들은 스트레스의 유해한 영향에 유난히 취약해지는 성격이었는지도 모른다.

그래도 나는 그 연구 결과를 머릿속에서 지우지 못했다. 그렇게 자기불신에 한창 빠져 있을 때 내 눈에 한 가지 기회가 포착됐다. 스탠퍼드대학교 심리학과 학생들에게 나는 입버릇처럼 이렇게 말하곤 했다.

"가장 흥미로운 종류의 과학적 발견은 자신과 세상을 바라보는 사고방식에 도전하는 것입니다."

당시에 나는 자신의 믿음에 도전할 준비가 돼 있었을까? 스트레스가 위험한 경우는 오직 그렇게 믿고 있을 때뿐이라는 연구 결과를 우연히 발견하게 되면서 나는 그동안 강의하고 있던 내용에 대해 다시 생각해볼 기회를 얻었다. 더욱이 그것은 나와 스트레스의 관계에 대해 다시 생각해보라는 일종의 제안이었다. 나는 그 기회를 붙잡았을까, 아니면 그 논문을 따로 치워두고 스트레스 반대 운동을 계속했을까?

건강심리전문가 교육을 받으면서 알게 된 사실 때문에 나는 스트레스에 대한 사고방식의 중요성과 "스트레스가 목숨을 앗아간다"고 사람들에게 말함으로써 의도치 않은 결과를 불러올 가능성에 대해 귀 기울이게 됐다.

우선 어떤 믿음들이 수명에 영향을 미치기도 한다는 사실에 대해서는 나도 이미 알고 있었다. 예를 들어 노화를 긍정적인 태도로 받아들이는 사람들은 노화의 부정적인 고정관념을 고수하는 사람들보다 오래 산다. 예일대학교에서 시행한 실험 결과가 있다. 중년의 피험자들을 이후 20년 동안 지켜본 결과 노화 과정을 긍정적인 시각으로 바라본 사람들은 부정적으로 본 사람들에 비해 평균 7.6년을 더 살았다.[2] 이 수치가 뜻하는 중요성을 이해하기 위해서는 다음 사항을 고려해야 한다. 규칙적인 운동과 금연, 건강한 혈압과 콜레스테롤 수치 유지 같은 명백하고 중요한 보호 요인의 상당수는 수명을 평균 4년 이상 연장시키지 못한다는 사실이다.

광범위한 영향력을 발휘하는 또 한 가지 믿음은 신뢰와 관련이 있다. 타인을 대체로 신뢰할 수 있다고 믿는 사람들은 장수하는 경향이 있다는 것이다. 듀크대학교에서 15년 동안 실시한 연구에 따르면 남을 신뢰할 수 있다고 믿는 55세 성인 중 60퍼센트는 해당 연구가 끝난 뒤에도 여전히 살아 있었다. 이와 반대로 인간의 본성에 대해 냉소적인 관점을 보이는 사람들의 60퍼센트는 이미 사망한 뒤였다.[3]

이 같은 연구 결과로 인해 나는 일부 믿음들이 건강과 장수에 중요한 영향을 미친다고 이미 확신하고 있었다. 하지만 이러한 믿음에 스트레스에 관한 사고방식도 포함되는지는 여전히 알지 못했다.

스트레스에 대한 내 판단이 틀렸다고 기꺼이 인정하게 만든 두 번째 계기는 건강 증진의 역사에 대한 나의 지식이었다. 스트레스가 목숨을 앗아간다고 말하는 것이 공중 보건에 악영향을 미치는 전략이라면, 대중적인 건강 증진 전략이 역효과를 일으킨 것이 처음 있는 일은 아닐 것이다. 건강한 습관을 권장하기 위해 가장 일반적으로 사용되는 전략 가운데 일부는 의료 종사자들의 기대와는 정반대의 역할을 하는 것으로 밝혀졌다. 가령 의사들과 이야기할 때면 나는 흡연자들에게 담뱃갑의 경고 사진을 보여주는 방법이 효과적이라고 생각하는지 물어보곤 한다.

대체로 의사들은 경고 사진이 흡연자의 흡연욕구를 떨어뜨리고 금연의 동기를 제공한다고 믿었다. 그러나 여러 연구에 따르면 경고 사진은 역효과를 가져올 때가 많았다. 병상에서 죽어가는 폐암 환자의 모습 같은 위협적인 이미지는 흡연에 대한 긍정적인 생각을 강화시킨다.[4] 왜 그럴까? 공포심을 유발하는 이미지 때문에 놀란 가슴을 흡연으로 진정시키기 때문이다. 의사들은 공포심이 행동 변화를 일으킬 거라고 믿지만 오히려 불쾌감을 떨쳐내고 싶은 욕구만 부채질할 뿐이다.

기대에 어긋난 결과를 꾸준히 양산하는 또 하나의 전략은 사람들이 몸에 해로운 습관을 부끄럽게 여기도록 만드는 것이다. 캘리포니아대학교 샌타바버라 캠퍼스에서 관련 실험을 한 적이 있다. 연구원들은 과체중 여성들에게 기업에서 과체중 근로자들을 차별하기 시작했다는 내용의《뉴욕타임스 New York Times》기사를 읽도록 했다.[5] 나중에 이 여성들은 체중 감소를 다짐하기는커녕, 직장 내 다른 쟁점에 대한 기사를 읽은 과체중 여성에 비해 정크푸드 섭취량이 두 배로 늘었다.

대부분의 의료 종사자들은 공포, 치욕, 자기비판, 수치심과 같은 감정들은 모두 건강 개선에 대한 강력한 동기를 부여한다고 믿고 있다. 하지만 과학적 실험에 따르면, 이런 메시지는 사람들에게 영향을 미쳐 의료 종사자들이 개선시키기를 바라는 바로 그 행동을 도리어 실행하게 만든다.[6] 수년간 나는 이와 동일한 역학이 발생하는 모습을 지켜봤다. 선의를 품은 의사들과 심리학자들이 도움이 된다고 판단한 메시지를 전달하지만, 그 메시지를 받은 사람은 당황하고 의기소침해져 끝내 자멸적인 대처행동을 저지르고 만다.

스트레스에 대한 믿음과 사망률의 관련성에 대한 연구를 처음 발견한 뒤로 나는 스트레스의 부정적 효과에 대해 이야기했을 때 사람들이 보이는 반응에 전보다 더 크게 주목하기 시작했다. 그러자 내가 보낸 메시지는 공포나 수치심을 불러일으키기 위한 의학적 경고가 야기할 법한 것과 똑같이 엄청난 감정을 불러일으킨다는 사실을 알아차렸다. 내가 지칠 대로 지친 학부생들에게 기말고사 기간 직전에 스트레스의 부정적 결과에 대해 이야기하면 학생들은 한층 의기소침한 상태로 강의실을 나선다. 간병인들에게 스트레스에 관한 무시무시한 통계를 들려주면 때때로 울음이 터져 나오기도 한다.

또한 어떤 청중을 대상으로 하든지 간에 나중에 나를 찾아와서 다음과 같이 이야기한 사람은 아무도 없었다.

"살면서 스트레스를 많이 받는 것이 얼마나 해로운지 말씀해주셔서 정말 감사해요. 지금은 스트레스를 해소하면 된다는 걸 알지만 전에는 그렇게 할 생각조차 못했거든요!"

나는 스트레스에 대해 이야기하는 것이 중요하다고 믿었지만 그 전달 방식은 도움이 되지 않을 수도 있음을 깨달았다. 내가 스트레스 관리에 관해 배운 정보는 모두 스트레스가 위험하고 사람들이 이 사실을 알아야 한다는 추정에서 시작됐다. 스트레스가 얼마나 해로운지 이해하기만 한다면 사람들은 스트레스를 줄이려고 노력할 테고 그 덕분에 한층 건강하고 행복해질 것이다. 하지만 이제는 그 말이 사실이라고 확신하지 못하게 됐다.

스트레스에 대한 사고방식이 스트레스의 효과에 어떻게 영향을 미칠까, 호기심이 동하면서 나는 더 많은 증거를 찾아 나섰다. 몇 가지 질문의 해답을 얻고 싶어서였다. "스트레스에 대한 우리의 사고방식이 정말로 중요한가? 그리고 스트레스가 나쁘다는 믿음이 실제로 몸에 해롭다면 그 대안은 무엇인가? 스트레스에도 우리가 수용할 만한 장점이 있을까?"

지난 30년 동안 시행된 과학적 연구와 조사를 자세히 살피면서 나는 열린 마음으로 데이터를 들여다봤다. 그 결과, 우리가 두려워하는 몇 가지 해로운 효과에 대한 증거도 발견했지만 우리가 거의 깨닫지 못하는 혜택에 대한 증거도 찾아냈다. 스트레스의 역사를 조사하면서 나는 심리학과 의학이 스트레스의 유해성을 어떻게 확신하게 됐는지에 대해 더 많은 사실을 알게 됐다. 그리고 스트레스를 연구하는 소위 신세대 과학자들과 이야기를 나눴다. 이들은 스트레스의 긍정적인 면을 분명히 보여줌으로써 우리가 스트레스를 새로운 시각으로 이해하도록 만드는 작업을 수행하고 있다.

이런 연구와 조사, 대화를 통해 얻은 지식 덕분에 스트레스에 관한 나의 사고방식에 진정한 변화가 일어났다. 최근의 과학 연구에 따르면, 스트레스를 받으면 더 영리해지고 더 강인해지며 더 큰 성공을 거두기도 한다. 즉, 스트레스는 우리가 깨달음을 얻고 성장하는 데 도움을 준다. 심지어 용기를 북돋아주고 동정심을 불러일으키기도 한다.

이뿐만 아니라 새로운 과학적 연구에 따르면 스트레스에 대한 사고방식을 변화시키면 더 건강하고 행복해지기도 한다. 스트레스에 대한 우리의 사고방식은 심혈관계 건강에서 인생의 의미를 찾아낼 줄 아는 능력에 이르기까지 모든 면에 영향을 미친다. 스트레스를 관리하는 최상의 방법은 그것을 줄이거나 피하는 것이 아니라 스트레스에 대해 다시 생각해보고 심지어 이를 포용하는 것이다.

그러므로 건강심리전문가로서의 내 목표는 달라졌다. 여러분의 스트레스 해소에 도움을 주고 싶은 마음은 더 이상 없다. 이제는 여러분이 스트레스를 잘 다룰 수 있도록 도와주고 싶다. 이는 새로운 스트레스 과학의 약속이자 이 책의 목표다.

이 책은 내가 스탠퍼드대학교에서 진행한 '새로운 스트레스 과학'이라는 강의에 기반을 두고 있다. 사회 각계각층의 남녀노소가 두루 수강한 이 강의는 스트레스에 대한 사고방식과 수용 태도를 전환시키기 위해 계획됐다.

스트레스의 수용 뒤에 숨겨진 과학적 사실에 대해 조금이라도 알아둔다면 두 가지 이유에서 이롭다.

첫째, 흥미롭다. 인간의 본성을 주제로 삼은 연구라면 어떤 것이든 자기 자신과 소중한 사람들을 더 깊이 이해할 기회가 된다.

둘째, 스트레스 과학에는 놀라운 요소들이 있다. 그래서 스트레스에 대한 어떤 주장은 곧이곧대로 믿기 어렵다. 이 책의 중심 전제인 "스트레스가 도움이 되기도 한다"는 주장도 마찬가지다. 증거를 제시하지 못한다면 이런 생각들은 무시당하기 쉽다. 하지만 생각을 뒷받침하는 과학적 내용을 살펴본다면, 그것에 관해 다시 생각하고 자신의 경험에 적용할 방법을 찾는 데 도움을 얻을 수 있을 것이다.

이 책이 건네는 조언은 위에서 소개한 한 가지 충격적인 연구만을 근거로 삼은 것은 아니다. 물론 그 연구에 영향을 받아 내가 스트레스에 대해 다시 생각하게 된 것은 사실이다. 여러분이 앞으로 알게 될 전략들은 나와 이야기를 나눈 수많은 과학자들의 견해와 수백 가지 연구 결과에 바탕을 두고 있다. 과학적 이론을 생략하고 곧장 조언을 제시하는 것은 효과가 없다. 각각의 전략을 뒷받침하는 과학적 내용을 빠짐없이 알아야만 전략을 온전히 내 것으로 받아들일 수 있다.

따라서 이 책에는 '새로운 스트레스 과학'과 심리학자들이 말하는 '사고방식mindset'에 관한 단기 집중 강의가 들어 있다. 그리고 심리학계 유망주들과 이들이 제시하는 흥미로운 몇 가지 이론을 소개할 것이다. 이 부분에 대해서는 어떤 독자든 어느 정도는 흥미롭게 읽어주리라고 생각한다. 과학에 대한 학구열이 높아서 훨씬 더 많은 정보를 알고 싶은 사람이라면 이 책 말미의 주註를 참고하면 더 깊이 파고들 수 있다.

하지만 무엇보다 중요한 사실은 이 책이 스트레스를 수용하는 삶에 능숙해지기 위한 실용적인 지침서라는 점이다.

스트레스를 수용하면 첫째, 도전이나 시련에 직면하더라도 의욕이 샘솟는다.

둘째, 스트레스 에너지를 보다 효율적으로 활용해 탈진하지 않도록 할 수 있다.

셋째, 스트레스의 경험이 사회적 고립이 아닌 사회적 관계의 원천으로 변화시키도록 돕는다.

넷째, 고통의 의미를 발견할 수 있는 새로운 방법들로 인도한다.

이 책을 통해 여러분은 두 가지 종류의 실천 방법을 발견할 것이다.

제1부 '스트레스의 재발견'에서 제시하는 방법은 스트레스에 대한 여러분의 사고방식을 변화시키기 위해 고안됐다. 어떤 형태든 간에 각자에게 효과적인 자기성찰의 계기로 활용하면 된다. 헬스클럽 러닝머신 위에서나 출퇴근길 버스 안에서 이 주제에 대해 생각하는 사람들도 있을 것이다. 혼자서 깊이 생각해보거나 다른 사람들과 대화의 주제로 삼아도 좋다. 저녁을 먹으면서 배우자나 연인과 이 문제에 대해 대화를 나누거나 사교 모임에서 화제로 꺼내보자. 이를 주제로 SNS에 글을 올리고 친구들의 생각을 물어보자. 이런 행동은 스트레스에 대한 전반적인 사고방식을 전환하는 데 도움이 될 뿐 아니라 스트레스가 인생에서 담당하는 역할, 예컨대 가장 중요한 인생 목표와 가치관에 어떻게 영향을 미치는지 등을 성찰하도록 만들어준다.

제2부 '스트레스 사용법'은 스트레스를 느끼는 순간에 사용할 현장 전략을 비롯해 인생의 시련에 대처하는 자기성찰 방법을 포함하고 있다. 이 방법 덕분에 여러분은 불안감이나 실망감, 분노, 위축감이 들 때 비축된 에너지와 힘 그리고 희망을 활용할 수 있다.

스트레스 전환 행위란 내가 이름 붙인 '사고방식의 재설정', 즉 여러분이 스트레스를 경험하는 순간 그에 대한 사고방식을 변화시키는 방법에 의존한다. 사고방식 재설정은 신체적 스트레스 반응을 변화시키고 사고방식을 달라지게 만들어 행동을 유발한다. 달리 표현하면 여러분이 스트레스를 느끼는 바로 그 순간 스트레스가 여러분에게 미치는 영향을 전환시킨다.

이 행위는 과학적 연구에 기반을 두므로 일종의 실험으로 여기고 직접 시도해보기 바란다. 효과를 시험해보고 자신에게 잘 맞는지 살펴보자.

이 책에서 소개하는 모든 실천 방법은 내 강의를 수강한 학생들, 교육자와 의료전문가, 기업 경영진, 전문 코치, 가족심리치료사, 부모 등을 비롯한 전 세계 개인 및 집단에게 이 생각을 전하면서 경험한 내용을 토대로 하고 있다. 이들 중 일부는 자신의 일과 삶에 큰 변화를 불러일으켰다고 고백했다.

이 실천 방법들은 스트레스와 여러분 사이의 관계를 변화시키는 데 실제로 도움이 된다. 스트레스와 관계를 맺는다고 생각하면 이상한 기분이 들지도 모르겠다. 특히 스트레스란 그저 우연히 나타나는 정신적 상태라는 생각에 익숙한 사람이라면 더욱 그럴 것이다.

하지만 여러분은 분명히 스트레스와 관계를 맺고 있다. 스트레스의 부당한 피해자가 된 듯한 기분이 들 때도 있을 것이다. 스트레스에 휘둘려 속수무책이 되거나 스트레스의 인질이 된 것 같은 느낌 말이다. 아니면 스트레스와 애증의 관계를 맺은 사람도 있을 것이다. 목표에 도달하기 위해 스트레스에 의존하면서도 그것이 미칠 장기적 결과에 대해 걱정하는 식이다. 아마도 스트레스를 줄이거나 피하거나 조절하려고 노력하면서도 결코 통제하지 못한 채 끝없는 싸움을 벌이는 기분일 것이다. 이것도 아니면 과거에 경험한 스트레스가 현재의 자신을 지나치게 쥐고 흔들어댄다고 느낄지도 모른다. 스트레스를 자신의 적이나 불청객 또는 도저히 신뢰할 수 없는 동업자처럼 생각하기도 한다.

현재 여러분이 스트레스와 어떤 관계를 맺고 있든지 간에 스트레스에 대한 사고방식과 그 대응방식은 모두 스트레스가 자신에게 영향을 미치는 방식에서 중요한 역할을 한다. 스트레스에 대해 다시 생각하고 심지어 이를 포용함으로써 여러분은 육체적 건강과 정서적 안정에서부터 직장생활의 만족감과 미래에 대한 기대감에 이르기까지 모든 면에 미치는 스트레스의 영향을 변화시킬 수 있다.

이 책을 통해 우리는 소중한 사람들과 집단을 지원하는 데 스트레스와 사고방식의 과학이 어떻게 도움이 되는지에 대해서도 생각하게 될 것이다. 사랑하는 사람들에게 어떻게 활기를 북돋아줄 것인가? 스트레스를 수용하는 직장 문화는 어떻게 보일까? 정신적 외상trauma이나 큰 이별을 겪은 사람들을 위한 지원 시스템을 어떻게 만들 것인가? 이 책에서 내가 좋아하는 프로그램 몇 가지를 소개하려고 한다. 이 프로그램에 참여한 공동체는 스트레스와 사고방식의 과학을 활용해 고통을 성장과 의미 및 관계로 전환시킬 수 있다. 추상적인 생각을 영향력 있는 행동으로 전환시킨다는 것이 무엇인지 입증해준다.

그동안 나는 스트레스를 정의하는 것을 피해왔다. 스트레스라는 단어가 사람들이 경험하고 싶지 않은 일과 세상의 온갖 문제들을 가리키는 포괄적인 용어가 됐다는 점도 내 태도에 한몫했다. 사람들은 교통 체증을 설명하거나 실연을 당했다고 말할 때도 한결같이 스트레스라는 단어를 사용한다. 불안하거나 바쁘거나 실망스럽거나 위협을 느끼거나 압박감을 느낄 때면 여지없이 "스트레스를 받는다"고 말한다. 순간순간 이메일이나 뉴스, 날씨, 점점 불어나는 업무 리스트 때문에 스트레스를 받고 있는 스스로를 발견한다.

오늘날 우리의 삶에서 스트레스를 불러일으키는 원인은 업무, 육아, 승진, 건강, 빚 등 실로 다양하다. 그런데 스트레스라는 단어는 때로 생각이나 감정 및 생리적 반응과 같은 우리 내면의 변화 상태를 묘사하는 용도로 쓰이며, 때로는 우리가 직면한 문제를 묘사하기 위한 표현으로도 사용된다. 스트레스는 짜증스럽고 자질구레한 상황들을 설명하기 위해 흔히 쓰이지만,

이에 못지않게 우울증이나 불안 장애처럼 한층 심각한 심리적 문제를 간단 명료하게 표현할 때 사용되기도 한다. 이 모든 상황을 포괄하는 스트레스에 대한 정의는 존재하지 않지만, 그래도 우리는 이런 상황을 가리킬 때마다 스트레스라는 단어를 사용한다.

우리 삶의 수많은 부분을 묘사하기 위해 스트레스라는 용어를 사용한다는 사실은 축복인 동시에 저주다. 그 부정적인 면은 이 현상으로 인해 스트레스 과학에 관해 말하기가 까다로워진다는 것이다. 정확한 정의를 내리는 데 이력이 붙은 학자들조차 엄청나게 다양한 경험과 결과를 묘사하기 위해 스트레스라는 말을 사용한다. 어떤 연구는 스트레스를 가족 부양의 요구에 대한 부담감이라고 보는 반면, 다른 연구는 직장에서 받는 극도의 피로감이라는 측면에서 스트레스를 바라본다. 또 한 연구는 일상의 혼란을 묘사하기 위해 스트레스라는 말을 사용하는 데 반해, 또 다른 연구는 정신적 외상의 장기적인 영향에 관해 이야기하면서 이 단어를 사용한다.

또한 스트레스 과학이 언론에 의해 전해지면 신문 표제나 뉴스 제목은 스트레스라는 단어를 사용하면서도 막상 연구를 통해 실제로 알아낸 세부 정보는 제공치 못할 때가 많기 때문에, 연구 결과가 자신의 삶에 적용되는지의 여부는 우리 각자가 짐작해야 할 몫으로 남는다.

이와 동시에 스트레스라는 단어의 포괄적 특성 때문에 생기는 이점도 있다. 인생의 매우 많은 부분을 설명하는 데 스트레스라는 단어가 사용되므로, 이 말을 어떻게 생각하는가에 따라 우리가 삶을 경험하는 방식이 달라지기도 한다.

스트레스에 대한 사고방식을 전환하면 큰 영향력이 생긴다. 일상적으로 느끼는 분노의 크기도 달라질 뿐 아니라, 우리가 인생의 도전과 관계를 맺는 방식도 바뀐다는 얘기다. 그래서 나는 스트레스라는 단어를 계속해서 폭넓은 의미로 사용할 작정이다. 이렇게 말하는 편이 더 쉽게 이해될 것이다.

"이 책은 압박감이 큰 직장생활을 잘 이겨내는 법을 다룬다."

"이 책은 불안의 신체적 증상들을 조절하는 데 도움이 될 것이다."

스트레스의 긍정적인 면을 바라보겠다고 결심하면 뭔가를 전환시킬 수 있는 힘이 생기는데, 이 전환의 힘은 우리가 삶의 수많은 측면에 대해 생각하고 이와 관계를 맺는 방식을 변환시키는 스트레스의 잠재력에서 비롯된다.

여러분과 함께 이 여정을 시작하기 위해 나는 다음과 같은 스트레스의 개념을 소개하고자 한다. 스트레스는 우리가 마음을 쓰는 대상이 위태로워질 때 발생한다. 이 정의는 교통 체증으로 인한 불쾌감과 실연을 당했을 때 느끼는 슬픔을 모두 수용할 만큼 포괄적이다. 이는 우리의 생각과 감정 그리고 스트레스를 받을 때 나타나는 신체 반응은 물론, 스트레스가 많다고 설명할 만한 여러 상황에 대처하는 방법들도 포함한다.

더욱이 이 정의는 스트레스에 관한 중대한 진실을 강조한다. 다름 아닌 스트레스와 대상의 의미는 불가분의 관계라는 것이다. 우리는 중요하게 생각하지 않는 대상에 대해서는 스트레스를 느끼지 않는다. 결국 인생이 의미 있으려면 반드시 스트레스를 경험해야만 하는 것이다.

이 책을 쓰면서 내가 세운 목표는 일반적으로 쓰는 스트레스라는 말의 폭넓은 의미를 다루는 과학적 지식과 개인의 사례 및 전략을 독자에게 전하는 데 있다. 물론 모든 사례가 여러분에게 반향을 불러일으키는 것은 아닐뿐더러 "스트레스를 받는다"고 표현되는 인간의 모든 경험을 다루지도 못한다는 사실을 잘 알고 있다.

이 책에서는 학업 스트레스와 업무 스트레스, 가정 스트레스, 건강 스트레스, 재정적 스트레스, 사회적 스트레스를 두루 살펴볼 것이다. 이와 더불어 두려움, 우울함, 상실감, 정신적 외상에 대해서 검토하려고 한다. 후자는 '고통'이라는 말로 가장 잘 설명될 법하지만, 내가 사람들에게 자신이 살아오면서 겪은 스트레스에 대해 생각해보라고 권할 때마다 떠오르는 주제이기도 하다.

그리고 이 책에서 나는 수강생들의 의견도 포함시켜서 그들이 이 생각들을 어떻게 적용했는지 소개할 것이다. 익명으로 남기를 원한 수강생들의 이름 또는 신분이 노출될 만한 사항들은 수정했다. 그래도 자신의 경험을 들려줌으로써 여러분이 스트레스를 전과 다르게 경험하도록 도와주고 싶어 한 실재 인물들의 이야기라는 점만큼은 알아주기 바란다. 내가 다루고자 하는 여러 가지 질문과 관심사를 통해 여러분도 이 책 도처에서 그들의 존재를 느낄 것이다. 나와는 전혀 다른 조건에서 스트레스를 포용하는 것이 어떤 의미인지 더 많이 배울 수 있도록 도와준 그들에게 지면을 빌려 고맙다는 인사를 전하고 싶다.

의심할 여지없이 여러분은 현재의 자기 삶에 잘 맞는 과학적 지식과 사례에 가장 많은 주의를 기울일 것이다. 이 책에서 제시하고 있는 연습과 전략도 마찬가지다. 모든 형태의 스트레스에 두루 적용되는 과학적 연구가 존재하지 않는 것처럼, 모든 상황에 적용되는 단 하나의 스트레스 대처 전략은 없다.

공개석상에서 발언하는 두려움을 극복하거나 가족 갈등을 더 잘 처리하도록 만들어주는 전략이 재정 문제를 해결하거나 슬픔을 감당하는 데 가장 도움이 되는 전략은 아닐지 모른다. 그렇기 때문에 자기가 처한 도전적 상황에 가장 잘 맞는 듯한 방법들을 선택하면 좋겠다.

나는 스트레스의 긍정적인 면을 이야기할 때마다 다음과 같은 질문을 받곤 했다.

"하지만 정말로 나쁜 스트레스는 어떻게 해요? 여기에도 그 생각이 여전히 적용되나요?"

직장에서 받는 압박감이나 중요한 행사를 앞두고 느끼는 초조함 같은 작은 스트레스들을 수용하면 자신에게 어떤 도움이 되는지 이해하기는 그리 어렵지 않다. 그러나 중대한 문제라면? 스트레스를 포용하라는 개념이 정신적 외상이라든지 배우자와의 사별, 암 진단 같은 커다란 스트레스에도 적용될까?

이 책의 모든 생각이 온갖 형태의 스트레스나 고통에 도움이 될 거라고 보장하지는 못하겠다. 하지만 스트레스를 포용할 때 얻는 이점이 그저 작은 문제들에만 적용되지는 않을까 더 이상 걱정하지는 않는다. 놀랍게도 사랑하는 사람의 죽음을 감당하고 만성 통증에 대처하며, 심지어 몸이 마비되는 듯한 비행공포증을 극복하는 등의 중대한 상황에 처했을 때도 스트레스를 포용하는 것이 큰 도움이 됐다는 사례는 많다.

강의가 끝날 무렵 수강생들이 털어놓은 이야기들의 대부분은 스트레스를 극복해 마감일을 맞추거나 짜증 나는 이웃을 상대하는 데 능숙해졌다는 내용이 아니었다. 연인의 죽음을 받아들인 이야기, 평생토록 허덕여온 불안장애에 맞선 이야기, 어릴 적 아동 학대 경험을 이겨내고 자신의 과거와 화해한 이야기, 항암 치료를 이겨낸 이야기들이었다.

스트레스의 장점을 볼 줄 알게 되면 왜 이 같은 상황에서 도움이 될까? 스트레스를 포용하고 나면 자신에 대한 생각과 상황 대처 능력이 달라지기 때문이다. 이것은 단순히 지성에만 관련된 행위는 아니다. 스트레스의 이점에 집중하다 보면 신체적으로나 정서적으로 스트레스를 경험하는 방식도 바뀐다. 그리고 인생의 도전적 상황에 대처하는 방식도 달라진다.

나는 특별한 목적을 염두에 두고 이 책을 썼다. 지금 이 글을 읽고 있는 여러분이 힘과 용기를 얻을 수 있도록 돕기 위해서다. 스트레스의 장점을 보는 일은 스트레스가 좋은지 나쁜지 판가름하는 것과는 완전히 다른 것이다. 삶을 변화시키는 일인 것이다.

차례

제1부

스트레스의 재발견

스트레스는 독이 아니라 약이다

제1장

스트레스에 대한 생각을 바꾸는 방법

컬럼비아대학교 행동연구 실험실에서 나는 오른팔을 들어 어깨 높이로 뻗은 채 서 있었다. 심리학자인 앨리아 크럼Alia Crum이 내 팔을 내리누르려고 애쓰는 중이었다. 우리는 몇 초 동안 용을 썼다. 크럼은 체구가 상당히 작은 편이었지만 힘은 놀라울 정도로 셌다(나중에서야 그녀가 대학 시절 아이스하키 1부 리그에서 활약했으며, 현재에는 철인 3종 경기 선수로 국제 순위에 올라 있음을 알게 됐다).

나는 팔에서 힘이 빠졌다.

"자, 나한테 저항하려고 하지 말고 소중한 사람이나 대상에게 팔을 내밀고 있다고 상상해봐요."

크럼이 말했다. 그러고는 자기가 내 팔을 누르면 내가 손을 내미는 대상에게 에너지를 전달할 수 있다고 상상해보라고 요구했다. 이 훈련은 합기도 사범인 그녀의 아버지에게 영감을 받은 것이었다. 합기도는 에너지를 전환시키는 원리에 입각한 무술이다. 나는 크럼이 일러준 내용을 머릿속으로 그리면서 다시 동작을 시도해봤다. 이번에는 내 힘이 훨씬 더 강했고 그녀는 내 팔을 내리누르지 못했다. 오히려 내 팔을 누를수록 힘이 세지는 느낌이 들었다.

"이번에도 정말 아까만큼 세게 누른 거예요?"

내가 물었다. 그녀는 활짝 웃었다. 크럼은 그 모든 연구를 수행하도록 동기를 부여한 한 가지 생각을 방금 증명해보였다. 바로 우리가 대상에 대해 어떻게 생각하는지에 따라 대상이 우리에게 미치는 영향력이 달라진다는 것이다.

나는 크럼의 스트레스 연구에 관해 더 이야기를 나누기 위해 컬럼비아 경영대학원에 있는 그녀의 실험실로 찾아갔다. 크럼은 젊은 학자로서는 보기 드물게 눈에 띄는 연구 실적을 쌓아왔다. 그녀의 연구는 우리의 물리적 실재가 일반적인 믿음보다 훨씬 주관적이라는 사실을 입증한다는 점에서 주목을 받고 있었다. 어떤 경험에 대한 사고방식을 변화시킴으로써 사람들의 신체 상태를 변화시킬 수 있다는 내용이다. 연구 결과가 어찌나 놀라운지, 그 내용을 들은 사람들은 머리를 긁적이며 이렇게 물었다.

"에이, 그게 가능하기나 한가요?"

이런 반응은 사고방식을 연구하는 사람들에게 익숙한 것이다. 사고방식이란 객관적인 신체 반응, 예컨대 크럼이 압박을 가하면 내 팔에서 힘이 솟아나는 것을 비롯해, 장기적인 건강과 행복 및 성공을 포괄하는 우리의 현실을 형성하는 믿음이다. 더 중요한 사실은 '사고방식의 과학'이라는 새로운 분야에서는 어떤 대상에 대한 사고방식을 바꾸기 위해 한 번만 짧게 중재만 해도 우리가 앞으로 더욱 건강해지고 행복해질 수 있다는 것을 분명히 보여준다는 점이다. 이 분야는 우리 자신의 믿음에 대해 다시 생각하게 만드는 놀라운 연구 결과들로 가득하다. '플라시보 효과placebo effect'에서부터 '자기충족적 예언self-fulfilling prophecy'에 이르기까지 우리의 인식은 여기서 중요한 역할을 한다. 이 사고방식의 과학 특강이 끝나고 나면 여러분은 스트레스에 대한 자신의 믿음이 왜 중요한지, 그리고 스트레스에 대한 생각을 바꾸기 위해 무엇을 시작해야 할지 이해하게 될 것이다.

기대한 그대로 나타나는 효과

"체중에 대해 생각하지 마라"와 "자신이 건강하다고 믿어라", 이 두 문장은 앨리아 크럼의 초기 연구 결과를 보도한 매체들의 머리기사에서 발췌한 것이다.[1] 크럼은 사람의 믿음이 건강과 체중에 미치는 영향에 대해 연구하기 위해 미국의 7개 호텔에서 객실 청소부들을 채용했다. 객실 청소는 무척 고생스러운 일이어서 시간당 300칼로리 이상이 소비된다. 운동으로 치면 역도나 수중 발레, 시속 5.6킬로미터로 걷는 것과 맞먹는다.

이에 비해 회의에 참석하거나 컴퓨터 작업을 하는 등의 사무 업무는 시간당 100칼로리 정도밖에 소비되지 않는다. 그런데 크럼이 채용한 객실 청소부들 가운데 3분의 2는 자신들이 규칙적인 운동을 한다고 여기지 않았다. 나머지 3분의 1은 운동을 전혀 하지 않는다고 대답했다. 이런 인식은 그들의 신체에 고스란히 반영됐다. 이들의 평균 혈압과 허리−엉덩이 비율 및 체중은 사무 업무를 주로 하는 사람들에게서 나오는 수치와 정확히 일치했다.

크럼은 객실 청소를 어떻게 운동으로 간주할 수 있는지를 설명하는 포스터를 만들었다. 침구 정돈을 위해 매트리스 들어올리기, 바닥에 떨어진 수건 줍기, 물건을 잔뜩 실은 카트 밀기, 진공청소기 돌리기 등은 하나같이 힘과 체력이 요구된다. 이 포스터에는 각각의 활동을 수행하는 동안 소모되는 칼로리 수치도 적혀 있었다. 예를 들어 63.5킬로그램의 여성이 15분 동안 욕실 청소를 하면 60칼로리가 소모된다.

크럼은 7개 중 4개 호텔 객실 청소부들에게 이 정보를 알려주는 15분짜리 프레젠테이션을 실시했다. 또한 휴게실 게시판에 영어와 스페인어로 쓰인 포스터를 붙였다. 그리고 그들이 미국연방의무감U.S. Surgeon General의 권장 운동량을 충족시키고 있으며, 활동적인 생활이 건강에 도움이 될 것이라는 문구도 덧붙였다.

나머지 3개 호텔 객실 청소부들은 통제 집단으로 분류해 다르게 조치했다. 이들은 신체 운동이 건강에 미치는 중요성에 관한 정보는 얻었지만, 자신의 업무가 운동으로서 충분한 가치가 있다는 설명은 듣지 못했다.

4주가 흐른 뒤 크럼은 객실 청소부들에게 연락을 취해 상황을 확인했다. 이들 중 자신의 업무가 운동이라는 정보를 들은 사람들은 체중과 체지방이 줄었으며 혈압이 내려갔다. 자신의 일을 전보다 더 좋아하게 됐다고 말하는 사람들도 있었다. 이들이 호텔 밖에서 하는 행동에는 어떤 변화도 없었다. 유일하게 달라진 것은 자신이 운동을 한다고 인식했다는 점이다. 이와 대조적으로 통제 집단에 속한 객실 청소부들에게는 전혀 변화가 없었다.

그렇다면 TV 시청만으로도 칼로리를 소비할 수 있다고 생각만 하면 체중을 줄일 수 있다는 뜻일까? 유감이지만 그건 아니다. 크럼이 객실 청소부들에게 전달한 정보는 엄연히 사실이었다. 그들은 실제로 운동을 하고 있었기 때문이다. 다만 처음에 그들은 자신의 업무를 그런 식으로 파악하지 못했을 뿐이다. 오히려 객실 청소를 몸에 무리가 가는 것으로만 생각했었다.

크럼의 도발적인 가설은 두 가지 결과가 가능한 경우(이 실험에서는 운동으로 건강에 도움이 되거나 육체노동으로 심신이 긴장하는 것)라면 우리가 어떤 예상을 하는지에 따라 결과가 달라질 수도 있다는 것을 보여준다. 그녀는 객실 청소부들이 자신의 업무를 건강에 좋은 운동이라고 인식하면 신체에 미치는 영향이 전환된다고 결론지었다. 달리 말해 효과는 '기대한 대로' 나타난다는 것이다.

화제를 몰고 온 크럼의 다음 연구는 이 가설을 한층 심화한 내용이었다.[2] '셰이크 시음 연구'에 참여하기 위해 전날 밤 금식을 한 탓에 배가 몹시 고픈 참가자들이 아침 8시에 실험실로 초대됐다. 첫 번째 방문에서 참가자들은 620칼로리에 지방 함량이 30그램이라는 영양성분 표시와 함께 '입안의 호사: 여러분이 누려야 할 미각적 쾌락'이라는 라벨이 붙은 밀크셰이크를 받았다. 1주일 뒤 두 번째 방문에서는 140칼로리에 무지방이라는 영양 표시와 함께 '건전한 셰이크: 죄의식 없이 느끼는 만족감'이라는 라벨이 붙은 밀크셰이크를 마셨다.

밀크셰이크를 마신 참가자들을 채혈해 크럼은 '공복 호르몬hunger hormone'이라고도 알려진 그렐린ghrelin의 혈액 내 수치 변화를 측정했다. 그렐린의 혈액 내 수치가 낮아지면 포만감을 느끼지만, 수치가 올라가면 음식을 찾기 시작한다. 칼로리와 지방 함량이 높은 음식을 먹으면 그렐린 수치가 급격하게 떨어진다. 그러므로 칼로리가 높고 지방이 많은 밀크셰이크와 칼로리가 낮고 지방이 적은 밀크셰이크가 그렐린 수치에 미치는 영향력은 서로 다를 것이고 실제로도 그랬다. '건전한 셰이크'를 마시면 그렐린 수치가 조금 내려간 반면, '입안의 호사'를 마시면 그렐린 수치가 급격히 떨어졌다.

그런데 여기서 중요한 사실이 하나 있다. 밀크셰이크에 붙인 라벨은 가짜라는 것이다. 사실 두 차례 모두 실험 참가자들은 380칼로리의 동일한 밀크셰이크를 제공받았다. 따라서 참가자들의 소화기관은 동일한 반응을 보였어야 했다. 하지만 건전한 셰이크를 마신다고 생각했을 때에 비해 입안의 호사라고 여긴 셰이크를 마셨을 때 그렐린 수치는 세 배나 감소했다. 생각만으로도 위장기관에서 분비되는 호르몬 수치가 실제로 달라진 것이다.

객실 청소부 실험과 밀크셰이크 실험 모두에서 사람들의 인식이 변하면 신체적 반응도 달라졌다. 그리고 각각의 연구에서 특정한 믿음이 대부분의 신체 적응 반응을 강화시키는 것처럼 보였다. 육체노동을 운동으로 보는 관점은 우리 신체가 활동적인 생활의 이점을 느끼는 데 영향을 미쳤다. 밀크셰이크를 고칼로리의 호사스러운 음료라고 보는 관점은 신체의 호르몬 분비를 촉진시켰다.

체중 감소 및 공복 호르몬 사례에서 흥미를 느낀 크럼은 인간의 생각에 영향을 받는 결과가 그 외에도 또 무엇이 있는지 더욱 호기심이 생겼다. 건강을 관리하는 데 이보다 더 큰 영향을 미치는 인식이 있는지 탐색하다가 스트레스에 대해 궁금해지기 시작했다. 스트레스가 유익한 측면이 있는데도 사람들 대부분이 이를 해롭게만 여긴다는 것을 그녀도 알고 있었다. 스트레스는 두 가지 영향을 모두 끼친다. 스트레스가 우리의 행복이나 건강에 미치는 영향은 우리가 어떤 영향을 인식하는지에 따라 결정될 수 있을까? 스트레스에 대한 사람들의 사고방식을 변화시킬 수 있다면, 그로 인해 사람들의 신체 반응 방식도 변화할 수 있을까?

바로 이 질문 때문에 나는 앨리아 크럼의 실험실을 찾아간 것이었다. 계단을 따라 창문 없는 지하 실험실로 내려가서 크럼의 연구 팀 및 다른 실험 참가자들과 인사를 마치자 한 연구원이 다가와서 얼핏 보면 고문 도구처럼 보이는 것을 내 몸에 묶었다. 금속 재질의 띠가 가슴에 두 줄, 목에 두 줄로 단단히 휘감겼다. 심장박동을 측정하기 위한 것이었다. 그리고 내 왼쪽 팔뚝에는 혈압을 재기 위해 또 다른 띠가 단단히 압박을 가했고, 팔꿈치 안쪽 및 손가락 끝과 정강이 부분에는 혈류와 발한을 측정하기 위한 전극이 부착됐다. 오른쪽 새끼손가락에는 체온을 재기 위해 온도계 센서 클립이 끼워졌다. 준비를 마친 연구원이 이번에는 내 침을 받기 위해 작은 시험관을 내밀었다. 스트레스 전과 후의 호르몬을 분석하기 위해서였다.

나는 크럼의 최신 연구에서 실험 참가자들이 겪는 과정을 직접 경험해보기 위해 이곳에 왔다.[3] 이 실험의 목적은 스트레스에 대한 참가자들의 인식을 조종한 다음 그들의 신체가 스트레스 유발 상황에 어떻게 반응하는지 관찰하는 것이다.

내가 겪게 될 스트레스 상황은 모의 취업 면접이었다. 하지만 일반적인 역할극은 아니었다. 면접관들은 나를 비롯한 모든 실험 참가자들의 답변 내용과는 상관없이 무조건 부정적인 반응만 보였다. 실험 참가자들이 스트레스를 받도록 해야 하기 때문에 그런 것 같았다.

처음에는 그냥 실험일 뿐이라고 생각했지만 이내 진짜 면접 상황처럼 느꺼졌다. 면접이 진행되는 동안 나는 면접관과 시선을 마주치기가 꺼려졌다. 말문이 막혀 제대로 대답을 못하고 계속 우물거렸다. 면접관들은 돌아가면서 내게 질문 공세를 펼쳤고, 내가 겨우 대답하면 시종일관 삐딱한 말투로 응수했다. 그들은 "직장 내 성차별이 어떤 문제를 야기합니까?"와 같은 질문을 던져놓고는 내가 어떤 답변을 하든지 간에 그것을 비판했다. 모든 것이 나를 당황케 하기 위해 세심한 각본 아래 진행된 실험이라는 것을 알면서도 나는 지속적으로 스트레스를 받았다.

이 모의 취업 면접에 들어가기 전 나를 포함한 모든 실험 참가자들은 스트레스에 관한 두 가지 영상 중 하나를 무작위로 할당받아 시청했다. 내가 보게 된 3분짜리 영상은 이런 메시지로 시작했다.

"대부분의 사람들은 스트레스가 부정적이라고 생각합니다. 하지만 많은 연구 결과에 따르면 스트레스는 우리의 장점을 끌어올립니다."

이후 영상 속 내용은 스트레스가 어떻게 인간의 수행 능력을 향상시키고 행복을 증진시키며 성장을 돕는지 설명했다. 나중에 그 내용을 알게 된 다른 영상은 이렇게 시작했다.

"대부분의 사람들은 스트레스가 부정적이라는 사실을 알고 있습니다. 많은 연구 결과에 따르면 스트레스는 우리가 생각하는 것보다 훨씬 더 우리의 심신을 훼손시킵니다."

그런 뒤 스트레스가 어떻게 우리의 건강과 행복 그리고 업무 수행 능력에 해를 끼치는지 설명하는 식이었다.

두 가지 영상 모두 실제 연구 결과를 인용한 것이었기 때문에 어떤 측면에서는 둘 다 진실이었다. 그렇지만 각각의 영상은 어떤 특정한 스트레스 개념을 활성화시키기 위해 연출된 것이었다. 크럼은 이 개념이 향후 스트레스 상황에서 참가자들이 보이는 신체 반응 양상에 영향을 미치리라고 예상했다.

내가 이 모의 실험에 참여한 때는 크럼의 연구 팀에서 이미 이 실험의 결과를 도출한 지 몇 달 뒤였다. 나에 대한 실험 결과도 동일했다. 취업 면접이 끝나고 몸에 부착한 장치들을 떼어낸 뒤 그 설명을 들을 수 있었다. 그리고 나는 그중 한 가지 결과를 듣고 깜짝 놀랐다.

실험이 진행되는 동안 내가 시험관에 뱉은 침에서 코르티솔cortisol 및 DHEA로 더 유명한 디하이드로에피안드로스테론dehydroepiandrosterone이라는 두 가지 호르몬이 검출됐다. 이 호르몬은 모두 스트레스를 받는 동안 신장 위에 위치한 내분비기관 부신adrenal gland에서 분비되지만 각자 하는 역할이 다르다.

코르티솔은 당분과 지방을 에너지로 전환시키는 기능을 하며 신체 및 뇌 에너지 활용 능력을 향상시킨다. 또한 스트레스를 받는 동안에 비교적 중요하지 않은 소화나 성장 등의 생리 기능을 억제시킨다. 반면 DHEA는 신경 스테로이드의 일종으로 두뇌 발달을 돕는 호르몬이다. 테스토스테론testosterone이 신체 운동을 통해 신체가 더욱 건강해지게 돕듯이, DHEA는 스트레스의 경험을 통해 뇌가 더욱 건강하게 발달하도록 돕는다. 게다가 코르티솔의 영향을 일부분 상쇄시키기도 한다. 예컨대 상처 회복 속도를 높이고 면역 기능을 강화한다.

인간에게는 이 두 가지 호르몬이 모두 필요하므로 둘 중 어느 것도 '좋은' 또는 '나쁜' 호르몬이라고 할 수 없다. 하지만 이 두 호르몬의 비율은 스트레스의 장기적인 결과에 영향을 미칠 수 있다. 코르티솔 비율이 지나치게 높으면 만성피로, 만성두통, 불면증 등의 증상이 나타날 수 있다. 반면 높은 수치의 DHEA는 불안감, 우울증, 심장질환, 신경퇴화를 비롯해 우리가 흔히 스트레스와 관련이 있다고 생각하는 다른 질병들의 발생 비율을 감소시킨다.[4]

코르티솔 대비 DHEA 호르몬 비율을 스트레스 반응에 대한 성장지수 growth index라고 부른다. 성장지수가 높아지면, 다시 말해 DHEA 수치가 올라가면 스트레스를 받으면서도 아무런 문제 없이 생활할 수 있다. 학생의 경우에는 성적 향상과 더불어 학업 집중도와 지속성 향상에 도움이 된다.[5] 군대에서는 성장지수 상승이 집중력 강화와 문제 해결 능력 향상, 의식 분열 억제 등과 관련이 있다고 보고되고 있다.[6] 심지어 성장지수는 아동 학대에서 회복되는 것처럼 어떤 심각한 상황에서의 회복력에도 관여한다.[7]

크럼은 스트레스에 대한 사람들의 인식 변화가 이 회복력의 수치를 변화시킬 수 있는지 알고 싶었다. 스트레스를 주제로 한 각각의 3분짜리 영상은 스트레스 호르몬 비율을 바꿔놓을 수 있었을까? 놀랍게도 그랬다.

두 가지 영상은 코르티솔 수치에는 영향을 미치지 않았다. 모의 취업 면접이 진행되는 동안 모든 참가자들의 코르티솔 수치가 상승했다. 그런데 면접을 보기 전에 "스트레스가 장점을 끌어올린다"는 내용의 영상을 시청한 참가자들은 "스트레스가 심신을 훼손한다"는 영상을 본 참가자들보다 DHEA를 더 많이 분비했고 성장지수도 더 높았다. 스트레스가 장점을 끌어올린다는 '생각'이 이와 같은 결과를 만들어냈다. 단순히 주관적인 기분이 아니라 실제로 참가자들의 몸속에서 분비된 스트레스 호르몬의 비율이 달라졌다. 스트레스가 도움이 된다는 '생각'이 신체를 변화시킨 것이다.

플라시보 효과에서 사고방식 효과까지

앨리아 크럼의 스트레스 연구는 플라시보 효과를 입증했다고 평가할 수도 있다. 긍정적인 스트레스 영상은 스트레스가 자신들에게 미칠 영향에 대한 참가자들의 기대를 변화시켰고 마치 당의정처럼 예상 반응을 그대로 이끌어냈다.

알다시피 플라시보 효과는 강력한 현상이지만 사실 속임수다. 어떤 사람들이 여러분에게 뭔가를 어떤 식으로 생각해야 하는지 알려준다. 여러분이 별다른 선입견을 갖고 있지 않은 뭔가를 건네기도 한다. 그들이 여러분에게 알약 한 알을 건네면서 "도움이 될 겁니다"라고 말하면 그 말을 순순히 믿는다. 그리고 플라시보 효과가 발동된다.

그러나 스트레스에 관해서라면 거의 모든 사람들이 이미 자신만의 인식을 갖고 있다. 스트레스를 받을 때마다 여러분은 스트레스에 대한 자신의 생각을 떠올린다. 스트레스를 많이 받았던 때를 떠올려보자. '아, 완전 스트레스 받아', '이거 너무 스트레스야' 같은 생각을 했을 것이다. 그런 순간순간들이 합쳐져 사고방식으로 고착된다. 뭔가 비슷한 압박이 느껴지면 바로 스트레스라고 인식하게 되는 것이다. 이런 믿음은 플라시보 효과를 훨씬 넘어선다. 일종의 '사고방식 효과mindset effect'라고 말할 수 있다. 플라시보 효과가 구체적인 결과에 단기간 영향을 미치는 데 반해, 사고방식 효과는 오랜 기간을 두고 눈덩이처럼 불어나 그 영향력이 점차 커지고 오래도록 작용한다.

앞서 살펴봤듯이 사고방식이란 마음가짐과 행동방식 그리고 감정에 선입견을 심어주는 믿음이다. 우리가 무엇을 보든 그 대상을 걸러서 통과시키는 필터 같은 것이다. 그렇다고 해서 모든 믿음이 견고한 사고방식으로 자리 잡는 것은 아니다. 별로 중요하지 않은 믿음도 있다. 누군가는 초콜릿이 사탕보다 맛있다고 여기며, 누군가는 바나나보다 사과가 더 맛있다고 믿는다. 하지만 이런 믿음들은 아무리 굳건히 고수한다 해도 우리의 사고방식에 큰 영향을 미치지는 못한다.

사고방식으로 자리 잡게 되는 믿음은 개인의 선호도나 학습된 사실 또는 지적인 견해를 훨씬 초월한다. 이는 우리의 인생철학을 반영하는 핵심적인 믿음이다. 사고방식은 대체로 세상 물정이나 세상의 이치에 관한 이론을 기반으로 삼는다. 예를 들면 세상이 점점 위험해진다거나, 돈이 있으면 행복해진다거나, 모든 일에는 이유가 있다거나, 사람들은 변하지 않는다는 식의 생각이다. 이 믿음은 모두 여러분이 경험을 해석해 어떤 결정을 내리는 방식을 형성할 수 있다. 어떤 기억 또는 처해진 상황, 다른 사람이 하는 말 등을 통해 사고방식에 일단 발동이 걸리면, 삶에 대한 우리의 대응방식을 형성시킨 목표와 감정 및 생각이 폭포수처럼 쏟아져 나온다. 결과적으로 이는 건강과 행복을 비롯해 장수와 같은 장기적인 결과에 영향을 미칠 수 있다.

노화에 대한 사고방식에 대해 이야기해보자. 앞에서 언급했듯이 나이 듦에 대해 긍정적인 사고방식을 가지면 평균적으로 수명이 8년 정도 연장된다. 그뿐만 아니라 건강과 관련한 다른 중요한 결과들도 나타날 거라고 예상된다. 볼티모어노화종단연구Baltimore Longitudinal Study of Aging는 18세~49세의 성인 남녀를 무려 38년 동안 추적한 끝에 노화에 대해 긍정적인 시각을 가진 사람들의 심장마비 위험이 80퍼센트 더 낮았다는 사실을 발견했다. 노화에 관한 믿음은 질병과 사고에서 회복하는 데에도 영향을 미친다. 한 연구에 따르면 노화에서 '현명함'이나 '능력'과 같은 긍정적인 고정관념을 연상하는 사람들은 '쓸모없음'이나 '꽉 막힌 사고방식' 같은 부정적인 고정관념을 떠올리는 사람들에 비해 심장마비에서 회복되는 속도가 한층 빨랐다.[8] 또 다른 연구에서는 노화에 대해 긍정적인 시각을 가지면 심신을 쇠약하게 만드는 질병이나 사고로부터 신체 회복이 보다 빠르고 완벽하게 일어나는 것으로 나타났다.[9] 이 두 가지 연구는 걷는 속도, 균형감, 일상 활동 수행 능력 등의 객관적인 부분의 회복 결과를 측정했다. 이 연구 결과로 여러분이 노화에 대해 보다 긍정적인 시각을 갖고 싶어졌다면 다음 사항을 고려해보기 바란다. 다양한 연구가 지속적으로 입증한 바에 따르면 대다수의 사람들은 나이가 들어가면서 더 행복해진다는 사실이다.[10]

노화에 대한 믿음은 심장마비 발생률과 장애 및 사망 위험에 어떤 영향을 미칠까? 기존 연구는 모두 최초의 건강 상태와 우울증 정도 및 사회적·경제적 상태와 같은 중요한 요인들을 통제했기 때문에 그 효과를 제대로 설명하지 못한다. 대신 여기서 가장 그럴듯한 대답은 건강에 대한 행동 변화다. 노화에 대해 부정적인 관점을 가진 사람들은 건강 악화를 불가피한 일로 생각할 가능성이 크다.

이들은 나이가 들어감에 따라 건강을 유지하거나 개선하는 것이 전보다 어렵다고 느끼기 때문에 시간과 에너지를 적게 투자한다. 반대로 노화에 대해 긍정적인 시각을 가진 사람들은 운동을 규칙적으로 하거나 의사의 조언을 지키는 등 건강을 관리하는 행동을 더 많이 한다. 노화에 대한 생각의 변화는 심지어 건강에 좋은 행동을 장려하는 효과가 있기도 하다. 예를 들어 노화에 대한 긍정적 관점을 길러주기 위해 고안된 프로그램이 참가자들의 신체 활동을 증가시키기도 했다. 나이 듦에 대해 긍정적인 관점을 가진다면 자신의 미래에 도움이 될 행동을 더 많이 하게 된다.[11]

　노화에 대한 믿음은 심각한 건강 문제를 겪은 후부터 행동에 특별히 큰 영향을 미친다. 독일 베를린의 노인학센터Centre of Gerontology는 오랜 기간을 두고 노인들을 추적해 골반 골절이나 폐질환 및 암과 같은 심각한 질병이나 사고의 영향력을 조사했다.[12] 노화를 긍정적인 관점으로 바라보는 사람들은 전보다 건강관리에 더 몰입함으로써 그 위기에 대응했다. 주도적으로 대책을 강구하고 건강 회복에 전념하는 성향이 컸다. 이와 반대로 노화를 부정적으로 바라보는 노인들은 건강 개선을 위해 어떤 조치를 취하는 경향이 적었다. 결과적으로 보면 이들이 내린 선택은 회복에 영향을 미쳤다. 노화를 보다 긍정적으로 바라보는 실험 참가자들은 질병을 앓거나 사고를 겪은 뒤 육체적 건강과 신체 기능이 훨씬 개선됐을 뿐 아니라 삶의 만족도도 한층 커졌다고 응답했다.

　나이가 들어갈수록 노화에 대한 사고방식은 삶을 향한 의지에도 영향을 미친다. 노화를 부정적으로 바라본 사람들은 나중에 삶의 의지가 줄어들었다고 말했다.[13] 노인이 됐을 때 인생이 공허하거나 절망적이거나 무가치하다고 여기게 됐다는 얘기다. 예일대학교에서는 노인들에게 노화의 부정적인 고정관념이나 긍정적인 고정관념을 무의식적으로 심어줌으로써 노화에 대한 믿음이 삶의 의지에 미치는 영향을 실험했다. 그런 뒤 노인들에게 가상의 의학적 결정을 내려달라고 요청했다. 긍정적인 고정관념을 제공받은 노인들은 목숨이 위험할 수 있는 질병에 걸렸을 경우 생명 연장 조치를 취하는 데 동의했다. 반면 부정적인 고정관념에 노출된 노인들은 조치를 거부

했다.[14]

　이런 연구 결과로 유추해볼 때 노화에 대한 사고방식이 건강과 장수에 영향을 미치는 이유는 긍정적 사고방식이 신비한 힘을 갖고 있어서가 아니라 우리의 목표와 선택을 좌우하기 때문이다. 이는 사고방식의 효과를 입증하는 완벽한 사례다. 사고방식의 효과는 현재의 경험을 변화시킬 뿐 아니라 미래에도 영향을 미치기 때문에 플라시보 효과보다 더욱 강력하다.

　스트레스에 대한 사고방식은 우리의 건강과 행복 그리고 성공에 영향을 미치는 핵심 믿음인 것으로 드러났다. 스트레스에 대한 사고방식은 스트레스 상황에서 느끼는 감정에서부터 스트레스를 받는 사건에 대응하는 방식에 이르기까지 두루 영향을 미친다. 결과적으로 스트레스 상황을 잘 이겨나갈지 아니면 결국 모든 에너지를 소진한 채 의기소침한 상태가 될지가 결정된다. 한 가지 좋은 소식은 스트레스가 해롭다고 굳게 믿더라도 어려움을 헤쳐나가는 데 도움이 될 사고방식을 여전히 함양할 수 있다는 점이다.

스트레스 사고방식 측정법

심리학자 앨리아 크럼과 연구원들은 스트레스에 대한 사람들의 관점을 평가하기 위해 스트레스 사고방식 측정법을 개발했다. 다음에 제시된 스트레스에 대한 두 가지 사고방식을 살펴보고 어떤 진술에 더 동의하는지 생각해보자.[15] 아울러 이 책을 펼치기 전이었다면 어느 쪽에 동의했을지도 생각해보자.

사고방식 1: 스트레스는 해롭다.

스트레스 경험은 건강과 활력을 고갈시킨다.

스트레스 경험은 업무 수행 능력과 생산성을 약화시킨다.

스트레스 경험은 학습과 성장을 저해한다.

스트레스의 효과는 부정적이므로 반드시 피해야 한다.

사고방식 2: 스트레스는 장점을 끌어올린다.

스트레스 경험은 업무 수행 능력과 생산성을 향상시킨다.

스트레스 경험은 건강과 활력을 증진시킨다.

스트레스 경험은 학습과 성장을 촉진한다.

스트레스의 효과는 긍정적이므로 반드시 활용해야 한다.

두 가지 사고방식 중에 "스트레스는 해롭다"는 쪽이 사람들의 가장 일반적인 선택이다. 크럼의 연구 팀이 발견한 바에 따르면, 대부분의 사람들은 두 가지 사고방식 모두 어느 정도는 진실임을 알고 있으면서도 여전히 스트레스를 유용하기보다는 해롭다고 생각했다. 이 문제에 관해서는 남녀 의견이 다르지 않았으며, 나이를 기준으로 차이를 가늠할 수도 없었다.[16]

크럼이 알아낸 이 경향은 미국의 다른 조사 결과와도 일치한다. 2014년 로버트 우드 존슨 재단Robert Wood Johnson Foundation 과 하버드대 보건대학원 Harvard School of Public Health이 실시한 연구에서 미국인의 85퍼센트는 스트레스가 건강과 가정생활 및 비즈니스에 부정적인 영향을 미친다는 데 동의했다.[17] 미국심리학회American Psychological Association가 실시한 스트레스 관련 조사에 따르면 대부분의 미국인은 자신의 스트레스 수치를 건강에 해로운 수준이라고 인식했다. 스트레스를 비교적 거의 호소하지 않는 사람들조차 이상적인 스트레스 수치란 자신들이 현재 경험하는 수준보다는 무조건 낮아야 한다고 믿고 있었다.[18] 수년 동안 건강한 스트레스 수치에 관한 사람들의 인식은 사실상 악화돼왔다. 미국심리학회의 2007년 스트레스 연례 조사에서 사람들은 적절한 스트레스 수치가 이상적이라고 인식했다. 그에 비해 현재의 조사 참가자들은 그와 동일한 스트레스 수치를 건강에 해롭다고 여겼다.

  그러나 사람들이 스트레스의 장점을 발견할 줄 안다는 증거도 존재한다. 2013년에 나는 스탠퍼드대학교 최고경영자과정에 등록한 유수 기업 CEO, 부사장, 본부장 등을 대상으로 설문 조사를 실시했다. 조사 대상자들 중 51퍼센트는 스트레스를 받을 때 최고의 업무 성과를 거둔다고 말했다. 2014년 하버드대 보건대학원에서 실시한 조사에서 가장 높은 스트레스 수치를 기록한 사람들 중 67퍼센트도 스트레스를 통해 한 가지 이상의 이익을 얻은 적이 있었다고 응답했다.[19] 하지만 양쪽 조사에 참여한 사람들은 스트레스를 줄이기 위해 좀 더 노력해야 한다고 말하기도 했다. 스트레스에 대한 이런 태도가 미국인들에게만 나타나는 것은 아니다. 캐나다와 유럽 및 아시아에서도 스트레스를 이와 유사한 관점으로 바라본다. 심지어 스트레스에서 몇 가지 이익을 알아볼 수 있을 때조차 사람들의 전반적인 인식은 매우 부정적이다.

  중요한 것은 스트레스에 대해 부정적인 관점을 가지면 긍정적인 관점을 가졌을 때와 전혀 다른 결과를 만들어낸다는 점이다. 크럼의 조사는 스트레스가 해롭다고 믿는 사람들에 비해 스트레스가 장점을 끌어올린다고 믿는 사람들이 인생에 대해 더 낙관적이고 만족감이 크다는 사실을 보여준다. 이들은 열정이 더 높았고 건강 문제가 더 적었다. 더 행복하고 업무 생산성도 높았다. 게다가 살아가면서 스트레스와 맺는 관계도 달랐다. 스트레스가 많은 상황을 감당하기 어려운 문제가 아닌 도전이라고 생각하는 경향이 컸다. 그 도전들을 처리할 능력이 있다는 확신도 훨씬 컸고 어려운 상황에서 의미를 발견하는 데에도 능통했다.

만약 여러분이 나와 비슷하다면 이 연구 결과를 듣고 일단 회의적인 반응을 보였을 것이다. 내 첫 반응도 그랬던 것 같다.

"스트레스에 대해 긍정적인 관점을 가진 사람들은 실제로 스트레스를 받지 않기 때문에 더 행복하고 더 건강하다. 스트레스에 대해 긍정적인 관점을 갖게 되는 유일한 방법은 살면서 스트레스를 받지 않는 것이다. 스트레스를 조금이라도 겪게 되면 관점이 바뀔 것이다."

나의 회의주의는 고매한 과학 때문이라기보다 스트레스에 대한 사고방식 때문에 생겨났지만 여전히 합리적인 가설이다. 크럼은 스트레스에 대한 긍정적인 관점이 남들보다 쉽게 살아온 결과일 수도 있다는 가능성을 염두에 뒀다. 하지만 데이터를 확인하면서 스트레스에 대한 사람들의 사고방식과 사람들이 받은 스트레스의 심각성 사이에는 별 관련이 없다는 것을 깨달았다. 또한 이혼이나 사랑하는 사람과의 이별, 이직이나 전직처럼, 사람들이 과거에 경험한 스트레스성 사건의 수와 스트레스에 대한 부정적 관점의 정도 사이에서도 아주 작은 관련성만 발견됐을 뿐이었다. 스트레스에 대해 긍정적인 태도를 가진 사람들이 고통 없는 인생을 살아간다는 것은 사실이 아니다. 더욱이 사람들이 현재 스트레스를 조금 받든 많이 받든 간에, 그리고 과거에 스트레스를 많이 받았든 받지 않았든 간에 상관없이 스트레스에 대한 긍정적인 관점을 가지면 유익하다는 사실도 알아냈다.

그렇다면 스트레스에 대한 사고방식은 지금까지 경험한 스트레스의 양이 반영돼 형성되는 것이 아니라, 오히려 변치 않는 성격적 특성이라고 할 수 있다. 결국 어떤 사람들은 스트레스를 포함해 모든 것을 긍정적인 관점으로 바라볼 가능성이 크다. 그리고 한 연구에 따르면 낙천주의자들은 비관주의자들보다 더 오래 산다. 어쩌면 스트레스의 해로운 영향으로부터 인간을 보호하는 것은 이런 일반적인 낙천주의인지도 모른다. 크럼도 이 부분을 고려했다. 스트레스가 장점을 끌어올린다는 사고방식을 가진 사람들은 낙천주의자가 될 가능성이 크지만, 이 두 가지 현상 사이의 상관관계는 미미한 것으로 드러났다. 낙천주의 이외에도 스트레스를 보다 긍정적으로 바라보는 시선과 관련이 있는 듯 보이는 성격적 특성이 두 가지 있다. 바로 '마음 챙김 mindfulness'과 '불확실한 것을 참을 줄 아는 능력'이다. 하지만 크럼의 분석에 따르면 이 성격적 특성 가운데 어떤 것도 스트레스에 대한 사고방식이 건강이나 행복, 업무 생산성에 미치는 영향력을 설명해주지 못한다. 스트레스에 대한 사고방식이 성격적 특성 및 경험으로 인해 영향을 받을 수도 있겠지만, 스트레스에 대한 사고방식이 건강과 행복에 미치는 영향은 둘 중 어느 것으로도 설명할 수 없다.

크럼의 연구는 더 그럴듯한 가능성을 보여준다. 스트레스에 대한 사고방식은 우리의 마음가짐뿐 아니라 행동 양식에도 영향을 미치기 때문에 매우 효과적이다. 스트레스는 그것을 해롭다고 생각하는 사람에게는 반드시 피해야 할 대상이다. 스트레스를 느끼면 스트레스를 피하거나 줄이라는 신호가 왔다고 생각한다. 사실상 스트레스가 해롭다는 사고방식을 가진 사람들은 스트레스의 대처 방법이 회피라고 말하는 경향이 크다.[20] 예를 들어 그들은 다음과 같이 행동할 가능성이 크다.

- 스트레스의 원인을 해결하는 대신 거기에서 주의를 돌리려고 노력한다.
- 스트레스의 근원을 해결하기 위해 조치를 취하는 대신 스트레스 감정을 없애는 데 집중한다.
- 스트레스에서 벗어나기 위해 알코올이나 다른 물질 또는 중독으로 눈을 돌린다.
- 스트레스를 불러일으키는 관계나 역할, 목표가 무엇이든 거기에 쏟던 에너지와 관심을 거둬들인다.

반면 스트레스가 유용하기도 하다고 믿는 사람들은 스트레스에 주도적으로 대처한다고 말할 가능성이 크다. 예컨대 그들은 다음과 같이 행동하는 경향이 있다.

- 스트레스성 사건이 일어났고 그것이 실재한다는 사실을 받아들인다.
- 스트레스의 근원을 해결할 작전을 계획한다.
- 정보나 도움 및 충고를 구한다.
- 스트레스의 근원을 극복하거나 제거하거나 변화시키기 위해 조치를 취한다.

- 상황을 보다 긍정적인 태도로 바라보거나 성장의 기회로 활용함으로써 그 상황에 최대한 잘 대처한다.

　스트레스에 대처하는 방법이 이렇게 다르기 때문에 그 결과도 매우 다르게 나타난다. 어려움을 피하거나 부인하려고 하지 않고 정면으로 맞서면 스트레스 상황에 대처할 수 있는 자산이 쌓인다. 인생의 시련들을 감당할 수 있다는 자신감이 커진다. 탄탄한 사회적 지지가 구축된다. 통제 불능의 상태로 빠지지 않고 감당할 수 있는 어려움이 해결된다. 그리고 통제할 수 없는 상황이 성장의 기회가 된다. 이런 식으로 여러 가지 사고방식을 갖다 보면 스트레스가 유용하다는 믿음은 자기충족적 예언이 된다.

스트레스에 대한 생각에 개입하다

사고방식이 스트레스에 미치는 영향을 제대로 시험하기 위해서는 스트레스에 대한 누군가의 생각을 변화시키고 오랫동안 이를 추적해야 한다. 그것이 바로 크럼과 동료들이 취한 행동이었다.

　스트레스에 대한 생각에 개입하는, 즉 스트레스 사고방식의 중재intervention 는 경제 위기가 한창이던 2008년에 국제적 금융 기업인 UBSUnion Bank of Switzerland에서 일어났다. 금융업은 스트레스가 많기로 악명 높은 산업이다. 어떤 연구에 따르면 투자 상담사들은 금융 산업에 뛰어든 지 10년 안에 단 한 사람의 예외도 없이 불면증이, 알코올 중독, 우울증과 같은 질환을 한 가지 이상 앓게 됐다.[21] 2008년 경제 위기는 이런 괴로움을 한층 가중하기만 할 뿐이었다. 금융권 종사자들은 직장 내 스트레스, 해고에 대한 두려움, 에너지 고갈, 극도의 피로감 등이 상당히 심각하다고 토로했다.[22] 또한 금융 산업 전반에 걸쳐 불안감, 우울증, 자살이 증가한다는 이야기가 만연했다.[23]

대부분의 금융 기업이 그렇듯이 UBS 역시 심한 타격을 받았다. UBS의 2008년 연례 보고에 따르면 회사 주가는 58퍼센트나 하락했다. UBS는 대규모 감원을 단행했고 직원 보상을 36퍼센트 삭감했다.[24] 이 모든 상황이 한창 진행 중일 때 UBS의 직원들은 인사부에서 날아온 이메일을 한 통 받았다. 스트레스 관리 프로그램에 참여하라는 요청이었다. 388명의 직원이 이 프로그램을 신청했다. 참가자들의 남녀 성비는 1대 1이었으며 평균 나이는 38세였다. 스트레스 사고방식의 실험 대상들은 점차 증가하는 업무량, 감당하기 어려운 작업 요구, 가늠할 수 없이 불확실한 장래에 대처하는 중이었다. 그러므로 이들은 당연히 스트레스를 겪었다고 할 수 있다.

직원들은 3개 집단 중 하나에 무작위로 배정됐다. 164명의 직원이 속한 첫 번째 집단은 전형적인 스트레스 관리 메시지를 보내는 온라인 훈련에 참여했다.[25] 이 방식은 스트레스가 본래부터 부정적이라는 관점을 강화한다. 163명의 직원이 속한 두 번째 집단은 스트레스에 대해 보다 긍정적인 관점을 전달하도록 고안된 온라인 훈련을 받았다. 즉, 사고방식 중재를 받은 것이다. 이에 비해 61명으로 구성된 비교적 적은 규모의 통제 집단은 아무런 훈련도 받지 않았다.

1주일 동안 온라인 훈련 프로그램의 참가자들은 각각 3분 분량의 동영상 세 편의 링크가 포함된 이메일을 받았다. 첫 번째 집단의 참가자들은 다음과 같은 내용의 통계를 접했다.

"스트레스는 미국에서 가장 심각한 건강 문제다."

"스트레스는 6가지 주요 사망 원인과 관련이 있다."

이 동영상들은 스트레스가 심각한 감정 기복 및 고갈 그리고 기억 손실로 이어질 수 있다는 경고를 내보냈다. 스트레스 상황에서 좋은 성과를 내지 못한 지도자들의 사례도 다뤘다.

사고방식 중재 집단에 참여한 직원들은 전혀 다른 세 편의 동영상을 감상했다. 이 동영상들은 스트레스가 신체 회복력을 키워주고, 집중력을 길러주며, 인간관계를 심화시키고, 개인의 가치관을 강화시킨다고 설명했다. 엄청난 스트레스를 받으면서도 임무를 의연히 수행해낸 사람들과, 어려운 상황에서 번성한 기업 사례도 소개했다.

실험에 참가한 직원들은 모두 온라인 훈련에 참여하기 전후에 설문지를 빠짐없이 작성했다. 연구 팀의 첫 번째 질문인 "스트레스에 대한 생각을 바꿀 수 있습니까?"에 대한 대답은 "그렇다"였다. 부정적인 내용의 동영상을 감상한 직원들은 스트레스가 유해하다는 생각을 한층 더 확신하게 됐다. 이와 반대로 사고방식 중재 집단에 속한 직원들은 스트레스에 대한 생각이 보다 긍정적으로 변화했다.

이들의 사고방식은 얼마나 크게 달라졌는가? 그리 큰 변화는 없었다. 스트레스의 유해성에 관해 익히 들었던 말들을 갑자기 직원들이 몽땅 잊어버리지는 않았다. 이들은 스트레스를 더 받고 싶다고 간청하지는 않았으나, 중재가 있기 전과 비교하면 스트레스에 대해 한층 균형 잡힌 시각을 지지하게 됐다. 그 변화는 통계적으로 큰 의미가 있었지만 그렇다고 정반대로 바뀐

것은 아니었다. 스트레스를 대체로 유해한 것으로 바라보는 대신 스트레스에 좋은 면과 나쁜 면이 고루 있다고 생각하게 됐을 뿐이다.

두 번째 질문인 "이 사고방식의 변화가 다른 변화들과 관련돼 있습니까?"에서도 대답은 "그렇다"였다. 사고방식 중재를 받은 직원들은 불안감과 우울증이 줄어들었다. 요통과 불면증 같은 건강 문제도 줄어들었다고 응답했다. 그뿐만 아니라 직장에서의 생산성, 협동성, 참여성, 집중력이 향상됐다고 말했다. 무엇보다 중요한 것은 이런 개선이 극도의 스트레스 상황에서 일어났다는 점이다. 훈련을 전혀 받지 않은 직원들은 물론 부정적 내용의 동영상을 감상한 직원들도 결과는 달라지지 않았다.

그리고 나서 크럼은 다양한 직업군을 대상으로 스트레스 사고방식 중재와 워크숍을 실시했다. 여기에는 의료 종사자, 대학생, 기업 중역들, 심지어 해군 특수부대도 포함됐다. 그녀는 다른 방법들을 적용해 사람들의 스트레스 사고방식을 변화시키는 실험을 시도하기도 했다. 이 중 일부는 잠시 뒤에 살펴볼 것이다.

그녀가 연구를 통해 입증한 내용은 아주 짧은 중재 덕분에 사람들이 스트레스에 대해 생각하고 이를 경험하는 방식이 지속적으로 변할 수 있다는 사실이다. 스트레스에 대해 보다 긍정적인 관점을 수용하면 흔히 스트레스에 관련된 문제라고 생각할 일이 줄어들고 스트레스가 극히 높은 상황에서 성과를 거두는 데 도움이 된다.

크럼의 초기 연구 결과와 같은 결론을 접하면 우리는 몹시 당황스러워하면서 그것이 정확히 어떻게 작용하는지 궁금해진다. 사고방식 중재가 왜 그런 강력한 효과를 거두는지, 그리고 스트레스에 대한 여러분의 생각을 어떻게 바꾸기 시작하는지 이해하기 위해서는 '생각을 바꾸는 기술'에 대한 과학적 설명을 보다 주의 깊게 살펴볼 필요가 있다.

생각을 바꾸는 기술

스탠퍼드대학교 심리학자 그레그 월튼Greg Walton은 앨리아 크럼과 마찬가지로 사고방식 연구 분야의 대가로 꼽히는 인물이다. 지난 10년 동안 그는 영향력을 미치는 한 번의 짧은 중재를 통해 사람들의 생각을 바꾸는 기술을 완성하는 연구를 해왔다.

그가 고안한 중재는 때로 1시간밖에 걸리지 않지만 결혼 만족도에서부터 신체 건강 및 의지력에 이르기까지 인생의 모든 면을 개선할 수 있다. 경우에 따라 그 1시간의 중재가 가져온 결과가 향후 몇 년 동안 지속되기도 한다. 과학적 발견을 통해 의미 있는 변화를 이끌어내려는 열정의 일환으로 월튼은 자신의 연구 결과를 백악관에 제출했으며, 정책입안자와 교육자들에게 심리과학을 현실 세계 문제에 적용하는 방법을 알려주고자 '현실 세계 문제에 대한 사회심리학적 답변 센터Stanford's Center for Social Psychological Answers to Real-World Questions'를 운영하고 있다.

각각의 중재에서 월튼은 행복이나 성공의 방해가 된다고 입증된 하나의 믿음을 목표로 삼는다. 가령 지능이란 개발될 수 없는 고정된 특성이라는 믿음이 여기에 해당한다. 그는 대안적 관점을 제공하고 짧은 중재를 기획해 참가자들이 새로운 사고방식을 시도하도록 돕는다. 그게 전부다. 전체적인 접근 방법은 이렇다. 여기 여러분이 미처 고려하지 못했던 생각이 한 가지 있다고 하자. 그 생각을 자신에게 어떻게 적용시키면 좋을까? 이렇게 물은 뒤 오랜 시간 동안 사람들을 추적해 그 생각이 어떻게 뿌리내리는지 지켜봤다.[26]

나는 월튼에게 가장 좋아하는 사고방식 중재가 무엇이냐고 물었다.[27] 그러자 그는 어느 아이비리그 대학의 신입생 집단에게 실시한 중재를 제시했다. 이 연구에서 월튼은 한 가지 단순한 메시지를 전달했다. 소속감을 느끼지 못하는 사람은 나 혼자만이 아니라는 것이었다. 새로운 환경에서 사람들은 대부분 그런 기분을 느낀다. 그리고 시간이 흐르면서 이 기분은 달라질 것이다.

월튼은 사회적 소속감에 주목하기로 결정했다. 자신에게 중요한 장소인 학교나 직장 또는 어떤 공동체에 소속되지 못했다는 기분이 널리 퍼져 있음을 알았기 때문이다. 그러나 그 감정을 공공연하게 표현하는 사람은 거의 없다. 대부분의 사람들은 자기 혼자서만 집단에 적응하지 못하고 겉도는 것처럼 생각한다.

소속감을 느끼지 못하면 어떤 것을 경험하더라도 그 해석 방식이 달라질 수 있다. 대화, 좌절, 오해 등 거의 모든 것을 자신이 실제로 그 집단에 소속되지 않았다는 증거처럼 여기기도 한다. 자신이 어떤 집단에 소속되지 않았다는 믿음은 '가면 증후군(impostor syndrome, 나는 사기꾼이고 모든 사람이 그 사실을 알게 될 거야)'에서 '고정관념 위협(stereotype threat, 모든 사람이 내가 실패하기를 바라고 있어)'과 '자기불구화 현상(self-handicapping, 무엇 하러 굳이 노력하겠어)'에 이르기까지 수많은 파괴적인 정신 상태로 반영될 것이다.

이런 정신 상태는 도전을 회피하고 문제를 감추며 피드백을 무시하고 협력적인 인간관계를 형성하지 않는 등의 자기파괴적인 행동으로 이어지기도 한다. 결과적으로 이런 행동들은 실패와 고립 위험을 증가시킨다. 여기서 실패와 고립은 자신이 결국 집단에 속하지 못했다는 증거처럼 여겨진다. 아이비리그 신입생들의 비소속감에 대한 사고방식을 변화시킴으로써 월튼이 방해하고 싶었던 것은 자기충족적 예언이다.

월튼은 대학교 3∼4학년 학생들을 대상으로 학교 경험에 대한 설문 조사를 실시한 뒤, 사고방식 중재의 첫 번째 부분에서 그중 일부를 발췌해 신입생들에게 읽도록 했다. 여기서 선택된 부분은 누구나 사회적 소속감으로 고심하지만 이는 시간이 지나면 달라진다는 메시지를 전달하는 것이었다. 일례로 어느 4학년 학생은 다음과 같이 적었다.

> 이 대학에 막 입학했을 때에는 내가 다른 학생들과 다르지 않을까 걱정스러웠다. 잘 적응할 수 있을지 자신이 없었다. 그렇게 첫해를 보내고 난 어느 날 나는 이곳에 들어온 대부분의 학생들이 스스로 잘 어울릴 수 있을지 확신하지 못한다는 사실을 깨닫게 됐다. 지금 보면 이 상황은 모순적인 듯하다. 신입생들은 하나같이 자신이 다른 학생들과 다르다고 느끼지만, 실제로는 적어도 몇 가지 측면에서 똑같다.

학생들이 발췌된 설문지들을 읽고 나자 실험 진행자는 3∼4학년 학생들이 묘사한 경험과 자신의 대학 경험이 어떤 점에서 비슷한지 곰곰이 생각하고 이에 관해 논술을 작성하라고 요구했다. 그리고 학생들이 논술 작성을 끝내자 학교 측이 내년 신입생 오리엔테이션에서 상영할 정보 광고를 제작하는 중이라고 말했다. 그 동영상은 곧 입학할 학생들의 대학 생활에 대한 이해를 돕기 위해 제작되는 것이었다. 실험 진행자는 동영상을 제작해 정보 광고에 삽입할 수 있도록 학생들이 비디오카메라 앞에서 자신의 논술을 읽어줄 수 있겠는지 물었다. 그러고는 이렇게 설명했다.

"다들 잘 알겠지만 어떤 일이 벌어질지 모른 채 새로운 환경에 들어가는 것은 어려운 일일 것입니다. 이와 똑같은 과정을 막 겪어본 선배들로서 여러분은 신입생들에게 큰 도움이 될 겁니다. 그러니 동영상 촬영에 참여할 수 있겠지요?"

그것이 중재의 전부였다. 학생들은 설문지에 답을 채웠고, 논술을 작성했으며, 내년도 신입생들에게 사회적 소속감에 대한 메시지를 띄웠다.

처음으로 이 중재를 시도한 뒤에 월튼은 이 실험이 미국의 흑인 학생들에게 미친 영향을 추적해봤다. 일반적으로 그 학생들은 아이비리그 학교에 소속감을 느끼지 못해 그 누구보다 고심해왔던 터였다. 실험 결과는 놀라웠다. 무작위로 선택돼 중재를 받지 않았던 학생들과 비교하면, 이들은 단 한 번의 중재로 향후 3년 동안 학업 성적이 향상됐고 몸이 건강해졌으며 행복 지수가 올라갔다. 졸업할 무렵 이들의 성적은 실험에 참가하지 않았던 흑인 학생들의 성적보다 뛰어났다. 사실상 그들의 성적은 월등히 뛰어나서, 해당 학교의 소수 인종 학생과 비소수 인종 학생들 사이의 일반적인 성적 차이를 완전히 메워버렸다.

월튼은 무엇 때문에 이런 결과가 빚어졌는지 살펴본 끝에 이 중재가 두 가지 변화를 일으켰음을 알아차렸다. 첫째, 학생들이 학업 문제와 사회적 문제에 대응하는 방식이 달라졌다. 이것이 대학에서 겪는 경험의 일부이고 오래가지 않을 문제라고 생각하는 경향이 컸다. 둘째, 이 중재가 학생들의 사회 세계에 영향을 미쳤다. 사고방식 중재를 받은 학생들은 멘토를 찾고 우정을 두텁게 쌓아갈 가능성이 컸다. 월튼은 이렇게 설명했다.

"그 과정은 심리학적인 방식으로 시작됐지만, 그 뒤로는 사회학적으로 변했습니다."

월튼과 동료들은 다양한 환경에서 소속감 중재를 실시했다.[28] 한 실험에 따르면 대학의 학생 재적률을 신장시키기 위해서는 소속감 중재가 3,500달러의 장학금 지급보다 효과적이었다. 다른 연구에서는 소속감 중재 덕분에 학생들의 대학 중퇴율이 반으로 줄어들었다. 중재를 받은 공대 여학생들은 공학과를 좀 더 우호적인 곳으로 인식하기 시작했다. 그런 다음에 공대 남학생들과의 교우관계가 전보다 향상됐고 심지어 성차별 농담을 듣는 경우도 줄어들었다고 말했다. 월튼은 이렇게 말했다.

"그 여학생들의 사회적 세계가 변화하고 있었습니다."[29]

어쩌면 이런 식의 사고방식 중재에서 가장 놀라운 면은 사람들이 대체로 그 기억을 잊어버린다는 점이다. 아이비리그 연구의 마지막 추적 조사가 진행될 무렵 해당 학생들은 졸업을 앞두고 있었다. 월튼은 학생들이 신입생 시절에 이 연구에 참여했던 사실을 기억하고 있는지 물었다. 어떤 연구에 참여한 기억이 있다는 학생들이 79퍼센트인데 비해 연구의 성격을 정확히 기억한 학생들은 고작 8퍼센트에 불과했다. 반면 새로운 사고방식은 학생들이 자신과 학교를 바라보는 관점의 일부로 자리 잡았다. 이들은 중재에 대해서는 잊어버렸지만 그 메시지는 자기 것으로 소화했다.

내가 보기에 이 점이야말로 사고방식 과학의 가장 유망한 측면 중 하나가 아닌가 싶다. 일단 한 가지 생각이 뿌리내리고 나면 그 생각을 지키기 위해 그렇게 열심히 노력할 필요는 없다. 의식적인 전략을 활용할 필요도 없고 마음속으로 매일 싸움을 벌일 필요도 없다. 새로운 사고방식은 우리에게 처음 소개되고 난 뒤 스스로 정착하고 번창할 수 있다.

이런 결과가 대부분의 사람들에게 과학이라기보다는 SF처럼 들린다는 사실은 월튼도 인정했다. 하지만 사고방식 중재는 기적이나 마법이 아니다. 오히려 촉매제나 기폭제로 간주하는 편이 가장 좋다. 사고방식을 변화시키는 것은 긍정적인 변화를 오랫동안 지속시키는 과정을 활성화시킨다.

사고방식은 바꾸지 못한다는 선입견

사고방식 중재를 실시한 심리학자들은 회의적인 반응에 익숙하다. 오로지 새로운 사고방식 하나만을 주제로 삼은 짧은 중재 한 번으로 사람의 인생이 달라질 수 있다는 주장은 대체로 우습게 받아들여진다. 사고방식 중재가 연구자들의 터무니없는 기대를 뛰어넘는 성공을 거뒀을 때조차 이 방법이 실제로 효과가 있다는 사실은 누구나 받아들이기 어려워한다.

텍사스대학교 오스틴 캠퍼스에서 사고방식을 연구하는 데이비드 예거 David Yeager는 인간의 회의주의가 얼마나 깊이 뿌리내릴 수 있는지에 관한 이야기를 들려주었다. 이 이야기에서 중재가 진행된 장소는 샌프란시스코 지역에서 재학생의 소득 수준이 두 번째로 낮은 고등학교였다. 이 학교 성적은 주에서 꼴찌를 몇 번 기록하기도 했다. 학생의 4분의 3가량이 무료 급식 대상자였다. 대다수는 범죄 조직에 가입한 상태였고 40퍼센트는 학교에서 불안감을 느낀다고 대답했다.

예거는 이 학교의 신입생들에게 '성장의 사고방식growth mindset', 즉 사람들이 크게 변화할 수 있다는 믿음을 가르치고 싶었다. 그렇게 하기 위해서 학생들에게 몇 가지 중요한 생각을 소개하는 짧은 논문을 읽게 했다. 가령 "현재의 자기 모습이 장래의 모습과 반드시 같은 것은 아니다", "사람들의 대우나 시선이 반드시 지금의 진짜 자기 모습이나 미래의 자기 모습을 알리는 신호는 아니다", "사람의 성격은 시간이 흐르면 크게 달라질 수 있다" 등의 내용이었다.

게다가 학생들은 이 변화의 메시지를 반영하는 경험에 대해 상급생들이 1인칭 시점으로 서술한 글도 읽었다. 또한 학생들은 시간이 흐르면서 자신을 포함해 사람들이 어떻게 변할 수 있는가에 관한 개인적 경험을 상세히 서술하라는 요청도 받았다.

예거는 학기 초 체육관에 반바지 체육복 차림의 고교 1년생 120명을 모아놓고 30분짜리 중재를 시행했다. 학생들이 첫 번째 논문을 읽고 있을 때 중재의 세부 내용을 알지 못했던 체육 교사 한 사람이 예거에게 다가와 물었다.

"왜 여기에 오셨어요? 초등학교에 가지 그러셨어요? 이 아이들은 너무 늦었잖아요. 이건 시간 낭비예요."

그 말을 듣고 예거가 웃음을 터뜨리자 그는 마음이 상한 듯했다.

"이건 정말 끔찍한 모순입니다. 내가 여기 있는 이유야말로 변화가 가능하다는 사실을 아이들에게 가르치기 위해서거든요."

하지만 체육 교사의 비관적인 생각에도 불구하고 중재는 크고 지속적인 효과를 발휘했다.[30] 학년이 끝날 무렵 중재를 받았던 학생들은 보다 긍정적인 태도를 갖게 됐고 인생의 문제에 보다 의연하게 대처했다. 통제 집단에 무작위로 배정됐던 학생들에 비해 건강 문제도 줄어들었고 우울증에 걸릴 가능성도 낮아졌다. 중재를 받은 학생들 가운데 무려 81퍼센트가 고등학교 1학년 대수학 과목을 통과했는데, 이에 비해 통제 집단의 학생들은 겨우 58퍼센트밖에 통과하지 못했다. 중재가 학업 성취도에 미친 영향은 사고방식의 변화를 가장 크게 겪은 학생들에게 가장 크게 나타났다. 평균적으로 이 학생들은 평점 1.6(C 마이너스에 해당)으로 1학년을 시작했다가 평점 2.6(B 마이너스에 해당)으로 마무리 지었다.

이 결과가 매우 인상적이어서 나는 통제 집단에 무작위로 배정됐던 아이들이 안쓰럽게 느껴질 지경이었다. 당연히 이 결과로 인해 학교 측에서는 큰 감동을 받았을 테고, 학생들의 잠재력에 대한 체육 교사의 관점도 달라졌을 것이다.

그러나 예거에 따르면 그 같은 결과를 만들어내고도 깊은 인상을 주지 못할 때가 많았다고 한다. 예거는 어떤 학교에서 연구를 실행하게 되면 그곳 교직원들에게 관련 자료를 항상 보여준다. 교육에 대한 열의가 대단한 그는 연구원이 되기 전에 오클라호마 털사Tulsa에서 중등 영어를 가르친 적이 있었다. 그래서 예거는 학교 측에서 사고방식 중재를 계속 진행하는 데 필요한 온갖 자료를 제공할 수 있지만 대부분의 학교는 다음 단계로 넘어가지 못한다. 30분짜리 중재가 사람의 인생 궤도를 변화시킬 수 있다는 생각은 사람들이 이해하기에 너무 벅찬 것이었다. 예거는 이렇게 말했다.

"사람들은 그 생각이 사실이라는 걸 그냥 믿지 못해요."

사고방식 중재의 문제점은 너무 좋아서 쉽게 믿어지지 않는다는 데 있다.

사고방식 중재는 변화 과정 자체에 대한 뿌리 깊은 문화적 신념과 모순을 빚는다. 우리는 중요한 문제들이란 하나같이 그 뿌리가 깊어 쉽게 변하지 않는다고 믿는다. 물론 대부분의 문제들이 뿌리를 깊이 내리고 있는 것도 사실이다. 그러나 이 책에서 앞으로 반복해서 살펴볼 한 가지 주제는, 사고방식을 조금만 전환하면 그 가능성의 한계가 의심스러울 정도로 엄청난 변화가 무수히 일어난다는 것이다.

우리는 삶의 모든 부분을 먼저 변화시켜야 비로소 행복이든 건강이든 아니면 경험하고 싶은 그 무엇이든 이뤄질 거라고 믿는 데 익숙해져 있다. 하지만 사고방식의 과학은 우리가 앞뒤를 잘못 알고 있다고 지적한다. 사고방식의 변화는 인생에서 이루고 싶은 다른 모든 변화를 유발하는 촉매이기도 하다. 그런데도 먼저 그런 변화가 가능하다는 사실부터 확신할 필요가 있는 듯하다.

사고방식을 바꾸려면

2013년 6월 스코틀랜드 에든버러Edinburgh에서 진행된 TED의 내 강연 동영상이 처음으로 세상에 공개됐을 때 나는 다음과 같은 질문을 집중적으로 받기 시작했다.

"스트레스에 대한 제 생각을 어떻게 바꿀 수 있을까요?"

지금까지 살펴본 스트레스 사고방식 중재는 사람들을 교묘하게 조종해 사고방식을 변화시켰다.

"스트레스의 장점을 알아두는 것이 유익하다."

이렇게 말한 사람은 아무도 없었다. 메시지는 훨씬 더 단순했다.

"스트레스는 유익하다."

스트레스에 대한 생각을 바꾸기 위해 자발적으로 노력하면 사고방식을 변화시킬 수 있을까, 아니면 속임수에 넘어가야만 그런 효과가 일어나는 것일까?

이 질문에 대답하는 한 가지 방법은 플라시보 효과를 다시 살펴보는 것이다. 오랫동안 의사들과 과학자들은 플라시보 효과를 얻으려면 반드시 속임수가 필요하다고 생각했다. 당의정이 도움이 되는 경우는 환자가 진짜 약을 먹고 있다고 확신할 때뿐이다. 그러나 속임수는 플라시보 효과의 주효한 원인이 아닌 것으로 밝혀졌다. 환자들이 위약을 복용하고 있다는 사실을 알고 있을 때조차 플라시보 효과가 발생하기 때문이다.

플라시보 효과에 대한 어떤 개방 실험에서 환자들은 '가짜 약'이라는 라벨이 또렷이 붙은 약상자를 받았다. 약의 성분표에는 마이크로크리스탈린 셀룰로스(Microcrystalline Cellulose, 가루를 정제로 만들 때 사용하는 식물성 접합제 - 옮긴이) 하나만 적혀 있었다. 실험에서 의사는 환자에게 "예, 이것은 위약입니다", "아니요, 여긴 유효 성분이 들어 있지 않습니다"라고 말했다. 그리고 환자의 정신과 신체가 수많은 치유 과정을 스스로의 힘으로 진행할 수 있으며, 가짜 약이 그 과정을 촉발시킬 거라는 설명을 덧붙였다.

그런데 놀랍게도 가짜 약 라벨이 붙어 있는 그 약이 편두통과 과민성 대장 증후군 및 우울증을 완화시켰고 최상의 진짜 치료제와 비슷한 효과를 거둘 때도 많았다.[31] 결국 플라시보 효과의 작용 원리를 설명함으로써 환자들에게 속임수에 참여해달라고 부탁하는 것은 위약의 효과를 떨어뜨리지 않았다. 오히려 그 효과를 증폭시켰다.

사고방식 중재에 관한 연구 또한 새로운 사고방식을 선택하는 문제도 이와 다르지 않다는 사실을 입증했다. 사람들이 사고방식 중재의 작용 원리에 대해 설명을 듣고 일상생활에서 새로운 사고방식을 기억하라고 권유받을 경우 그 효과는 줄어들지 않았다.[32]

앨리아 크럼은 첫 번째 스트레스 사고방식 중재 연구에서 스트레스에 대한 참가자들의 믿음에 영향을 주기 위해 편향된 동영상을 활용한 바 있었다. 그녀는 이상적인 사고방식 중재는 속임수가 아니라 선택이 주가 돼야 한다고 생각했다. 그녀가 현재 사용하는 접근법은 2008년 경제 위기 시절에 UBS에서 시도한 훈련보다 한결 투명하다. 새로운 중재는 참가자들에게 사고방식의 힘에 대해 가르쳐주고 스트레스를 보다 긍정적인 관점으로 바라보라고 요청한다.

사고방식 중재의 첫 번째 개방 실험은 《포춘Fortune》 선정 세계 500대 기업 중 한 곳에서 이뤄졌다. 직원들은 스트레스 관리 훈련에 참가하라는 요청을 받았는데, 중년 직원 229명이 신청했다. 그중 절반가량은 2시간짜리 사고방식 중재에 무작위로 배정됐고, 나머지 사람들은 대기자 명단에 올랐다.

훈련은 직원들에게 스트레스의 피해와 이익에 관한 연구 내용을 알려주면서 시작됐다. 이를 통해 직원들은 크럼의 이전 연구 결과를 비롯해 사고방식의 힘에 대해 배우게 됐다. 이들은 훈련의 목표가 보다 긍정적인 스트레스 사고방식을 선택하도록 돕는 것이라는 설명을 분명히 들었다. 또한 이 새로운 사고방식을 함양하는 데 도움이 되도록 직원들은 스트레스가 도움이 됐던 시기를 비롯해 스트레스에 대한 각자의 경험을 깊이 생각해보라는 요청을 받았다.

그리고 스트레스를 느낄 때마다 새로운 사고방식을 실천하는 3단계 과정을 학습했다. 첫 번째 단계는 스트레스를 경험할 때 이를 인정하는 것이다. 스트레스가 자신의 몸에 어떻게 영향을 미치는지를 비롯해 스트레스에 대해 스스로 의식하기만 하면 된다. 두 번째 단계는 스트레스를 자신이 관심을 두는 문제에 반응을 보이는 것이라고 인정함으로써 그것을 기꺼이 받아들이는 것이다. 스트레스의 이면에 있는 긍정적인 동기부여에 접근할 수 있으며, 그 지점에서 중요한 것은 무엇이고 그것이 자신에게 왜 중요한지 생각하는 시간을 가졌다. 세 번째 단계는 스트레스를 조절하려고 노력하면서 에너지를 낭비하는 대신 스트레스가 주는 에너지를 활용하는 것이다. 직원들은 자신의 목표와 가치관이 반영된 것이라면 무엇이든 지금 당장 할 수 있겠느냐는 질문을 받았다.

직원들은 스트레스를 받을 때 이 3단계 과정을 기억해 적어도 하루에 한 번은 이를 실천하고자 노력하라고 권유받았다. 3주 뒤 연구원들은 참가자들의 상태를 확인했다. 훈련을 받은 사람들은 스트레스 사고방식에 변화가 생겼다. 훈련을 받기 전에는 스트레스가 해롭다는 사고방식을 일반적으로 지지했지만, 이후에는 스트레스의 장점을 인정하는 경향이 컸다. 게다가 스트레스를 다루는 데에도 능숙해졌다. 직원들은 불안감과 우울증이 줄어들었고 몸이 건강해졌다고 말했다. 그들은 직장에서 더 집중하고 창의적이며 몰입하는 기분이 들었다. 사고방식이 가장 크게 달라진, 즉 가장 부정적이었다가 한결 긍정적으로 바뀐 직원들은 누구보다 개선의 폭이 컸다. 중재 후

6주 만에 실시한 마지막 추적 조사를 해보니 유익한 결과는 그대로 유지되고 있었다.

그에 비해 대기자 명단에 올라갔던 직원들은 그런 변화를 보이지 않았다가 2시간짜리 훈련에 직접 참가한 뒤에야 변화를 겪었다. 그러고 나서 이들은 첫 번째 집단과 똑같이 사고방식의 변화와 개선을 겪었다고 말했다. 무엇보다 중요한 것은 이런 유익한 결과 중 어느 것도 직원들이 스트레스 감소를 보고했다는 말로는 설명될 수 없었다는 점이다. 중재는 스트레스를 감소시키지 않았다. 스트레스를 '전환'시켰을 뿐이다.

가장 효과적인 사고방식 중재는 세 가지 부분으로 이뤄져 있다.

❶ 새로운 관점 배우기.
❷ 새로운 사고방식을 받아들이고 적용하도록 고무하는 연습하기.
❸ 다른 사람과 그 생각을 공유하는 기회 만들기.

지금까지 살펴봤듯이 새로운 사고방식은 대체로 약간의 과학이나 사례와 함께 소개됐다. '새로운 스트레스 과학'이라는 내 강의와 마찬가지로 이 책은 동일한 3단계 과정을 따라간다.

사실 6주간의 스탠퍼드 강의는 하나의 거대한 사고방식 중재라고 할 수 있다. 강의 첫 시간에 나는 수강생들에게 "앞으로 스트레스에 대한 생각을 바꿔줄 작정"이라고 말한다. 매주 이 책에 포함된 과학 지식에 대해 강의하고 새로운 스트레스 사고방식을 함양하기 위한 구체적인 전략들을 제안한다. 그다음 강의에서는 지난주에 논의한 생각들에 대해 이야기하라고 요구한다. 그 전략들 가운데 어떤 것이라도 활용할 수 있었는가? 스트레스를 재고하는 것이 어려운 상황에 대처하는 데 도움이 됐는가? 그뿐만 아니라 수강생들이 배우는 것을 다른 사람에게 알릴 기회라면 어떤 것에든 특별히 주의를 기울이라고 요구한다. 이 강의의 마지막 과제는 수강생들이 가장 유용하다고 판단한 것이 무엇인지, 그 생각이나 실천 방법을 소중한 사람들에게 어떻게 알렸는지 이야기하는 것이다.

강의 전후에 익명으로 실시한 조사를 보면 평균적으로 수강생들의 스트레스 사고방식은 강의가 끝날 무렵보다 긍정적으로 변했다. 추적 조사에서도 수강생들은 다음과 같은 진술에 동의하는 경향이 작았다.

"내 문제 때문에 내가 소중하게 생각하는 삶을 살기 어렵다."

"지금까지 살면서 겪었던 고통스러운 경험들을 마법처럼 모두 날려버릴 수 있다면 그렇게 하겠다."

이 사고방식의 변화는 다른 유익한 결과를 이끈다. 수강생들은 생활 속에서 느끼는 스트레스를 다룰 줄 알게 됐고, 자신이 직면한 문제에 보다 의연히 대처하는 능력을 얻었다고 더욱 확신하게 됐다. 게다가 자신에게 중요한 목표를 열정적으로 추구한다고 말하는 경향이 컸다. 내가 좋아하는 의견 중 하나는 강의가 끝난 뒤에 어느 수강생이 작성한 강의 평가서에 적혀 있었다.

"스트레스에 대한 두려움이 예전보다 훨씬 작아졌다."

그리고 첫 번째 수업에서 자신들이 신청한 강의 주제는 스트레스 감소가 아니라 스트레스 포용이라는 사실을 깨달으면서 대다수의 수강생들이 충격을 받았지만, 그런데도 불구하고 이 모든 변화가 일어났다. 더욱이 강의가 끝나고 익명으로 진행된 강의 평가에서 수강생들이 새로운 사고방식을 생활에서 어떻게 적용하고 있는지 알 수 있었다. 수강생들이 한결 능숙하게 대처할 수 있다고 생각한 상황은 매우 다양했고, 이런 사실을 알게 돼서 나는 한편으로 무척 놀랍기도 하면서 한편으로는 힘을 얻었다.

한 수강생은 아들이 현역 군인으로 미 공군 특수임무대에 배속돼 있다. 종종 가족들은 그의 소재조차 알지 못할 때가 있다. 그는 이별로 인해 받는 스트레스와 소식을 알지 못해 생기는 걱정에 대처하는 데 이 강의가 유용했다고 이야기했다. 다른 수강생은 최근에 불행한 결혼에 종지부를 찍고 혼자만의 삶을 다시 시작했다.

새로운 스트레스 사고방식은 그녀가 과거를 정리하고 새로운 삶을 시작할 능력이 있다는 믿음을 강화시켰고, 과거의 경험을 보다 긍정적으로 생각하도록 이끌었다. 또 다른 수강생은 최근 직장에서 강등된 이후 제 기량을 발휘하지 못하고 동료들과도 멀어지는 경향이 굳어졌다. 그는 직장 일에서 마음을 떼면 직급 강등으로 인한 스트레스에서 벗어날 수 있으므로 그러는 편이 좋겠다고 생각했다. 그는 이 강의 덕분에 그런 행동이 그동안 문제를 얼마나 키웠는지 깨닫게 됐고 다시 직장 일에 보다 생산적인 방식으로 참여할 수 있게 됐다고 말했다.

이런 사례들은 수강생들이 감당하던 문제들 가운데 극히 일부에 불과하다. 새로운 사고방식은 상황 자체를 변화시키지는 않았지만 수강생들과 상황의 관계를 변화시켰다. 내 경험상 스트레스에 대한 사고방식의 전환을 기꺼이 고려한다면 여러분이 상상하는 거의 모든 상황에 그 혜택이 돌아갈 것이다.

물론 항상 마음이 내키는 것은 아니다. 나도 익히 알고 있지만 하나의 사고방식으로 자리 잡을 만큼 중요한 믿음에 대해 다시금 생각하는 일은 엄청나게 어려울 뿐 아니라 위협적이기까지 하다. 스트레스를 적대적으로 간주하는 데 익숙한 사람이라면 그 장점을 알아보는 것이 어렵고 혼란스럽게 느껴질 것이다.

내 강의와 마찬가지로 이 책은 마음이 내키는 사람들이 그 과정을 완수하도록 돕기 위해 고안됐다. 다음 두 장에서 살펴볼 스트레스에 대해 다시 생각하는 훈련은 여러분이 스트레스 사고방식을 변화시킬 수 있는 기회를 제공할 것이고, 제2부의 스트레스를 전환하는 훈련은 이 생각들을 각자의 삶에 적용하는 방식을 보여줌으로써 그 과정을 한 단계 더 진척시킨다.

사고방식 바꾸기의 마지막 단계는 자신에게 가장 유용한 생각을 다른 사람들과 공유하는 것이므로, 나는 이 책 전반에 걸쳐 여러분에게 권장할 만한 방법을 몇 가지 제공하고 있다. 가령 유난히 흥미로운 연구에 대해 알려주거나, 자신의 개인적 시련에 대해 이야기하거나, 다른 사람이 스트레스를 받아들이도록 도와주는 식이다.

스트레스에 대한 생각을 바꾸는 첫 번째 단계는 자신이 가진 현재의 사고방식이 일상생활에서 어떻게 드러나는지 의식하는 것이다. 우리는 대체로 사고방식이 어떤 영향을 미치는지 알지 못한다. 사고방식과 그것을 뒷받침하는 믿음의 관계는 지나치게 밀접하기 때문이다.

사고방식은 우리가 내리는 선택처럼 느껴지지 않는다. 마치 세상이 돌아가는 이치에 대한 정확한 평가처럼 여겨진다. 자신이 스트레스를 어떻게 생각하는지 아무리 충분히 인식한다고 해도 그 믿음이 자신의 생각과 감정 그리고 행동에 어떤 식으로 영향을 미치는지는 깨닫지 못할 것이다. 나는 이런 현상을 '사고방식 맹목mindset blindness'이라고 부른다. 그 해결책은 '사고방식 마음 챙김'을 실행하는 것이다. 즉, 현재의 스트레스 사고방식이 자신의 생활에서 어떻게 작용하는지 주의를 기울이는 것이다.

자신의 스트레스 사고방식을 알기 위해서는 자신이 스트레스에 대해 어떻게 생각하고 이야기하는지 인식해야 한다. 사고방식이란 모든 경험을 걸러 내는 여과기와도 같기 때문에 아마도 여러분은 스트레스에 대해 생각하고 이야기하는 자기만의 통상적인 방식이 있음을 알게 될 것이다. 스트레스를 받을 때 불쑥 터져 나오는 말은 무엇이며 속으로는 어떤 생각을 하는가? 내 경우에는 쌓인 스트레스가 터져 나오면 이렇게 외치곤 했다.

"아, 진짜 너무하네!"

스트레스에 대한 습관적인 생각 때문에 여러분이 어떤 기분을 느끼는지에 주목해보자. 의욕이 샘솟는가? 심신이 지치는가? 무기력해지는가? 그로 인해 자기 자신과 자신의 인생에 대해 어떤 기분이 드는가?

여러분의 스트레스 사고방식은 다른 사람들의 스트레스 반응 양식에 영향을 미치기도 한다. 주변 사람들이 스트레스를 받을 때 여러분이 어떻게 느끼고 어떤 말을 하고 어떤 행동을 하는지 관심을 기울여보자. 다른 사람이 스트레스에 대해 불평할 때면 걱정스러운 마음이 드는가? 그 사람에게 진정하라거나 스트레스를 너무 많이 받지 말라고 이야기하는가? 상대의 신경이 어느 때보다 바짝 곤두선 것처럼 보이면 그 사람을 피하려고 하는가, 아니면 상대의 스트레스에 자극을 받아 마치 누구의 삶이 더 스트레스가 많은지 알아내는 경쟁이라도 벌이듯 자신의 문제를 토해내는가? 자신이 무슨 행동을 하든지 잘 지켜보고 그것이 어떤 영향을 미치는지에 주목하자. 그 행동은 자신의 행복이나 다른 사람들과의 관계에 어떻게 영향을 미치는가?

그런 다음 주변 세상에서 스트레스에 대한 사고방식을 찾기 시작하는 것이다. 스트레스에 대해 이런 방식으로 생각하라고 여러분에게 날마다 권유하는 메시지는 어떤 내용들인가? 일단 스트레스 사고방식을 찾아보기 시작하면 어디에서나 그것을 발견할 수 있다. 예컨대 대중매체와 타인의 일상적인 대화는 물론이고 심지어 샴푸에서 사무기기에 이르기까지 각종 물품을 팔기 위해 스트레스를 줄여주겠다고 약속하는 광고 속에서도 등장한다.

나는 이번 장을 쓰는 동안 어떤 사람으로부터 "스트레스가 여러분의 인생에서 가장 위험한 독소인 10가지 이유"라는 제목의 기사를 받았다. 나중에 알고 보니 이 글은 전체론적 치료 또는 홀리스틱 치료holistic remedy를 홍보하는 기사 형식의 광고였다. 이 덕분에 판매량이 올랐는지는 모르겠지만, 제목부터가 스트레스를 부르기 딱 좋게 생겼다.

이런 메시지를 보면 여러분이 어떤 영향을 받는지 잘 살펴보자. 스스로를 잘 돌봐야 하겠다는 의욕이 솟아오르는가, 아니면 막연히 건강에 대한 염려가 드는가? 다른 사람들이 스트레스에 대해 특정 사고방식으로 이야기하면 여러분은 자신의 스트레스에 대해 어떤 기분이 드는가?

사고방식 마음 챙김을 실천하기 위해 필요한 것은 호기심뿐이다. 여러분은 자기 자신과 주변 사람들이 느끼는 스트레스에 대한 믿음이 자신의 감정과 대응방식에 어떻게 영향을 미치는지 이제 막 깨우치기 시작했다. 이 책을 계속 읽다 보면 유용성이 떨어지는 믿음에 반박하고 보다 긍정적인 사고방식을 실행에 옮기는 방법을 배우게 될 것이다.

균형 잡힌 시각을 갖게 만드는 변화

1년 전쯤인가 나는 앨리아 크럼에게 아직도 가끔씩 혼잣말로 불평을 늘어놓는다고 털어놓은 적이 있다.

"엄청 스트레스 받아!"

"완전 스트레스야!"

스트레스가 해롭다는 사고방식은 이미 공식적으로 부인한 뒤였는데도 유난히 속이 상하거나 충격을 받을 때면 오랜 사고방식이 슬금슬금 기어 나왔다. 나는 이 현상에 대해 죄의식을 느껴야 하는지 말아야 하는지 혼란스러워서 크럼의 경우에는 스트레스 사고방식이 완전히 바뀌었는지 물어봤다. 그러자 그녀는 잠시 생각하더니 이렇게 대답했다.

"나도 여전히 그렇게 말할 때가 있어요. '엄청 스트레스 받아!' 하고 말이죠. 하지만 그러고 나서 내가 하는 말에 귀를 기울여요. 무엇 때문에 스트레스를 받았는지 생각해보는 거죠. 그런 다음 다시 '아, 엄청 스트레스 받아!' 하고 말해보는 거예요."

그때 크럼이 어떤 목소리 톤으로 말했는지 제대로 설명할 수는 없지만 내 "엄청 스트레스 받아!"와는 달랐다고만 말해두겠다. 그녀가 그 세 마디를 내뱉을 때의 목소리는 지극히 혈기 왕성하게 들렸다. 나는 웃음을 터뜨리고는 진심이냐고 물었다. 그녀는 진심이었다. 그런 다음 스트레스를 대하는 가장 유용한 사고방식이 극단적인 흑백논리가 아니라 탄력적인지 설명했다. 스트레스의 두 가지 측면을 보고 그중에서 장점을 선택할 줄 알아야 하며, 비록 자신이 고통스럽다고 하더라도 그 스트레스와 소중한 것들의 관련성에 집중하겠다고 결정해야 한다는 것이었다. 그녀에 따르면 스트레스를 받을 때 의도적으로 사고방식을 바꾸는 행위는 자동적으로 긍정적인 관점을 갖는 것에 비해 더 큰 힘을 발휘한다.

이 목적을 달성하기 위해서는 한 가지 사실을 깨닫는 것이 중요하다. 스탠퍼드의 내 강의를 포함해 어떤 스트레스 사고방식 중재에서도 사람들이 말하는 스트레스에 대한 견해는 철저히 검증된 내용이 아니라는 사실이다. 사고방식 전환의 혜택은 사람들이 스트레스의 장점을 알아보기 시작하자마자 나타난다.

일종의 위험 임계값이 존재하는지 아니면 사고방식의 전환이 크면 항상 더 큰 혜택이 따라오는지는 분명치 않다. 그래도 내가 보기에 여기서 가장 중요한 시사점은 스트레스의 장점을 보기 위해 스트레스가 해로울 수도 있다는 인식을 꼭 버려야 할 필요는 없다는 것이다.

의미 있는 사고방식의 전환이란 스트레스에 대해 보다 균형 잡힌 시각을 갖게 만드는 변화다. 스트레스에 대한 두려움이 줄어들고 스트레스를 다룰 수 있다고 믿으며 의미 있는 인생을 살아가기 위한 자원으로 스트레스를 활용하게 되는 것이다.

제2장

못 이기고 못 피하는
스트레스

1990년대 후반에 오하이오 애크런Akron의 한 병원 외상 치료 전문 센터에서 특이한 실험이 진행된 적이 있다.[1] 실험을 위해 자동차나 오토바이 사고에서 막 목숨을 건진 환자들이 소변 샘플을 제공했다. 이 소변 샘플은 외상 후 스트레스 장애Post Traumatic Stress Disorder, PTSD 연구에 이용됐다. 연구원들은 다음과 같은 사실을 알아내고 싶어 했다. 외상을 입은 직후에 측정한 스트레스 호르몬 수치를 근거로 누가 PTSD를 겪을지 예측할 수 있을까?

사고가 발생한 지 9개월 뒤에 55명의 환자 중 9명이 PTSD라는 진단을 받았다. 이들은 과거의 사고를 다시 체험하는 듯한 환상을 보고 악몽에 시달렸다. 사고 상황을 떠올릴 만한 요인을 제거하기 위해 그들은 운전도 하지 않고 고속도로 근처에 가지 않았으며 사고에 대해 이야기하기를 거부했다. 하지만 나머지 46명의 환자들은 그런 증상에 시달리지 않았다. 비교적 회복력

_ 스트레스의 힘

이 좋은 이 환자들의 사고 후 소변 검사 결과는 PTSD에 시달리는 환자들의 결과와 달랐다. 이들은 스트레스 호르몬인 코르티솔과 아드레날린의 수치가 더 높았다.

코르티솔과 아드레날린은 과학자들이 소위 스트레스 반응이라고 부르는 현상, 다시 말해 스트레스 상황에 대처하는 데 도움이 되는 생물학적 변화의 일부다. 스트레스는 심혈관계에서 신경계에 이르기까지 인체의 다양한 기관계에 영향을 미친다.

비록 변화의 목적이 인체에 도움을 주기 위한 것이라고 해도, 대개의 스트레스가 그렇듯 스트레스 반응도 긍정적으로 인정받기보다는 우려의 대상으로 인식된다. 대부분의 사람들은 스트레스 반응이란 최소한으로 줄여야 할 중독 상태라고 생각하지만 실제로는 그렇게 암울한 상태가 아니다. 여러모로 스트레스 반응은 힘든 순간에 도움이 될 최고의 협력자다. 쳐부숴야 할 적이 아니라 의지해야 할 아군인 것이다.

애크런 외상 치료 전문 센터의 사고 생존자들을 대상으로 한 연구는 외상성 사건의 경우 신체 스트레스 반응이 더 강하면 장기적 회복 가능성이 더 높다는 사실을 입증하는 최초의 사례였을 뿐이다. 사실상 PTSD를 예방하거나 치료하는 전도유망한 치료법 중 하나는 스트레스 호르몬을 투여하는 것이다.[2] 예를 들어 《미국정신의학저널 American Journal of Psychiatry》에 실린 한 사례 보고서에서는 5년 전 테러 공격에서 살아남은 50세 남성 생존자의 외상 후 스트레스 장애가 스트레스 호르몬 때문에 어떻게 달라졌는지 설명하고 있다. 3개월 동안 코르티솔 10밀리그램을 투여한 뒤로 그는 PTSD 증상이 경감돼 사고 당시를 떠올려도 더 이상 크게 괴로워하지 않을 정도였다.[3]

의사들은 정신적 외상을 초래할 만한 수술을 곧 받아야 할 환자들에게도 스트레스 호르몬을 투여하기 시작했다. 위험성이 높은 심장 수술 환자들에게 이 방법은 집중 치료 기간을 줄여주고 외상성 스트레스 증상을 경감시키며 수술한 지 6개월 뒤에는 삶의 질을 향상시키는 것으로 드러났다.[4] 스트레스 호르몬은 심지어 전통적인 정신 치료 보조제로도 활용되고 있다. 치료 시간 직전에 스트레스 호르몬을 투여하면 불안증과 공포증 치료의 효과를 향상시킨다.[5]

놀랍지 않은가? 나도 무척 놀랐었다. 거의 대부분의 사람들은 신체 스트레스 반응이 하나같이 해롭다고 믿는다. 스트레스 호르몬은 탐구해야 할 잠재적 치료법이 아니라 제거해야 할 독소처럼 여긴다. 전통적인 관점에서 보면 우리의 손바닥이 땀으로 축축해지거나 심장박동이 마구 빨라지거나 배 속이 뒤틀릴 때마다 신체는 우리를 배신한다. 건강과 행복을 지키기 위해 대부분의 사람들이 생각하기에 최우선 과제는 스트레스 반응을 정지시키는 것이다.

만약 스트레스 반응에 대한 여러분의 평소 생각도 이렇다면 이제 그 생각을 바꿔야 한다. 스트레스 반응은 일부 상황에서 해롭게 작용하기도 하지만 인정해야 할 장점도 많이 있다. 그러므로 스트레스 반응을 두려워하지 말고 회복력에 도움이 될 수 있도록 그 활용법을 익혀두기를 바란다.

이번 장에서는 스트레스가 왜 그리도 고약한 평판을 얻게 됐는지, 주요 뉴스 기사의 제목을 곧이곧대로 믿어서는 안 되는 이유가 무엇인지 살펴볼 것이다. 더불어 여러분이 뭔가를 시작하고 관계를 맺으며 성장을 이루는 데 스트레스 반응이 어떻게 도움이 되는지를 비롯해 스트레스 생물학의 최신 이론에 대해서도 설명할 것이다. 마지막으로 스트레스 반응이 진부한 생존 본능이라는 관점이 틀렸음을 증명할 것이다. 스트레스 반응은 과거의 동물적 모습이 우리에게 남긴 짐이 아니라 오늘날 우리가 완전히 인간답게 살아가도록 돕는 자산이다.

스트레스가 공공의 적이 된 이유

1936년 헝가리의 내분비학자 한스 셀리에Hans Selye는 암소의 난소에서 추출한 호르몬을 실험실 쥐에게 주사했다.[6] 그는 설치류에게 일어나는 현상을 관찰함으로써 호르몬의 영향을 확인하고 싶었다. 결과는 좋지 않았다. 우리에 갇힌 쥐들이 출혈성 궤양에 걸린 것이다. 부신이 갑자기 커졌고 흉선과 비장 및 림프절 등 면역체계의 모든 기관이 수축됐다. 쥐들은 비참하게도 병에 걸리고 말았다.

그렇다면 쥐들이 병든 게 암소의 호르몬 탓이었을까? 셀리에는 대조 실험을 실시해 일부 쥐에게는 염용액을 주사하고 일부 쥐에게는 암소의 태반에서 추출한 호르몬을 주사했다. 그러자 이 쥐들 모두 동일한 증상을 보였다. 그는 신장과 비장의 추출물로도 실험을 진행했지만 여전히 병에 걸렸다. 무엇을 주사하든 쥐들은 병에 걸려 똑같은 증상을 보였다.

마침내 셀리에의 머리에는 한 가지 깨달음이 섬광처럼 스쳤다. 그 쥐들이 병에 걸린 원인은 몸에 투여된 약물 때문이 아니라 실험에서 겪은 어떤 경험 때문이었다. 바늘을 억지로 꼽아두는 행위는 본질적으로 독성이 있다. 셀리에는 쥐들에게 무엇이든 불쾌한 경험을 강요하면 이와 동일한 증상이 유발된다는 사실을 알아냈다. 가령 지나친 열기나 냉기에 노출, 휴식 시간 없이 운동 강요, 엄청난 소음 청취, 위험한 약물 투여, 심지어는 척수 일부 절단 등의 방법을 동원했다. 그러자 48시간 안에 쥐들은 근긴장이 사라지고 소화기 궤양이 걸리면서 면역체계에 장애가 생겼다. 그런 뒤 죽었다.

이렇게 해서 '스트레스 과학'이 탄생했다. 셀리에는 자신이 쥐들에게 가한 행동(스트레스 부여)과 쥐의 몸에 나타난 반응(스트레스 반응) 모두를 설명하기 위해 스트레스라는 단어를 선택했다. 그렇다면 이 모두가 우리와 무슨 관계가 있을까? 쥐를 고문하는 실험을 하기 전까지 셀리에는 의사였다. 당시 그는 신체가 다 망가져가는 환자들을 수없이 많이 지켜봤다. 환자들은 한 가지 질병으로 진단받았지만 그 질환 특유의 증상 외에도 식욕 부진, 발열, 피로와 같은 것들도 있었다. 그들은 몹시 지치고 피로해 보였다. 셀리에는 그런 증상을 '병증'이라고 불렀다.

몇 년 후 셀리에는 실험실 실험을 진행하면서 병에 걸려 죽어가는 쥐들을 보고 이전의 환자들을 떠올렸다. 그는 어쩌면 삶의 시련으로 생긴 손상이 계속 쌓이다 보니 몸이 약해졌을지도 모른다고 추론했다. 바로 이 부분에서 셀리에는 쥐 실험에서 인간의 스트레스를 떠올리는 엄청난 논리적 비약을 감행했다. 알레르기에서 심장마비에 이르기까지 인간을 괴롭히는 수많은 질환들이 쥐 실험에서 관찰된 것과 같은 과정으로 생긴 결과라고 추정한 것이다.

셀리에가 쥐에서 인간으로 논리적 비약을 감행한 것은 실험이 아니라 추론을 통해서였다. 그는 평생토록 실험실 동물들을 연구했지만 그렇다고 인간에 대한 추측을 멀리하지는 않았다. 그리고 이 논리적 비약을 통해 셀리에는 스트레스에 대한 세상의 사고방식을 영원히 바꿔놓은 한 가지 결정을 더 내렸다. 쥐를 대상으로 한 실험 방법과는 전혀 다른 방식으로 스트레스를 정의하기로 결정했다. 그의 주장에 따르면 스트레스란 신체가 외부로부터 어떤 요구를 받았을 때 보이는 모든 반응이다. 불유쾌한 약물 주입이나 외상성 손상 또는 잔혹한 실험실 조건에 대한 반응뿐 아니라 행동이나 적응이 필요한 모든 작용에 대한 반응도 포함된다. 스트레스를 이렇게 정의함으로써 셀리에는 스트레스에 대한 현대적 공포의 기초를 마련했다.

셀리에는 내분비학자로서 스트레스의 정의를 널리 알리는 데 남은 생애를 모두 바쳤다. 그는 프랑스, 스페인, 이탈리아, 독일을 비롯해 세계를 여행하며 다른 의사들과 과학자들에게 스트레스에 대해 알렸다. 그렇게 해서 스트레스의 아버지로 명성을 떨쳤고 열 번이나 노벨상 후보로 지명됐다. 최초의 스트레스 조절 지침을 내놓기도 했다.

연구 도중 이례적인 협력자들로부터 연구 지원금을 받은 적도 있었다. 담배 업계는 스트레스가 인간의 건강에 미치는 유해한 영향에 관한 논문을 쓰라고 자금을 지원했다.[7] 업계의 지시로 그는 미국 의회에 나가 흡연이 스트레스의 폐해를 예방할 수 있는 좋은 방법이라고 증언하기도 했다.

셀리에가 실제로 세상에 남긴 것은 스트레스가 유해하다는 믿음이었다. 회사 동료에게 이렇게 말해보라.

"이 프로젝트 때문에 궤양이 생길 지경이야."

아니면 배우자에게 이렇게 불평해보라.

"스트레스 받아죽겠어."

셀리에의 쥐들에게 경의를 표하는 것이나 마찬가지다. 그렇다면 셀리에의 생각은 완전히 틀렸을까? 꼭 그런 것만은 아니다. 셀리에의 쥐와 맞먹는 사람, 즉 불우하거나 고통을 받거나 학대를 받은 사람이라면 당연히 그의 신체가 그 대가를 치를 것이다. 극심한 외상성 스트레스가 건강에 해를 미칠 수 있다는 과학적 증거는 충분하다.

하지만 셀리에는 스트레스의 범위를 너무 광범위하게 정의해 정신적 외상과 폭력, 학대 말고도 인간에게 일어날 수 있는 거의 모든 것을 포함시켰다. 셀리에가 보기에 스트레스는 삶에 대한 신체의 반응과 같은 말이었다. 만약 스트레스라는 단어를 이렇게 정의해서 스트레스를 받으면 셀리에의 쥐처럼 변하는 게 필연적이라고 생각한다면 걱정스러운 마음이 드는 것이 당연할 것이다.

이후 셀리에도 스트레스를 받는다고 해서 늘 궤양에 걸리지는 않는다는 사실을 인정했다. 그리고 해로운 스트레스(distress, 부정적 스트레스)의 해독제 역할을 하는 바람직한 스트레스(eustress, 긍정적 스트레스)에 대해 이야기했다. 스트레스의 이미지를 개선하려고 노력하면서 1970년대의 한 인터뷰에서는 이렇게 말한 적도 있다.[8]

"스트레스는 항상 존재하게 마련입니다. 그렇기 때문에 명심해야 할 중요한 한 가지는 스트레스가 자신에게는 물론 타인에게도 반드시 유용하도록 만드는 것입니다."

그러나 너무 늦었다. 의학계와 일반 대중이 스트레스의 일반적인 공포를 이미 철저히 받아들인 뒤였다. 한스 셀리에의 유산은 스트레스 연구 분야에 아직도 남아 있어서, 스트레스 연구는 인간을 대상으로 하지 않고 실험동물에 크게 의존하고 있다. 오늘날까지 우리가 스트레스의 해로운 영향에 대해 듣는 대다수의 정보는 실험쥐를 이용한 연구에서 제공하는 것들이다. 하지만 그 쥐들이 받는 스트레스는 인간의 일상적인 스트레스와는 다르다. 만약 우리가 실험실의 쥐라면 스트레스를 많이 받은 날은 이랬을 것이다. 예측 및 통제를 할 수 없는 전기 충격 받기, 물 양동이에 빠져 익사하기 전까지 허우적대기, 독방에 갇히거나 부족한 먹이를 사이에 두고 여러 마리가 싸움을 벌여야 하는 철창에 감금. 이것들은 스트레스가 아니다. 설치류가 벌이는 〈헝거 게임Hunger Game〉일 뿐이다.

최근에 나는 어떤 유명한 교수가 주재하는 강연회에 참석했다. 그의 동물 연구는 스트레스가 어떻게 인간의 정신질환을 초래하는지 설명하는 데 광범위하게 활용돼왔다. 그는 어떤 식으로 실험쥐들에게 스트레스를 유발했는지 설명했다. 우선 보통 쥐보다 몸집이 작게 길러진 쥐들을 선별한다. 그런 다음 작은 쥐를 공격용으로 사육된 몸집이 훨씬 큰 쥐와 함께 우리에 집어넣는다. 큰 쥐가 작은 쥐를 20분 동안 공격하도록 내버려둔 다음 그 쥐를 구해준다. 상처를 입은 작은 쥐는 큰 쥐와 격리되지만 자신을 공격했던 큰 쥐의 모습이 보이고 냄새가 나는 새 우리에서 지낸다. 육체적 위험은 제거됐지만 심리적 공포는 여전히 지속되는 상황이다.

게다가 이 과정은 한 번으로 끝나지 않고 매일 반복된다. 몇 주 동안 이 작은 쥐는 새 우리에서 꺼내져 공격적인 쥐가 있는 우리로 돌아가서 종일 괴롭힘을 당한다. 쥐가 충분히 스트레스를 받았다고 판단되면 과학자는 그 경험이 작은 쥐의 행동에 어떻게 영향을 미쳤는지 살펴본다. 놀랍게도 학대당한 쥐들은 대부분 그 경험에서 완전히 회복한 모습을 보이는 반면, 일부 쥐들은 우울증에 상당하는 증상을 앓는 것처럼 보인다.

이 연구는 아동 학대, 가정 폭력, 투옥을 포함해 인간이 느끼는 몇 가지 스트레스의 탁월한 모델이다. 그리고 이런 형태의 스트레스는 하나같이 치명적인 영향을 미칠 수 있다. 하지만 "스트레스가 우울증 유발 사실 과학적으로 입증돼"라는 기사가 대서특필될 때에는 실험실 동물에게 스트레스를 주기 위해 사용된 방법과 대부분의 사람들이 "완전 스트레스 받아!"라고 짜증 낼 때 의미하는 정도가 서로 같은지는 거의 고려되지 않는다.

그렇다면 조금이나마 균형 잡힌 시각을 보기 위해 다음 사항을 고려해보자. 2014년 하버드대 보건대학원에서 실시한 설문 조사에 따르면 스트레스를 많이 받는다는 사람들이 일상적 스트레스의 근원으로 가장 많이 언급한 것은 "가족들의 일정을 이리저리 조율"이었다. 그 뒤를 이어 "정치인들의 행보에 대한 뉴스 청취"가 순위에 올랐다.[9]

이보다 더 흔히 일어나는 일은 학대와 정신적 외상의 영향과, 번거로운 일상의 영향을 구분하지 않은 채 연구서에서 스트레스라는 말을 얼렁뚱땅 사용하는 것이다. 그 결과 스트레스에 대해 불필요한 스트레스를 많이 받게 된다. 예를 들어보자. 처음으로 아기를 가진 내 한 친구는 인터넷에서 어떤 연구를 찾아 읽고는 공포에 휩싸였다. 임신부가 받은 스트레스가 아기에게 고스란히 전해진다는 경고성 표제가 붙어 있었기 때문이다. 내 친구는 직장에서 엄청난 압박을 받고 있었기 때문에 걱정이 앞서기 시작했다. 출산 휴가를 일찍 떠나지 않음으로써 그녀는 아기에게 영구적인 해를 끼치고 있었던 것일까?

나는 그녀에게 심호흡을 하라고 권했다. 그녀가 읽은 연구는 인간이 아니라 쥐를 대상으로 실험한 것이었다. 쥐가 임신 기간 동안 받은 스트레스는 두 가지다. 첫째는 매일 느끼는 억제 스트레스로, 환기를 위해 아주 적은 구멍이 난 자기 몸만 한 크기의 공간에 동물을 수용하는 행위를 완곡하게 표현한 것이다. 둘째는 강제 수영으로, 이는 쥐가 몸을 세워 헤엄을 치다가 결국 물속에 잠기도록 만드는 것이다. 내 친구도 직장에서 엄청난 부담감을 느끼고 있었지만 그래도 이 정도는 아니었다.

인간을 대상으로 한 연구를 읽어본다면 임신 중의 스트레스가 해로운 것만은 아니라는 사실이 명확해진다. 2011년까지 나온 100건 이상의 연구를 검토한 결과, 테러 공격에서 살아남거나 임신 기간 동안 노숙자 신세가 되는 등의 극심한 스트레스만 조산 및 저체중아 출산의 위험성을 증가시켰다.[10] 비교적 높은 강도의 일상적 스트레스와 번거로운 상황은 위험성을 증가시키지 않았다. 임신 기간 중에 느끼는 어느 정도의 스트레스는 심지어 아기에게 도움이 되기도 한다.

존스홉킨스대학교의 연구원들이 밝혀낸 바에 따르면 임신 기간 동안 스트레스를 더 많이 받은 여성들은 두뇌가 더 발달되고 스트레스 회복력의 생물학적 척도인 심박 변이 지수가 더 높은 아이를 출산했다. 자궁 속에서 엄마의 스트레스 호르몬에 노출됨으로써 발달 단계인 태아의 신경계가 스트레스에 대처하는 방법을 배울 수 있었던 것이라고 해석된다.[11] 따라서 내 친구는 공포에 질릴 필요가 없었다. 물론 그녀의 스트레스가 태아에게 전달됐을 가능성은 있지만 그 스트레스는 태아의 회복력을 높여줬을 것이다.

임신 기간 동안 받는 스트레스가 모두 해롭다는 메시지는 의도치 않은 결과로 이어지기도 한다. 임신 시간 동안 알코올을 섭취한 여성에 관한 연구에 따르면 알코올 섭취는 스트레스를 경감시킬 수 있는 허용할 만하고 바람직한 방법으로 평가됐다.

"술을 마시는 편이 저한테는 더 좋아요. 적어도 스트레스는 해소될 테니까요."[12]

스트레스와 불안감을 독성 상태로 여긴다면 자신을 보호하거나 주변의 소중한 사람들을 보호하기 위해 우리는 한층 더 파괴적인 행동에 눈을 돌려야 할지도 모른다. 그 대신 스트레스를 받는 경험 자체가 어떻게 방어적 성격을 띠는지 입증하는 연구에서 우리는 위안을 얻을 수 있다. 스탠퍼드대학교 생물심리학자 캐런 파커Karen Parker는 일상적 스트레스가 인간과 다람쥐원숭이에게 미치는 영향에 대해 연구하고 있다.[13] 어린 원숭이에게 스트레스를 주기 위해 그녀는 어린 원숭이들을 어미 원숭이들에게서 떼어내 하루에 1시간 동안 외딴 우리에 고립시켰다. 이런 식의 이별은 원숭이들에게 고통스러운 일임에는 분명하지만, 다른 동물 연구에서 활용된 방법에 비하면 그나마인도적인 처사였다. 여러모로 그런 특성 덕분에 이 방법은 일반적인 유년기스트레스의 좋은 본보기가 된다.

어린 원숭이들을 어미와 처음 떼어놓기 시작했을 때만 해도 파커는 어린시절에 받은 스트레스가 정서 불안으로 이어질 거라고 예상했다. 그런데 실제로는 스트레스로 인해 회복력이 생겨났다. 보호를 많이 받고 자란 원숭이들에 비해 어린 시절 스트레스를 받은 원숭이들은 성장하면서 불안감을 덜느꼈다. 새로운 환경에 대한 탐구심이 더 크고 새로운 물건에 대한 호기심도 더 많았다. 어린 원숭이 나름의 용기인 셈이다. 이 원숭이들은 실험자들이 부여한 새로운 정신적 문제를 더 빨리 해결했다. 사람의 청소년기에 해당하는 발육기에 이르게 됐을 때는 심지어 자제력도 한층 높아졌다. 더욱이 이 효과는 성년기까지 지속됐다. 어린 시절에 받은 스트레스는 어린 원숭이들이 전혀 다른 발달 궤적을 밟아가도록 만들었다. 호기심과 회복력이 다른 원숭이들보다 더 컸다.

파커의 조사 팀은 여기에서 그치지 않고 어린 시절 받은 스트레스가 발달 단계의 뇌를 어떻게 변화시키는지도 살폈다. 어미와 떨어져 지낸 원숭이들은 전두엽 피질이 더 크게 발달했다. 특히 어린 시절의 스트레스는 전두엽 피질 중에서도 공포 반응을 약화시키고 충동 조절력을 길러주며 긍정적 동기부여를 높이는 부분을 강화했다. 파커는 이처럼 어린 시절의 스트레스가 인간의 뇌도 회복력을 강화시킨다고 믿었다. 여기서 중요한 것은 이런 현상이 보기 드문 결과가 아니라 뇌가 스트레스에 적응하는 과정의 자연스러운 일부로 보인다는 점이다.

스트레스 과학은 매우 복잡하며 일부 스트레스 경험이 부정적인 결과로 이어진다는 점에는 의심의 여지가 없다. 그러나 우리는 셀리에의 실험쥐가 아니다. 실험실 쥐들이 노출된 스트레스는 최악의 종류다. 예측과 통제가 불가능하고 어떤 의미도 없는 것들이다.

앞으로 살펴보겠지만 우리의 삶에서 겪는 스트레스는 이 설명에 거의 들어맞지 않는다. 대단히 고통스러운 상황에서조차 인간은 희망을 찾고 선택을 내리며 의미를 만들어낼 줄 아는 능력을 타고났다. 바로 그런 이유로 스트레스가 우리의 삶에 미치는 가장 보편적인 효과에는 힘과 성장 그리고 회복력이 포함된다.

인간적인, 너무나 인간적인 스트레스 반응

스트레스의 평판이 좋지 않은 데에는 한스 셀리에의 쥐들도 한몫했지만 월터 캐넌Walter Cannon의 고양이와 개도 그 책임을 회피할 수 없다. 하버드대학교 의과대학 심리학자인 캐넌은 1915년에 투쟁-도피 반응을 처음으로 설명한 인물이다. 그는 공포와 분노가 동물의 심리에 미치는 영향에 관심을 가졌다. 동물을 화나고 겁에 질리게 만드는 방법 중 그가 선호한 것들은 '고양이가 호흡이 어려워 고통스러워할 때까지 입과 코를 손으로 틀어막기'와 '개와 고양이를 한방에 집어넣어 싸우게 만들기' 등이 있다.[14]

캐넌의 관찰에 따르면 위협을 느낄 때 동물들은 아드레날린을 분출하고 교감신경이 크게 활성화된다. 심장이 빨리 뛰고 호흡이 가빠지며 근육이 조여진다. 행동에 들어갈 준비가 된 것이다. 소화 기능을 비롯해 다른 일상적인 신체 기능은 느려지거나 정지한다. 몸은 에너지 비축량을 늘리고 면역체계를 끌어올림으로써 전투태세에 돌입한다. 이런 변화는 모두 생존을 위해 투쟁하는 동안 자동적으로 나타나기 시작한다.

생존을 위한 투쟁-도피 반응은 갯과나 고양잇과 동물에만 있는 특징은 아니다. 맥박이 뛰는 생명체라면 어느 종에서나 존재한다. 투쟁-도피 반응은 동물이든 인간이든 수많은 목숨을 구했고 이런 이유 때문에 자연적으로 보존돼왔다. 이 본능이 우리의 DNA에 선천적으로 입력돼 있다는 것은 무척 반가운 일이다.

하지만 그동안 수많은 과학자들이 지적했듯이 주먹다짐을 하고 잽싸게 달아나는 일은 인간이 일상적으로 부딪히는 상황에 대한 이상적인 대처 전략은 아니다. 투쟁-도피 반응이 우리가 직장생활의 고충과 실직의 위협을 다루는 데 어떤 도움이 되는가? 상황이 어려워질 때마다 인간관계나 맡은 업무를 피해버리면 어떻게 될까? 연체된 주택 대출금 상환 문제를 한 방에 해결할 수도 없고 가정이나 직장에서 갈등이 생길 때마다 사라져버릴 수도 없는 노릇 아닌가.

이런 관점에서 보면 스트레스 반응은 불타는 건물에서 탈출하거나 물에 빠진 아이를 구해주는 등의 극도로 물리적인 위기를 제외하고는 항상 억눌러야 하는 본능이다. 그 밖에 어떤 도전에 직면할 때에도 스트레스 반응은 성공적인 대처에 방해가 되는 에너지 낭비에 불과하다. 이는 스트레스 반응의 '불일치 이론mismatch theory'으로, 조상들에게는 잘 통했지만 시대와 환경이 달라진 오늘날의 사람들에게는 맞지 않다. 불쌍한 우리 인간은 현대 사회에 적응할 수 있는 기능이 거의 없는 스트레스 반응으로 인해 무력해졌다.

스트레스 반응의 불일치 이론은 한 종류의 스트레스 반응밖에 존재하지 않는다는 생각에 전적으로 매달린다. 스탠퍼드대학교 신경과학자 로버트 새폴스키Robert Sapolsky는 제목이 다소 과격해 보이는 〈스트레스: 살인자의 초상Stress: Portrait of a Killer〉이라는 다큐멘터리에서 이렇게 설명하고 있다.

"우리가 스트레스 반응을 보이는 이유는 사자에게 상처를 입었기 때문이다. 우리가 스트레스 반응을 보이는 이유는 세금에 대해 생각하고 있기 때문이다."

신체의 스트레스 반응이 언제나 투쟁-도피로만 일어난다고 생각하면 스트레스 반응은 진화의 걸림돌처럼 보이기 시작한다. 이는 수많은 과학자들이 주장하는 내용이다.

그러면 이런 관점은 어디가 잘못됐을까? 우선 분명히 해둘 점이 있다. '주먹 날리기'와 '죽어라 달아나기'라는 두 가지 생존 전략만을 지원하는 스트레스 반응은 현대인의 삶에 어울리지 않는다는 것이다. 인간이 보이는 스트레스 반응의 전체적인 모습은 훨씬 더 복잡하다. 투쟁과 도피는 우리 신체가 지원하는 유일한 전략이 아니다. 인간 자체로 보면 스트레스 반응은 우리가 살고 있는 세상에 더 잘 맞도록 시간을 두고 적응하면서 진화해왔다. 이 반응은 여러 가지 생리기관을 활성화시키고 각각의 기관은 다른 대처 전략을 지원한다. 스트레스 반응은 불타는 건물에서 빠져나올 때에만 도움이 되는 것은 아니다. 우리가 도전에 뛰어들고 인맥을 만들어 사회적 지지를 구축하며 경험을 통해 배우는 데에도 유용하다.[15]

여러분이 〈신뢰 게임The Trust Game〉이라는 가상의 게임쇼에 출연하고 있다고 가정해보자. 여러분은 진행자에게 100달러를 받는다. 반면 생면부지의 다른 참가자는 한 푼도 받지 못한다. 만약 여러분이 그 낯선 사람을 신뢰하지 않기로 선택하면 100달러는 두 사람끼리 나누게 돼서 각각 50달러씩 받는다. 만약 다른 참가자를 신뢰하기로 선택하면 그다음 결정은 그 사람에게 달려 있다. 그가 신의를 지키기로 선택하면 상금 액수는 올라가고 두 사람은 각각 200달러를 받는다. 만약 그 사람이 신의를 저버리기로 선택해도 상금은 여전히 올라가지만 돈은 전부 그 사람 차지가 되고 여러분은 한 푼도 받지 못한다.

여러분은 그 낯선 사람을 신뢰하기로 결정하겠는가? 또한 두 사람의 역할이 뒤바뀌어 낯선 상대가 먼저 신뢰를 보여준다면 여러분은 너그러워질 텐가 아니면 이기적으로 행동하겠는가?

영국에서 실제로 진행된 게임쇼 〈골든볼Golden Balls〉은 이러한 전제를 바탕으로 사람들의 신뢰성과 이기심의 한계를 시험했다. 비록 반사회적 행동을 조장한다고 비판받기는 했지만, 행동경제학자 리처드 탈러Richard Thaler가 살펴본 바에 따르면 게임 참가자 가운데 53퍼센트가 상대를 신뢰하고 상대에게 신의를 지키기로 결정한다. 그는 이 비율이 놀라울 정도로 높다고 생각했다. 고전경제학에서는 인간이 이타주의를 신뢰하지 않는다고 주장해왔다.[16]

신뢰 게임은 스트레스를 포함한 여러 가지 요인들이 의사 결정에 미치는 영향에 대해 연구하는 행동경제학자들에게도 인기 있는 도구다. 어떤 연구에서는 사람들을 스트레스가 많은 집단 과제에 참여시켜 모의 취업 면접과 인지력 검사에서 다른 참가자들과 경쟁하도록 만들었다.[17]

이 연구를 기획한 의도는 스트레스의 두 가지 측면, 즉 과제를 수행해야 한다는 압박감과 다른 사람과 비교된다는 위협감을 극대화하기 위해서였다. 면접과 검사가 끝난 즉시 참가자들은 또 다른 생면부지의 사람들과 신뢰 게임을 할 기회를 얻었다. 이번에 만난 사람들 중에는 스트레스가 많은 집단 과제에 참여한 사람이 한 사람도 없었다. 과연 스트레스가 쌓이지 않은 사람들에 비해 스트레스가 쌓인 참가자들은 얼마나 상대를 믿고 상대에게 신의를 지켰을까?

얼핏 생각할 때 스트레스가 쌓인 사람들이 더 공격적이거나 이기적으로 행동했다고 추측할 법하지만 결과는 정반대였다. 스트레스 많은 경험을 방금 체험한 사람들은 낯선 사람까지도 신뢰해 상금 전액을 걸 가능성이 50퍼센트 더 많았다. 그뿐만 아니라 상대에게 신의를 지켜 우승 상금을 독차지하지 않고 낯선 사람과 나눌 가능성도 50퍼센트 높았다. 스트레스를 받지 않은 통제 집단이 상대를 신뢰하고 상대에게 신의를 지키는 비율은 〈골든볼〉 참가자들이 보여준 비율과 상당히 비슷한 약 50퍼센트였다. 이와 반대로 스트레스를 받은 사람들은 상대를 신뢰하고 상대에게 신의를 지키는 비율이 유난히 높아서 약 75퍼센트에 달했다. 스트레스가 사람을 친사회적으로 만든 것이다.

연구를 진행하는 동안 연구원들은 참가자들의 신체 스트레스 반응을 추적했다. 스트레스에 대한 심혈관계 반응이 가장 강하게 나타난 사람들은 뒤따른 게임에서 상대를 신뢰하고 상대에게 신의를 지킬 가능성도 가장 높았다. 달리 말해 스트레스에 대한 심장의 반응이 강하게 나타날수록 이타적인 태도를 더 많이 보였다.

이 연구 결과는 많은 사람들에게 충격을 안긴다. 나는 강의에서 이 연구 결과가 불가능하다고 주장하고 싶은 수강생이 있으면 손을 들어보라고 말했다. 만약 스트레스가 언제나 투쟁-도피 반응을 야기한다고 믿는다면 위 실험 참가자들의 행동은 이치에 닿지 않는다. 이들은 냉혹하게 사리사욕을 추구하고, 경쟁심이 강한 태도를 보이며, 자신을 신뢰하는 실수를 저지른 호구들의 돈을 차지할 준비가 돼 있어야 했다.

이런 결과가 실제로 발생하는 이유는 스트레스 반응이 다양한 형태로 나타날 가능성이 있기 때문이다. 대부분의 사람들이 가진 믿음과는 달리 각종 스트레스 상황으로 유발되는 신체 스트레스 반응이 단 하나뿐인 것은 아니다.[18] 특정한 심혈관계의 변화와 호르몬 분비율 및 그 밖의 스트레스 반응 양상은 상황에 따라 크게 다르다. 신체적 스트레스 반응의 차이는 매우 다양한 심리적 반응과 사회적 반응을 만들어내는데, 이타주의의 증가도 여기에 포함된다.

스트레스 반응은 몇 가지의 전형적인 형태가 존재하며 이들은 여러 가지 스트레스 전략의 원인이 되는 서로 다른 생물학적 특성을 지니고 있다. 가령 '도전 반응challenge response'은 자신감을 증가시키고 행동을 유발하며 경험에서 교훈을 얻도록 도와준다. 이에 비해 '배려-친교 반응tend-and-befriend response'은 용기를 북돋아주고 배려심을 유발하며 사회적 유대관계를 돈독히 해준다. 익히 알고 있는 투쟁-도피 반응에 이 새로운 반응들을 덧붙이면 우리의 스트레스 반응 목록이 형성된다. 이처럼 다양한 상태를 유발하는 스트레스의 작용 기제를 이해하기 위해 스트레스의 생리학에 대해 보다 면밀히 살펴보기로 하자.

스트레스는 도전할 에너지를 준다

월터 캐넌이 진술했듯이 우리의 교감신경계가 활성화되면 투쟁-도피 스트레스 반응이 시작된다. 경계 태세를 더 강화하고 행동할 준비를 갖출 수 있도록 교감신경계는 에너지를 동원하라는 명령을 온몸에 내린다.

간은 연료를 만들기 위해 지방과 당을 혈류로 보낸다. 더 많은 산소가 심장에 공급될 수 있도록 호흡이 깊어진다. 그리고 심장박동 수가 빨라져 산소와 지방과 당을 근육과 뇌로 전달한다. 아드레날린과 코르티솔 같은 스트레스 호르몬의 도움으로 근육과 뇌가 그 에너지를 흡수해 더 효율적으로 활용한다. 모든 면에서 스트레스 반응은 우리가 각자에게 닥친 어떤 도전에도 맞설 수 있게 대비시킨다.

스트레스 반응의 이런 요소는 우리에게 평소보다 뛰어난 신체 능력을 선사하기도 한다. 스트레스로 인해 발생하는 소위 히스테리성 능력 또는 발작적 체력hysterical strength에 대한 뉴스는 수없이 보도되고 있다. 그 가운데 오리건 주 레바논Lebanon에 사는 2명의 10대 소녀들의 이야기를 소개하려고 한다. 이 소녀들은 무려 1,360킬로그램이나 나가는 트랙터를 들어 올려 그 밑에 깔려 있던 아버지를 구출해냈다. 그중 한 소녀가 기자들에게 이렇게 말했다.

"어떻게 들어 올렸는지 잘 모르겠어요. 정말 무거웠거든요. 그런데 둘이서 그냥 들어 올렸어요."[19]

스트레스를 받을 때 이런 종류의 경험을 하는 사람들은 한둘이 아니다. 그러면서도 그렇게 행동할 수 있는 힘이나 용기가 어떻게 나왔는지는 잘 모른다. 하지만 가장 중요한 문제가 생기면 그들의 몸은 에너지를 발생시켜 필요한 조치를 취하는 것이다.

스트레스를 받을 때 생기는 에너지는 우리의 몸이 행동을 취하는 데 도움이 될 뿐 아니라 뇌를 가동시키는 데에도 유용하다. 아드레날린이 분비되면 우리의 감각이 깨어난다. 눈동자가 팽창되면서 더 많은 빛을 받아들이게 되고 청각이 예민해진다. 뇌는 우리가 감지한 정보를 더 빨리 처리한다. 이리저리 정신을 파는 행동이 멈춰지고 비중이 떨어지는 사안들이 관심 영역 밖으로 멀어진다. 스트레스는 고도의 집중력을 발휘하게 만든다. 그 덕분에 자신의 물리적 환경에 대해 더 많은 정보를 얻을 수 있다.

그뿐만 아니라 엔도르핀과, 아드레날린, 테스토스테론, 도파민 등의 화학 물질이 복합적으로 뒤섞여 동기와 의욕을 불러일으킨다. 스트레스 반응의 이런 면은 일부 사람들이 스트레스를 즐기는 한 가지 이유이기도 한다. 이것이 약간의 쾌감을 제공하기 때문이다. 더불어 이 화학물질들은 우리의 자신감을 키워준다. 그리고 우리가 보다 적극적인 자세로 목표를 추진하게 하며, 기분 좋은 화학물질을 대량으로 분비시키는 것이 무엇이든 그것에 접근하도록 만든다. 일부 과학자들은 이런 현상을 "스트레스의 흥분되고 즐거운 면모"라고 부른다. 이런 모습은 비행기에서 뛰어내리는 스카이다이버들이나 사랑에 빠진 사람들에게서 모두 볼 수 있다.[20] 만약 박빙의 승부가 펼쳐지는 경기를 관람하거나 마감일을 맞추려고 급히 서두르면서 짜릿한 전율을 느꼈다면, 여러분도 스트레스의 다른 면을 알고 있는 것이다.

생존이 위태로운 상황에 놓이면 이런 생물학적 변화가 강하게 나타나 여러분도 전형적인 투쟁-도피 반응을 보일지 모른다. 하지만 스트레스 상황의 위협성이 감소하면 뇌와 신체는 다른 상태로 바뀐다. 다시 말해 도전 반응을 보인다.[21] 투쟁-도피 반응과 마찬가지로 도전 반응은 에너지를 발생시키고 압박감 속에서도 해야 할 일을 잘 수행하도록 돕는다. 심장박동 수가 여전히 올라가고 아드레날린이 치솟고 근육과 뇌가 더 많은 연료를 공급받으며 기분 좋은 화학물질들이 갑자기 많이 분비된다.

하지만 이는 투쟁-도피 반응과는 몇 가지 중요한 차이를 보인다. 공포감을 느끼는 게 아니라 집중력이 생긴다. 또한 이럴 때 분비되는 스트레스 호르몬의 비율도 달라서 스트레스에서 회복하고 교훈을 얻는 데 도움이 되는 DHEA 수치가 더 높아진다. 이 호르몬은 스트레스 반응 성장지수를 향상시킨다. 여기서 스트레스 반응 성장지수란 스트레스 경험이 장점을 끌어올리는지 해를 끼치는지를 어느 정도 결정하는 스트레스 호르몬의 유익한 비율을 말한다.

몰입의 상태, 즉 자신이 하는 일에 완전히 빠져들어 무척 즐거워하는 상태에 들어섰다고 말하는 사람들은 도전 반응의 징후를 분명히 보여준다.[22] 미술가, 운동선수, 외과 의사, 비디오 게이머, 음악가 등은 자신의 기능이나 기량을 발휘할 때 하나같이 이런 종류의 스트레스 반응을 보인다. 대다수 사람들의 예상과는 반대로, 이런 분야의 정상급 인사들은 중압감을 느낄 때 생리적으로 평온하지 않다. 오히려 강력한 도전 반응을 일으킨다. 스트레스 반응은 정신적 자원과 육체적 자원을 활용할 수 있도록 만들어 결과적으로 자신감이 향상되고 집중력이 좋아지며 최고의 성과가 나온다.

스트레스는 사회적 관계를 조성한다

스트레스 반응이 여러분에게 에너지를 그냥 주는 것은 아니다. 대부분의 상황에서 스트레스 반응은 여러분이 다른 사람들과 관계를 조성할 동기를 부여한다.

스트레스의 이런 면은 옥시토신 호르몬으로 인해 주로 유발된다. 옥시토신은 우리가 누군가를 껴안을 때 뇌하수체에서 분비되기 때문에 '사랑의 분자'와 '포옹 호르몬'이라는 요란스러운 이름을 얻었다. 하지만 옥시토신은 우리 뇌의 사회적 본능을 미세하게 조정하는 한층 더 복잡한 신경 호르몬이다. 이 호르몬의 주된 기능은 사회적 유대를 조성하고 강화시키는 것이고, 이런 이유 때문에 이 호르몬이 성관계와 수유를 비롯해 포옹을 하는 동안에 분비되는 것이다.

옥시토신의 수치가 높아지면 우리는 다른 사람들과 관계를 형성하고 싶어진다. 스킨십, 문자 보내기, 함께 술 마시기 등과 같은 사회적 접촉에 대한 열망을 불러일으키는 것이다. 그뿐만 아니라 다른 사람들의 생각과 감정을 우리의 뇌가 더 잘 알아차리고 이해할 수 있도록 만들어준다. 즉, 우리의 공감 능력과 직관력을 강화시킨다. 옥시토신 수치가 높아지면 우리가 소중히 여기는 사람들을 신뢰하고 도와줄 가능성도 커진다. 뇌의 보상 센터가 사회적 관계에 더 잘 반응하도록 만듦으로써 옥시토신은 심지어 우리가 다른 사람들을 배려할 때 생기는 '따뜻한 빛warm glow'을 증폭시키기도 한다.

그런데 옥시토신이 사회적 관계에만 관여하는 것은 아니다. 용기의 화학물질이라고도 불리기 때문이다. 옥시토신은 뇌의 공포 반응을 둔화시켜 그 자리에 얼어붙거나 달아나려는 본능을 억제한다. 이 호르몬은 포용하고 싶은 감정만 불러일으키는 것이 아니라 용감해지도록 만들기도 한다.

설명을 듣고 보니 좋은 호르몬 같지 않은가? 심지어 일각에서는 더 나은 사람이 되기 위해 옥시토신을 코로 흡입해야 한다는 주장도 제기됐고, 실제로 인터넷을 통해 옥시토신 흡입기를 구입할 수도 있다. 하지만 옥시토신은 우리 심장을 쿵쿵 고동치게 만드는 아드레날린과 마찬가지로 스트레스 반응의 일부다. 스트레스를 받는 동안 뇌하수체는 옥시토신을 분비해 사회적 관계를 맺게 만든다. 즉, 스트레스는 우리가 '더 나은' 사람이 되도록 도와주므로 흡입기 따위는 전혀 필요하지 않다.

스트레스 반응의 일환으로 분비되는 옥시토신은 우리에게 사회적 지원망과 관계를 맺으라고 독려한다. 게다가 우리가 다른 사람들에게 더 진심으로 반응하게 함으로써 가장 중요한 인간관계를 더욱 공고히 다져준다. 과학자들은 이런 현상을 배려-친교 반응이라고 부른다.[23] 자기 생존의 문제와 주로 관련된 투쟁-도피 반응과는 달리 배려-친교 반응은 우리가 소중히 여기는 사람들과 공동체들을 보호할 동기를 부여한다. 그리고 무엇보다 우리가 이를 실행에 옮길 수 있도록 용기를 불어넣어준다.

우리가 원하는 것이라고는 친구나 사랑하는 사람과 대화를 나누는 것뿐일 때 그들에게 도움을 구해보라고 격려하는 것이 바로 스트레스 반응이다. 뭔가 나쁜 일이 벌어져서 자녀나 반려동물, 가족 또는 친구가 생각날 때 자기 사람들을 보호하라고 용기를 불어넣어주는 것도 바로 스트레스 반응이다. 누군가가 부당한 일을 저질러서 우리의 팀, 회사, 또는 공동체를 지키고 싶은 마음이 들 때에도 그 모두가 이 친사회적 스트레스 반응의 일부다.

옥시토신은 우리가 몰랐던 놀라운 이점을 하나 더 갖고 있다. 소위 이 사랑의 호르몬이 심혈관 건강에 실제로 도움을 준다는 것이다. 심장은 옥시토신을 받아들이는 특별한 수용체가 있어서 어떤 미세한 손상을 입더라도 심장 세포가 재생되고 회복하는 데 도움이 된다. 이는 우리가 평상시에 자주 듣는, 스트레스가 심장마비를 일으킨다는 주장과는 사뭇 다르다. 물론 스트레스성 심장마비는 실제로 존재하고 대부분은 아드레날린의 급증으로 일어난다.

하지만 스트레스 반응이 하나같이 심장을 손상시키는 것은 아니다. 도발적인 어느 연구에 따르면 화학물질로 심장마비를 유도하기 전에 쥐에게 스트레스를 가하는 행위는 심장마비 방지 효과가 있는 것으로 밝혀졌다. 하지만 연구원들이 쥐에게 옥시토신 분비를 차단하는 약물을 투여하자 스트레스는 심장의 보호막 역할을 더 이상 수행하지 못했다.[24] 이 연구는 스트레스의 가장 놀라운 측면 한 가지를 암시한다. 다시 말해 스트레스 반응은 고유의 회복 기제를 지니고 있어서, 다른 사람을 배려하고 싶은 마음을 키워줄 뿐 아니라 이와 동시에 심장도 강화시켜준다는 것이다.

스트레스는 성장하도록 돕는다

스트레스 반응의 마지막 단계는 회복, 다시 말해 우리의 몸과 뇌가 아무 스트레스 없는 상태로 되돌아가는 것이다. 신체는 회복에 도움을 얻기 위해 스트레스 호르몬에 의지한다. 예를 들어 코르티솔과 옥시토신은 염증을 줄여주고 자율신경계의 균형을 회복시킨다.[25] DHEA와 신경 성장 인자는 뇌가 스트레스 경험을 통해 배움을 얻을 수 있도록 신경가소성을 증가시킨다. 즉, 외부의 자극과 경험 및 학습에 의해 뇌의 신경회로가 변화하는 현상을 강화시킨다.

스트레스 호르몬은 우리가 정상으로 돌아가기 위해 반드시 벗어나야 할 것으로 간주되고 있지만 사실은 그 반대다. 이 호르몬들은 우리의 육체적·정신적 회복에 도움을 주기 때문에 스트레스 반응에 내재돼 있다. 스트레스 상황에서 이 호르몬들의 분비 수치가 비교적 높은 사람들은 원상태로 더 빨리 회복하고 오래 지속되는 고통도 적은 경향이 있다.[26]

스트레스 회복 과정은 그리 빨리 진행되지 않는다. 격렬한 스트레스 반응을 보이고 난 뒤에 몇 시간 동안 뇌는 그 경험을 기억하고 거기서 배움을 얻기 위해 신경망을 재구성한다. 이 시간 동안 스트레스 호르몬은 학습과 기억을 담당하는 뇌 영역의 활동을 증가시킨다. 뇌가 경험을 처리하려고 노력하는 동안 여러분은 그 문제에 대해 계속 생각할 수밖에 없다. 어쩌면 그 문제에 대해 누군가와 이야기를 나누거나 기도를 하고 싶은 충동을 느낄지도 모른다. 만약 어떤 사건이 유리하게 진행됐다면 여러분은 마음속으로 그 경험을 다시 떠올리면서 자신의 행동과 당시 상황을 빠짐없이 기억할 것이다. 만약 일이 불리하게 돌아갔다면 그 사건에 대해 이해하고 달리 처리할 방법은 없었는지 생각해보며 지금과 다른 결과가 일어났다면 어땠을지 그 경우의 수를 하나하나 떠올려보려고 노력할 것이다.

회복 과정이 진행되는 동안은 감정이 종종 격해지곤 한다. 어쩌면 지나치게 흥분하거나 동요돼 마음을 가라앉히기가 쉽지 않을지도 모른다. 스트레스가 많은 경험에서 회복되는 동안 공포, 충격, 분노, 죄책감, 슬픔을 느끼는 것은 그리 드물지 않다. 게다가 안도감 또는 기쁨을 느끼거나 감사하는 마음이 들기도 한다. 이 감정들은 뇌가 그 경험을 이해해가는 과정의 일부이며 회복 기간 동안 서로 공존하는 경우가 많다. 그리고 용기를 북돋아줘서 여러분이 해당 사건에 대해 깊이 생각하고 여기서 교훈을 이끌어내 장차 스트레스를 다루는 데 도움을 얻을 수 있게 한다. 또한 그 경험을 한층 인상적인 기억으로 남긴다. 이 감정들의 신경화학적 작용은 뇌를 더욱 '성형적plastic'으로 만든다. 여기서 성형적이라는 용어는 인간의 뇌가 경험을 기반으로 스스로 변화하는 능력을 설명할 때 사용된다. 이렇게 해서 스트레스를 받은 뒤에 느끼는 감정들은 여러분이 경험에서 교훈을 얻고 의미를 창조하도록 돕는다.

이 모두는 과거의 스트레스가 뇌와 신체에게 미래의 스트레스 대처 방법을 가르치는 과정의 일부다. 스트레스는 뇌에 각인을 남겨 우리가 다음번 이와 비슷한 상황에 처할 경우를 대비하도록 한다. 사소한 짜증을 느낄 때마다 항상 이 과정이 촉발되는 것은 아니지만, 우리가 매우 어려운 일을 경험할 때면 우리의 몸과 뇌가 여기서 교훈을 배우게 된다. 심리학자들은 이 현상을 스트레스 접종 또는 스트레스 면역이라고 부른다. 마치 뇌에 주사하는 스트레스 백신 같은 것이다.

그런 이유로 사람들에게 스트레스 받는 연습을 시키는 것은 미항공우주국 NASA의 우주 비행사들과 응급구조사, 엘리트 운동선수를 비롯해 스트레스가 높은 환경에서 성공을 일궈야 하는 사람들이 받는 중요한 훈련이다. 스트레스 접종은 아이들에게 비상대피 훈련을 시키고 직원들에게 적대적인 근무 환경에 대처하는 법을 훈련시키며, 심지어 자폐증이 있는 사람들에게 스트레스가 많은 사회적 상호관계에 대해 지도하는 용도로 활용돼왔다. 그뿐만 아니라 어린 시절에 받은 스트레스가 어떻게 나중에 회복력으로 이어지는지를 입증한 스탠퍼드대학교의 캐런 파커와 같은 과학자들의 연구 결과를 설명해주기도 한다.

스트레스를 겪어낸 사람이 스트레스에 능숙하게 대처할 줄 알게 된다는 사실을 인식하고 나면 여러분은 새로운 도전에 매번 부딪히는 일이 전보다 쉬워질 것이다. 실제로 한 연구에 따르면 스트레스가 많은 경험을 통해 뭔가를 배울 것이라는 기대감은 신체 스트레스 반응을 변화시켜 스트레스 접종에 도움을 준다. 앨리아 크럼의 연구에서 이미 살펴봤듯이 스트레스의 긍정적 특성에 대한 동영상을 감상하고 나서 실험 참가자들은 모의 취업 면접이 진행되는 동안과 그 이후에 DHEA 수치가 증가하는 증상을 보였다.

그 밖의 다른 연구들에서 입증된 바에 따르면 스트레스 상황을 자신의 기술이나 지식 또는 장점을 개선할 기회로 생각하면 투쟁−도피 반응이 아니라 도전 반응을 보일 가능성이 높아진다.[27] 결과적으로 이런 사고방식은 우리가 경험을 통해 배울 수 있는 가능성을 증가시킨다.

:: 스트레스의 재발견: 내 스트레스 반응을 다시 생각해보기 ::

스트레스를 많이 받았다고 설명할 만한 최근의 경험을 떠올려보자. 아마도 누군가와의 언쟁이나 직장에서 부딪힌 문제 또는 건강에 대한 위협 등이 떠오를 것이다. 그러고 나서 관련 내용이 잘 요약된 '인간적인, 너무나 인간적인 스트레스 반응' 꼭지를 다시 읽어보자. 여러분이 스트레스 경험을 하는 동안이나 그 후에 어떤 측면의 스트레스 반응이 나타났는지 잠시 생각해보자. 여러분의 몸은 더 많은 에너지를 내려고 했는가? 그 사실은 어떻게 알 수 있는가? 몸에서 어떤 감각을 느꼈는가? 사회적 접촉을 구하거나 인맥을 쌓으려고 했는가? 다른 사람과 관계를 맺고 싶다는 충동은 어떤 기분인가? 행동하려는 동기가 생겼거나, 아니면 자신에게 소중한 사람이나 대상을 보호하거나 지키고 싶은 의욕이 솟는가? 그 동기나 의욕은 어떻게 표현됐는가? 어떤 사건이 끝난 뒤에 마음속으로 그것을 다시 떠올려보거나 누군가와 그 문제에 대해 이야기를 나눴는가? 그 경험에 대해 생각하면 지금은 어떤 기분이 드는가?

예전에는 손바닥이 땀으로 축축이 젖거나 정신적인 격려를 받고 싶거나 향후에 깊은 생각에 잠기는 것을 과도한 스트레스의 징후로 보기도 했다. 어쩌면 이 증상들을 자신이 스트레스에 잘 대처하지 못했다는 표시로 봤을 것이다. 앞으로는 생각을 바꿔서 이 동일한 징후들을 몸과 뇌가 스트레스 대응을 돕고 있다는 신호라고 받아들일 수 있겠는가? 만약 특별히 마음에 들지 않거나 신뢰하기 어려운 스트레스 반응이 있다면, 우리가 자신을 보호하거나 도전에 잘 대처하거나 다른 사람들과 관계를 맺거나 배우고 성장하는 데 그 반응이 어떤 역할을 하는지 생각해보자.

내 스트레스는 내가 선택한다

최신의 과학 연구에 따르면 스트레스를 느끼는 방식에는 여러 가지가 있다. 하지만 어떤 순간에 어떤 종류의 스트레스 반응이 나타날지는 무엇에 의해 결정될까?

일반적으로 스트레스 상황의 유형에 따라 스트레스 반응은 각기 다르게 나타난다. 예를 들어 사회적 스트레스는 다른 종류의 스트레스에 비해 대체로 옥시토신 분비량을 증가시킨다. 이는 고무적인 현상이다. 옥시토신은 사회적 관계를 조성하기 때문이다. 이와 반대로 성과 스트레스는 아드레날린을 비롯해 우리에게 에너지와 집중력을 제공하는 다른 호르몬들의 양을 증가시키는 경향이 있다. 이 또한 좋은 일이다. 최선을 다하기 위해서 반드시 필요한 것이기 때문이다.

이상적으로 생각하면 우리의 반응은 융통성 있고 상황에 잘 맞춰질 것이며 우리 몸은 자신의 자원을 가장 잘 활용하는 방식으로 각각의 스트레스 상황에 반응할 것이다. 요약 진술을 앞둔 법정 변호사라면 당연히 도전 반응을 보일 것이다. 그녀가 집에 돌아오자 아이들이 엄마의 관심을 얻으려고 서로 다툰다면 배려−친교 반응이 아이들과 엄마를 달래줄 것이다. 그리고 한밤중에 화재 경보가 울린다면 투쟁−도피 반응이 그녀와 나머지 가족을 집 밖으로 안전하게 피신시켜줄 것이다.

우리의 인생도 스트레스 반응 방식에 영향을 미칠 수 있다.[28] 특히 어린 시절의 스트레스 경험은 성인이 된 이후 스트레스 체계의 기능 방식에 크게 영향을 미칠 수 있다. 예컨대 어린 시절 위독한 상태에 빠진 적이 있었던 사람들은 스트레스를 받을 때 옥시토신 반응이 두드러지게 나타나는 경향이 있다. 이들은 스트레스를 받을 때 다른 사람들에게 기대는 것을 일찌감치 배웠으므로 배려-친교 반응을 보일 준비가 돼 있다.

이와 대조적으로 어린 시절 학대를 받은 사람들은 스트레스를 받을 때 옥시토신 반응이 상대적으로 미약하다. 아마도 스트레스를 받는 상황에서 다른 사람들을 신뢰하지 말아야 한다고 배웠을 가능성이 크다. 성인이 되면 이들은 투쟁-도피 반응이라는 자기방어 또는 도전 반응이라는 자기의존을 통해 상황에 대처할 준비가 돼 있다.

심지어 인간의 유전자도 스트레스 반응 양식을 결정짓는 요인이다. 일부 유전자들은 아드레날린이 왕성하게 분비되는 스트레스 반응을 좋아해서, 우리에게 스트레스 자극을 찾아다니는 성향을 심어준다. 그리고 경쟁심이 강한 투쟁-도피 반응을 보이는 경향을 강화시킨다. 다른 유전자들은 옥시토신 민감도에 영향을 미쳐서 스트레스를 받으면 배려-친교 반응을 보이는 경향을 조정한다.

인간의 유전자 파일은 심지어 스트레스가 미치는 영향력의 정도에도 영향을 미친다. 어떤 사람들은 스트레스 회복력이 비교적 좋게 태어난 덕분에 스트레스 상황에 대한 반응이 상대적으로 약하고, 스트레스 경험을 통해 좋은 쪽으로든 나쁜 쪽으로든 쉽게 변화하지 않는 편이다. 이에 비해 어떤 사람들은 선천적으로 스트레스에 한층 민감하다.[29] 역설적으로 말해서 이는 우울증이나 불안감 같은 스트레스의 부정적 결과와, 동정심 고양과 개인적 성장 같은 긍정적인 결과가 일어날 가능성을 모두 증가시킨다.

그러나 앞으로 살펴보겠지만 이런 유전적 차이점 가운데 어느 것도 운명처럼 정해지지는 않았다. 그것은 개인의 인생 경험과 의식적 선택 이 두 가지와 상호작용하는 성향을 만든다. 스트레스 반응 체계는 적응력이 있어서 우리가 당면한 도전이 무엇이든 간에 그 최선의 처리 방법을 알아내기 위해 끊임없이 노력한다. 예를 들어 부모가 되면 스트레스 경향이 달라지기도 한다. 한때 투쟁–도피 성향을 고수했던 사람이 아버지가 되고 나면 테스토스테론 수치가 떨어지면서 배려–친교 성향을 갑자기 분출한다. 반대로 생명을 위협하는 충격적인 사건 경험은 스트레스 체계를 긍정적인 방향으로 변화시킨다.

정신적 외상은 세상이 위험한 곳이라는 일시적인 예상을 만들어내고 뇌와 몸은 투쟁–도피 반응을 준비시킴으로써 만약의 상황에 대비한다. 무엇보다 중요한 것은 이런 변화가 스트레스 체계의 고장 신호가 아니라 일종의 전략이라는 인식이다.[30]

비록 이런 적응은 대가가 따르는 법이지만, 이와 더불어 대단히 실질적인 이득도 따른다. 더욱 중요한 점은 영구적인 적응이 아니라는 것이다. 우리의 뇌와 몸은 개조와 변화를 지속하면서 인생의 가장 중요한 도전에 직면하도록 돕는다. 심지어 정신적 외상을 받은 사건이 유발시킨 변화조차 새로운 인생 경험과 인간관계를 통해 역전되기도 한다.

우리는 몸이 스트레스에 반응하는 방식에 참견할 권리가 있다. 스트레스는 우리가 경험을 통해 배우는 데 도움을 주기 위해 고안된 생리적 상태다. 즉, 스트레스 반응은 잘 계획된 연습의 영향을 무척 잘 받아들인다는 뜻이다. 스트레스를 받는 동안 어떤 조치를 취하든 우리는 몸과 뇌에게 자발적이고 자연스럽게 행동하라고 가르치는 셈이다. 혹시 스트레스에 다르게 반응하고 싶은가? 가령 자신감 있게 도전에 대처하거나 움츠러들지 않고 사회적 지지를 구하거나 고통 속에서도 의미를 찾아내고 싶은가? 그렇다면 스트레스를 받는 동안 이 새로운 반응을 연습하는 것보다 우리의 습관을 바꿀 수 있는 더 좋은 방법은 없다. 스트레스를 느끼는 매 순간이야말로 우리의 스트레스 본능을 전환시킬 기회다.

1만 미터 상공의 스트레스

내가 진행한 '새로운 스트레스 과학'의 마지막 강의가 끝난 직후에 한 수강생이 다음과 같은 이야기를 했다. 내 강의를 함께 수강했던 레바Reva와 락슈먼 Lakshman 부부의 이야기였다. 마지막 수업이 끝나고 나서 두 사람은 출산을 앞두고 있던 딸과 시간을 보내기 위해 호주로 날아갔다.

　락슈먼은 심장병을 앓고 있는데 그 병의 증상 중 하나는 수면 무호흡증이다. 그는 적절한 산소량을 유지하기 위해 비행 중 '지속적 양압환기 장치 continuous airway pressure machine'를 사용해야만 한다. 이 장치는 전원을 연결해야 하고 자리도 많이 차지하므로 두 사람 모두에게 비행 자체에서 엄청난 스트레스를 받게 만드는 애물단지다. 이번 비행에서는 전기 콘센트가 천장에 있었고 연결단자가 헐거운지 플러그가 계속 빠졌다. 야간 비행이었기 때문에 비행기 안이 어두워서 시야를 확보하기도 쉽지 않았다. 슬관절 치환술을 받은 레바가 장치를 콘센트에 다시 연결하기 위해 좌석 위로 올라가야 했다. 비좁은 좌석을 조절하기란 여간 어려운 작업이 아니었기 때문에 그녀는 마치 몸 전체가 스트레스에 반응하는 듯한 기분이 들었다.

그야말로 이 사건은 스트레스 반응이 문제라고 흔히 말하는 그런 상황이다. 레바와 락슈먼은 상황을 거의 통제하지 못했으며 전기 콘센트나 승무원 또는 서로에게 화를 내는 것은 아무 도움도 되지 않았다. 낙하산을 챙겨 와서 비상탈출구를 열어젖힐 계획이라도 세워뒀으면 모를까 도피는 불가능했다. 게다가 락슈먼은 심장마비에 걸릴 위험마저 있었다. 1만 미터 상공에서 아드레날린이 솟구치는 것만큼은 그가 결코 바라지 않는 일이었다.

하지만 레바는 스트레스 반응이 투쟁-도피 반응보다 컸다고 기억했다. 이 부부는 자신들이 받는 스트레스에 대해 이야기를 나눴다. 스트레스로 인해 스트레스를 받는 대신 몸에서 옥시토신이 분비된 덕분에 두 사람이 서로를 돕고 락슈먼의 심장을 보호하게 됐다고 생각했다. 스트레스 반응의 사회적 측면에 대해 알고 있던 레바는 옆자리에 앉은 여성 승객과 친구가 됐다. 같은 열의 승객들과 좋은 관계를 맺은 덕분에 긴 여행의 남은 시간이 한결 편해졌고, 레바는 자신의 움직임으로 인해 옆 사람에게 불편을 끼치지나 않을까 하는 걱정에서 벗어났다.

그뿐만 아니라 레바와 락슈먼은 통제 불가능한 상황을 해결하려는 노력으로부터 비행 자체의 중요성에 대한 생각으로 마음의 초점을 옮겨가겠다고 의식적으로 결정했다. 두 사람은 이 시련이 뭔가 의미 있는 일, 딸과 곧 태어날 손녀를 만나러 가는 여정의 일부라는 점에 대해 대화를 나눴다. 이 변화는 두 사람이 그 여행의 진가를 알아보는 데 도움이 됐다. 심지어 그로 인해 불편함이 동반된다 하더라도 말이다.

나는 이 이야기가 마음에 든다. 스트레스 반응의 다양한 측면들을 기억함으로써 우리의 스트레스 경험이 어떻게 전환되는지 보여주는 사례이기 때문이다. 사회적 관계와 의미에 집중하는 것은 길고 불편한 비행을 견디기 위한 완벽한 전략이다. 반면에 비교적 통제가 가능한 다른 상황이었다면 스트레스 반응이 우리에게 에너지를 주고 행동할 용기를 북돋운다는 점을 기억하는 편이 한결 유용했을 법하다.

우리 몸이 스트레스에 반응하고 있다고 느껴지게 되면 스트레스 반응의 어떤 측면이 자신에게 가장 필요한지 자문해보자. 싸우고 싶은가, 달아나고 싶은가, 뭔가를 시작하고 싶은가, 누군가와 관계를 맺고 싶은가, 의미를 발견하고 싶은가, 아니면 성장하고 싶은가? 설령 스트레스 반응이 자신을 한 방향으로 밀어붙이는 것처럼 느껴지더라도, 지금 원하는 반응 양식에 집중해야만 우리의 생물학적 기능과 작용이 유용한 방향으로 변화할 수 있다.

만약 특정한 측면의 스트레스 반응을 개발하고 싶다면 현재 대처하고 있는 스트레스 상황에서 그 반응이 어떻게 보일지 생각해보자. 스트레스의 그런 면에 능한 사람이라면 그의 생각이나 느낌이나 행동은 어떤 것일까? 지금 그런 스트레스 반응을 선택할 방법은 없을까?

피하고 싶은 대상에서 활용하고 싶은 대상으로

소위 스트레스 반응 불일치 이론은 신체적 스트레스 반응이 진부한 생존 본능이라고 주장한다. 이 이론의 한 가지 주요 논지는 생명을 위협받는 응급상황이 아니라면 스트레스 반응을 절대 보이지 말라는 것이다. 이 경우 스트레스를 받는 것은 심리적 결함, 즉 교정해야 할 약점처럼 보인다. 이 생각은 스트레스 반응이 모두 총력을 기울인 투쟁–도피 반응이라는 잘못된 믿음에서 유래한다. 스트레스 생물학을 보다 철저히 파악한다면 왜 우리가 이런 반응을 종일 보이는지, 왜 이것이 결함의 표시가 아닌지를 이해하는 데 도움이 된다. 허둥지둥 자녀의 등교 준비를 시키고, 까다로운 직장 동료를 상대하고, 자신이 받은 혹평에 대해 생각하고, 친구의 건강을 걱정하는 등의 상황에서 우리는 하나같이 스트레스 반응을 보인다. 우리에게 중요한 일이 위태로워지면 스트레스를 받기 때문이다. 그리고 가장 중요한 것은, 우리는 그 문제에 뭔가 조치를 취하는 데 도움이 되도록 스트레스 반응을 보인다는 점이다.

우리는 목표가 위태로워지면 스트레스를 느끼고 그에 맞는 조치를 취한다. 가치관이 위협을 받으면 스트레스를 느끼고 그것을 방어한다. 우리는 용기가 필요한 순간에 스트레스를 받는다. 스트레스를 받으므로 다른 사람들과 관계를 맺을 수 있다. 스트레스를 받으므로 실수를 통해 배울 것이다.

스트레스 반응은 기본적인 생존 반응 그 이상이다. 이는 인간의 작동 원리 및 방식, 인간이 다른 사람과 관계를 맺는 방식, 인간이 세상에서 자기 자리를 찾아가는 방식에 내재돼 있다. 이것을 이해하고 나면 스트레스 반응은 더 이상 두려워해야 할 대상이 아니다. 인정하고 활용하며 오히려 신뢰해야 할 현상이다.

제3장

의미 있는 삶은
스트레스 많은 삶

2005년부터 2006년까지 갤럽Gallup의 세계 여론 조사 연구원들은 세계 121개국의 15세 이상의 남녀 12만 5,000명 이상을 대상으로 조사를 하면서 한 가지 질문을 던졌다.[1]

"어제 엄청난 스트레스를 받았는가?"

여론 조사원들은 선진국에서는 전화 조사를, 개발도상국과 오지에서는 호별 방문 조사를 실시했다. 그런 다음 국가 스트레스 지수를 계산했다. 한 나라의 인구 중 과연 몇 퍼센트가 어제 스트레스를 받았다고 대답했을까? 세계 평균 수치는 33퍼센트였다. 미국은 43퍼센트로 높은 수치를 기록했다. 필리핀은 67퍼센트로 최고점을 찍었고, 아프리카의 모리타니Mauritania는 5퍼센트를 갓 넘겨 최하위에 올랐다.

나라에 따라 수치가 천차만별이었기 때문에 연구원들은 이런 궁금증이 들었다. 한 나라의 스트레스 지수는 삶의 행복도, 기대 수명, 국가총생산 같은 다른 지수들과 일치하는가? 스트레스에 대한 자신의 믿음을 기반으로 할 때 어떤 예측이 가능한가? 스트레스를 더 많이 받는 사람들이 있으면 공중 보건과 국민 행복, 경제에 도움이 되는가?

이후 연구원들은 놀라운 결과를 발견했다. 국가의 스트레스 지수가 높을수록 국가의 행복지수도 높았던 것이다. 전날 스트레스를 많이 받았다고 대답한 사람들의 비율이 높을수록 해당 국가의 기대 수명과 총생산이 높았다. 그뿐만 아니라 스트레스 지수가 높을수록 국가생활 만족도와 삶의 행복도가 더 높은 것으로 드러났다.

스트레스를 호소하는 사람들이 더 많다는 것은 자신의 건강, 일, 생활수준, 공동체에 만족하는 사람들이 더 많다는 뜻이다. 또한 연구원들의 보고에 따르면 모리타니처럼 부패, 빈곤, 굶주림, 폭력 수치가 높은 나라에 사는 사람들은 스트레스를 많이 받는다고 이야기하지 않았다. 전 세계 사람들이 도대체 어떤 의미에서 스트레스를 많이 받았다고 이야기했든 간에 이 결과는 연구원들이 객관적으로 열악한 사회적 조건이라고 간주하는 상태에 완전히 부합하지는 않았다.

이 당혹스러운 조사 결과를 이해하기 위해 연구원들은 스트레스와 다른 감정들 사이의 관계를 살폈다. 스트레스를 엄청나게 많이 받은 날이면 분노, 우울, 슬픔, 걱정 같은 감정을 느낄 가능성도 높았다. 하지만 스트레스 지수가 높은 나라에서 사는 경우에는 그 전날 더 많이 즐거웠고 사랑했으며 웃었다는 대답도 함께 나왔다. 전반적인 행복에 관해서라면 여론 조사에서 가장 행복하다고 밝혀진 사람들은 스트레스가 없는 사람들이 아니었다. 오히려 엄청난 스트레스를 받되 우울하지는 않은 사람들이었다. 이 사람들은 자신의 인생이 이상적인 모습에 가깝다고 생각하는 경향이 가장 컸다. 이와는 반대로 극도의 치욕스러움과 노여움을 느끼되 기쁨은 거의 느끼지 못하는, 가장 불행해 보이는 사람들은 스트레스가 눈에 띄게 없었다.[2]

나는 이 현상을 '스트레스의 역설 stress paradox'이라고 부른다. 고도의 스트레스는 고통과 행복 모두와 관계가 있다. 중요한 것은 행복한 삶이란 스트레스가 없는 삶도 아니며 스트레스 없는 인생이 행복을 보장해주지도 않는다는 것이다. 비록 대부분의 사람들이 스트레스를 해롭다고 생각하지만 고도의 스트레스는 우리가 원하는 것들, 즉 사랑과 건강 그리고 삶에 대한 만족감과 함께 오는 듯하다.

우리가 괴롭다고 느끼는 뭔가가 어떻게 수많은 긍정적 결과를 이끌어낼 수 있을까? 스트레스의 역설을 이해하는 최선의 방법은 스트레스와 의미의 관계를 살펴보는 것이다. 알고 보면 의미 있는 삶이란 스트레스가 많은 삶이기도 하다.

스트레스가 없으면 목표도 없다

2013년 스탠퍼드대학교와 플로리다주립대학교 연구원들은 18세에서 78세 사이의 미국 성인들로 구성된 광범위한 전국 표본을 대상으로 "모든 점에서 미뤄볼 때 내 삶은 의미 있다고 생각한다"라는 진술에 얼마나 동의하는지 응답해달라는 설문 조사를 실시했다.[3] 사람들에게 자신의 삶 전체를 반추해 의미가 있었는지 판단해달라고 부탁하는 일은 아주 어려운 주문처럼 보일지도 모른다. 그러나 대부분의 사람들은 상황을 순식간에 가늠해보고 그 진술이 사실처럼 느껴지는지 알 수 있다. 아마도 그 진술을 읽자마자 자기 나름의 내적 평가를 내렸을 것이다.

그리고 나서 연구원들은 그 진술에 적극적으로 동의한 사람들과 그렇지 않은 사람들을 구분 짓는 요인이 무엇인지 살폈다. 의미 있는 인생과 가장 깊은 상관관계가 있다고 밝혀진 예측변수는 무엇이었을까?

놀랍게도 스트레스가 높은 순위를 차지했다. 연구원들이 조사한 모든 스트레스 지표는 피험자가 앞으로 인생을 더욱 의미 있게 생각할 것인지를 예측하는 중요한 변수였다. 과거에 스트레스 받는 사건을 많이 경험한 사람들은 자신의 인생이 의미 있다고 생각하는 경향이 가장 높았다. 현재 엄청난 스트레스를 받고 있다고 대답한 사람들 역시 자신의 삶을 보다 의미 있다고 평가했다.

과거의 힘든 노력과 도전에 대해 생각한 시간이 소중하듯 미래에 대한 걱정으로 소비한 시간조차 의미 있었던 것이다. 연구원들이 내린 결론에 따르면 의미 있는 삶을 사는 사람들은 비교적 의미 없는 인생을 사는 사람들에 비해 더 많이 걱정하고 더 많이 스트레스를 받는다.

스트레스와 의미는 왜 그리 긴밀하게 연결돼 있을까? 한 가지 이유는 우리가 목적의식을 충족시키는 목표들을 추구하고 여러 가지 역할을 담당하다 보면 결과적으로 스트레스가 생기는 것이 불가피해 보이기 때문이다. 우리 생활에서 스트레스의 가장 큰 원천이라고 흔히 간주하는 항목 중 제일 높은 순위를 차지하는 것은 직장 업무, 육아, 대인관계, 건강이다.[4] 최근의 두 가지 연구 조사를 보면 영국 성인의 34퍼센트는 아이를 낳은 일이 인생에서 가장 스트레스 받은 경험이라고 꼽은 반면,[5] 고도의 스트레스를 받는 캐나다 성인의 62퍼센트는 직장 업무가 스트레스의 가장 큰 원인이라고 응답했다.[6]

이처럼 스트레스가 많은 동시에 의미 있기도 한 역할에 대해 질문을 던져보면 스트레스의 역설이 곧바로 나타난다. 예를 들어 갤럽의 세계 여론 조사는 18세 이하의 자녀를 양육하면 엄청난 스트레스에 날마다 시달리기도 하지만, 그와 동시에 매일 웃고 미소 지을 가능성도 증가한다는 사실을 알아냈다.[7] 어제 스트레스를 많이 받았다고 말하는 기업가도 그날 흥미로운 것을 많이 배웠다고 이야기할 가능성이 더 크다. 스트레스는 우리 삶이 어딘가 잘못됐다는 신호가 아니라, 우리가 개인적으로 중요하고 의미 있는 활동과 인간관계에 얼마나 적극적으로 관여하고 있는지를 알려주는 지표이기도 한 것이다.

또한 어떤 연구는 스트레스를 비교적 적게 받는 삶을 살면 생각만큼 행복해지지는 않는다고 말한다. 대부분의 사람들은 덜 바쁘면 더 행복할 것이라고 예상하지만 결과는 그와 정반대로 밝혀졌다.[8] 사람들은 더 바쁠 때 더 행복하고 심지어는 자발적으로 할 일보다 더 많은 양의 일을 억지로 떠맡았을 때 더 행복하다. 갑자기 한가해진 생활은 퇴직 이후 우울증 발병 위험이 40퍼센트 증가하는 원인이다.[9]

심지어 의미 있는 스트레스를 받지 못하면 건강에 해롭다. 한 대규모 전염병 연구에 따르면 지루함을 더 많이 느끼는 중년 남성은 향후 20년 동안 심장마비로 사망할 가능성이 두 배 이상 높았다.[10] 반면 목적의식이 있는 사람들은 더 오래 사는 경향이 있다.[11] 예컨대 영국 성인 9,000명 이상을 10년 동안 추적한 연구에서 매우 의미 있는 삶을 살고 있다고 응답한 사람들은 사망률이 30퍼센트 감소했다. 교육, 재산, 우울증, 흡연, 운동, 음주 같은 건강관리 행동을 포함한 요인들을 통제한 뒤에도 이 줄어든 사망 위험은 그대로 유지됐다.[12]

이 같은 연구 결과는 왜 스트레스가 건강과 행복에 항상 유해하지만은 않은지, 그리고 왜 스트레스가 많은 삶을 두려워하지 말아야 하는지 설명하는 데 도움이 된다. 가장 흔히 언급되는 생활 속 스트레스 원인이 인생에 의미를 부여하는 가장 큰 원천과 일치할 때 스트레스는 행복에도 기여한다는 사실이 분명해진다.

스트레스는 우리가 어렵지만 중요한 목표를 추구하느라고 생기는 자연스러운 부산물이기도 하지만, 그렇다고 스트레스를 받는 순간에 하나같이 풍부한 의미가 담겨 있는 것은 아니다. 그런데도 불구하고 스트레스를 느끼면 본질적으로 중요해 보이지 않는 상황에서도 어떤 의미를 찾아내려는 욕구가 생기게 된다. 설령 지금 이 순간은 아니더라도 인생이라는 더 큰 맥락 안에 담긴 의미 말이다.

자신의 삶에서 의미를 찾아낼 줄 아는 능력은 우리에게 특별한 만족감을 주지는 않더라도, 커다란 어려움에 직면했을 때 여전히 의욕을 잃지 않도록 돕는다. 인간은 자신이 겪는 고통을 이해하려는 타고난 본능과 능력을 갖추고 있다. 이 본능은 생리적 스트레스 반응의 일부이기도 한데, 심사숙고와 정신적 탐구 및 자기반성의 형태로 종종 나타나기도 한다. 스트레스가 많은 환경은 우리가 이 과정을 수행하도록 유도한다. 바로 이런 이유에서도 스트레스 많은 삶은 의미 있는 인생인 경우가 많다. 스트레스는 우리를 자극해 인생의 의미를 찾아내게 만들기 때문이다.

:: 스트레스의 재발견: 무엇이 내 삶에 의미를 주는가? ::

잠시 시간을 내서 우리가 맡은 가장 의미 있는 역할들이나 관계들, 활동들, 목표들을 나열해보자. 인생의 어느 부분에서 기쁨이나 사랑, 웃음, 배움, 목적의식을 경험할 가능성이 가장 큰가? 짧은 목록을 작성하고 나거든 스스로 이런 질문을 던져보라. 그리고 그중 어떤 상황이든 이따금 또는 자주 스트레스를 준다고 묘사하겠는가?

우리는 가정과 일터에서, 또는 목표를 추구하는 과정에서 느끼는 스트레스를 없애버릴 수 있다면 얼마나 이상적일까 종종 상상하곤 한다. 하지만 현실적으로는 불가능한 이야기다. 가정이나 일터, 공동체, 사랑, 배움, 건강으로 인해 스트레스가 넘칠지 스트레스가 없을지는 우리가 선택할 문제가 아니다. 만약 가치가 있는 동시에 상당한 스트레스를 유발하는 뭔가가 우리 인생에 존재한다면, 잠시 시간을 내서 이 역할, 관계, 활동, 또는 목적이 자신에게 왜 그토록 중요한지 글로 적어보자. 그리고 이 가치의 원천을 갑자기 잃어버린다면 우리 인생이 어떻게 될 성싶은지도 적어보기 바란다. 그런 상실을 겪고 나면 어떤 기분이 들겠는가? 잃어버린 것을 자신의 인생으로 다시 돌려놓고 싶어지겠는가?

스트레스에서 의미 찾기

1961년에서 1970년 사이에 보스턴 지역에 거주하는 1,300명의 성인 남성들을 상대로 표준 노화 연구Normative Aging Study가 진행된 적이 있다. 이후 50년 동안 이들은 자신의 삶에서 받는 두 가지 유형의 스트레스에 대해 정기적으로 보고했다. 첫째는 이혼을 하거나 큰 사고를 당하는 등의 중요한 생활 사건이고 둘째는 그들이 일상에서 무수히 직면하는 사소한 골칫거리였다. 2014년 마침내 스트레스가 이 사람들의 사망률에 미친 영향을 조사한 보고서가 공개됐다.[13] 두 가지 스트레스 유형 가운데 이들의 사망과 상관관계가 훨씬 크다고 밝혀진 예측변수는 일상적인 골칫거리였다. 1989년과 2005년 사이에 일상적 골칫거리를 가장 많이 경험한 사람들은 골칫거리를 가장 적게 경험한 사람에 비해 2010년 전에 사망한 비율이 세 배나 더 높았다.

수많은 언론에서 이 내용을 대서특필하며 다음과 같은 제목을 붙였다.

"스트레스 많은 남성, 조기 사망률 높아."

"과학자들, 스트레스가 생명의 위협이라고 발표."

그러나 이 연구에서 제시한 스트레스의 유해성에 대해 이해하기 위해서는 연구원들이 소위 일상적 골칫거리를 어떻게 측정했는지 살펴볼 필요가 있다. 사실 그들의 생명을 위협한 것은 일상적 스트레스의 존재라기보다는 그 스트레스에 대한 그들의 태도였다.

'일상의 사소한 스트레스와 유쾌한 일의 척도The Daily Hassles and Uplifts Scale'는 배우자, 직업 특성, 날씨, 요리, 교회 또는 공동체 조직 등을 비롯해 전형적인 삶의 53가지 측면을 측정한다. 이 검사 양식에 따라 각 항목에서 그날

사소한 스트레스는 얼마나 받았고 유쾌한 일은 얼마나 일어났는지 평가해야 한다. 기본적으로 이 검사는 여러분이 각자의 삶에서 맡은 역할, 인간관계, 활동을 짜증스러운 골칫거리로 생각하는지 아니면 의미 있는 경험으로 간주하는지를 알아본다. 물론 이렇게 생각할 수도 있다.

"그날그날 다르지."

하지만 사실 이 검사상의 수치는 시간이 흘러도 놀라울 정도로 일정하게 유지된다. 일상의 의무로 인해 유쾌함이 아닌 부담감을 느끼는 것은 자기 인생에서 무슨 일이 벌어지고 있는지를 판단하는 척도가 아니라 사고방식에 가깝다.[14]

중요한 사실은 스트레스에 대한 우리의 사고방식이 이 경향에 영향을 줄 수 있다는 점이다. 스트레스가 해롭다고 믿는 경우에는 조금이라도 스트레스를 받는 일이 생기면 자기 삶을 침범당한 것처럼 느끼기 시작한다. 슈퍼마켓에서 줄 서기, 업무 마감일자 맞추기, 휴일 가족 여행 계획 세우기 등 일상적인 경험이 자신의 건강과 행복을 위협하는 요소처럼 보이기 시작한다. 그러다 보면 이 경험들에 대해 불평을 늘어놓게 된다. 마치 지금의 인생은 제 항로를 이탈해버렸고 스트레스 없는 새로운 인생이 어딘가에서 기다리기라도 하는 것처럼 말이다. 여기서 간과하지 말아야 할 사항은 하버드대학교 보건대학원의 2014년 조사에서 가장 흔하게 언급된 일상 스트레스에 복잡한 일정 조율, 잡다한 볼일 처리, 출퇴근, 소셜 미디어, 요리, 청소, 수리 같은 집안일이 포함됐다는 것이다. 이런 일들은 지극히 평범하고 당연한 인생의 일부분인데도 우리는 마치 그것들이 부당한 짐이라도 되는 듯 취급하며 자신의 삶이 당연한 제 모습을 갖추지 못하도록 만든다.

50년 동안 진행된 표준 노화 연구에서 피험자들의 사망 위험을 가장 잘 예측한 것은 스트레스성 사건을 평가하는 어떤 객관적인 척도가 아니라 바로 이 '사고방식'이었다. 수많은 언론이 그랬듯이 이 연구를 "스트레스가 생명의 위협"이라고 요약하는 것은 이치에 맞지 않는다. 이 연구의 요점은 일상의 사소한 스트레스를 줄이려고 노력하자는 게 아니라, 우리가 사소한 스트레스라고 인식하는 일상 경험과의 관계를 변화시켜야 한다는 것이다. 일상의 스트레스를 유발하는 바로 그 경험들이 유쾌한 기분이나 의미의 원천이 되기도 한다. 다만 그 경험을 그런 관점에서 바라보겠다고 선택할 필요는 있다.

　1990년대에 진행된 한 전형적인 연구는 일상적 스트레스에서 의미를 발견하는 사고방식을 함양하기 위한 최선의 방법을 지적하고 있다. 이 실험에 참가한 스탠퍼드대학교의 학생들 다수는 겨울 방학 동안 일기를 쓰기로 동의했다. 그중 일부는 자신의 가장 중요한 가치관이 무엇인지, 하루의 활동이 그 가치관들과 어떤 관계가 있는지에 대해 작성하기로 했다. 다른 학생들은 자신에게 일어난 좋은 일들에 대해 쓰라는 요청을 받았다. 3주간의 방학이 끝난 뒤 연구원들은 학생들의 일기를 수집하고 방학을 어떻게 보냈는지 물었다. 그 결과 자신의 가치관에 대해 글을 쓴 학생들은 몸이 더 건강하고 원기가 더 왕성했다. 방학 동안 질병이나 건강상의 문제도 비교적 적었다. 그리고 학교에 복귀한 뒤로는 스트레스를 다룰 줄 아는 능력이 있다고 더욱 확신하게 됐다. 가치관에 대한 글쓰기의 긍정적인 효과는 방학 동안 스트레스를 가장 많이 받은 학생들에게 가장 현저히 나타났다.[15]

　그러자 연구원들은 글쓰기 과제가 무엇 때문에 그토록 유용한지 밝혀내기 위해 학생들이 쓴 일기를 2,000페이지 이상 읽고 분석했다. 그리고 이런 결론을 내렸다.

"가치관에 대한 글쓰기는 학생들이 인생의 의미를 발견하는 데 도움이 된다."

스트레스 경험은 더 이상 그저 억지로 견뎌야 할 사소한 스트레스가 아니었고, 학생들이 가진 가치관의 표현이 됐다. 가령 동생을 차에 태워주는 일은 학생들이 가족에게 얼마나 마음을 쓰는지를 나타냈다. 인턴 지원서를 열심히 준비하는 것은 미래의 목표를 향해 한 걸음 내딛는 방법이었다. 이렇듯 일상의 활동에서 가장 심오한 가치관을 찾아보라고 요청받은 학생들은 예전 같으면 짜증 나게 느껴졌을 사소한 순간들을 이제 의미 있는 시간으로 느꼈다.

이 첫 번째 연구 이후로 이와 유사한 연구들이 수십 차례 진행됐다. 그리하여 가치관에 대한 글쓰기는 이 분야의 연구 역사상 가장 효율적인 심리학적 중재로 밝혀지게 됐다.[16] 단기적으로 보면 개인의 가치관에 대한 글쓰기는 사람들에게 보다 강력하고 자신감 있고 자부심이 넘치며 강인하다는 느낌을 심어준다. 그뿐만 아니라 애정이 깊고 인간관계가 탄탄하며 이해심이 있다는 기분도 들게 한다. 이 글쓰기는 통증에 대한 내성을 증가시키고 자제력을 길러주며, 스트레스를 경험한 뒤에 그 일을 쓸데없이 반추하는 버릇을 감소시킨다.[17]

장기적으로 보면 가치관에 대한 글쓰기는 성적을 향상시키고, 진료 횟수를 감소시키며, 정신적 건강을 증진시키고, 체중 감소부터 금연과 문제성 음주 줄이기에 이르기까지 모든 면에서 유용한 것으로 입증됐다. 이 글쓰기는 눈앞에 닥친 차별에 굴하지 않게 도와줄뿐더러 실패로 인한 충격에서 자신을 보호할 구실 또는 핑계를 사전에 만들어두는 자기불구화 현상을 감소시켰다.[18] 대부분의 경우에 이런 이익은 단 한 번의 사고방식 중재를 통해 얻은 결과다. 자신의 가치관에 대해 10분 동안 글을 쓴 사람들은 몇 달 아니 몇 년 뒤에도 그 이익을 얻는다.

이 한 번의 작은 사고방식 중재는 왜 그렇게 효과적일까? 스탠퍼드대학교의 심리학자 제프리 코헨Geoffrey Cohen과 데이비드 셔먼David Sherman은 이 사고방식 중재에 관해 15년 동안 실시된 연구들을 분석한 끝에 "가치관에 대한 글쓰기는 스트레스 경험에 대한 사고방식과 그 대처 능력을 변화시키는 힘이 있다"고 결론지었다. 사람들은 가치관과 면밀히 연결됐을 때 자신의 노력과 타인의 도움을 통해 상황을 개선시킬 수 있다고 믿는 경향이 크다. 그렇게 되면 긍정적인 조치를 취할 가능성이 커지고 지연과 부정 같은 회피성 대응 전략을 사용할 가능성이 적다. 게다가 현재 겪고 있는 어려움을 일시적인 일이라고 생각할 가능성이 크고, 이 문제가 자기 자신이나 자기 삶의 완전한 실패를 들춰낸다고 생각할 가능성이 적다.

시간이 흐르면서 이 새로운 사고방식이 탄탄히 자리 잡게 되면 사람들은 자신이 역경을 극복한 사람이라고 생각하기 시작한다. 다시 말해 가치관에 대해 곰곰이 생각하면 우리가 스트레스에 대해 자신에게 말하는 이야기는 달라진다. 자기 자신을 강하고 어려움을 이기며 성장할 수 있는 사람으로 바라보게 된다는 것이다. 도전을 피하기보다는 적극적으로 처리할 가능성이 커진다. 그리고 어려운 환경에서 의미를 발견할 줄 아는 능력이 좋아진다.

대다수의 효과적인 사고방식 중재의 경우 사람들이 긍정적인 변화를 유발한 실험에 대해 완전히 잊어버릴 때가 많다. 그래도 유익한 효과가 지속되는 이유는 사람들이 스트레스에 관해 자신에게 들려준 이야기가 변화했기 때문이다. 이 영구적인 혜택의 직접적인 원인은 오래전에 10분 동안 쓴 글이 아니라 그것이 유발한 사고방식의 전환이다.

:: 스트레스의 재발견: 내가 소중히 여기는 가치는 무엇인가? ::

아래에 제시한 가치 목록은 비록 완벽하지는 않지만 여러분이 소중히 여기는 가치에 대해 생각하도록 만들기 위해 고안됐다. 아래 목록 가운데 어느 것이 자신에게 가장 중요한가? 자신에게 가장 중요한 가치를 세 가지 고르고 이 목록에 속하지 않은 것이 떠오르거든 한번 적어보자.

수용	공평함	사랑
책임	신념 / 종교	충성심
모험	가정	마음 챙김
미술 / 음악	자유	자연
운동경기	우정	개방성
축하	재미	인내
도전	관대함	평화 / 비폭력
협력	감사	개인적 성장
헌신	행복	반려동물 / 동물
공동체	근면	정치
동정	조화	긍정적 영향

능력	건강	실용성
협동	남 돕기	문제 해결
용기	정직	신뢰성
창의력	명예	풍부한 지략
호기심	유머	자기연민
규율	독립	자립
발견	혁신	소박함 / 절약
효율성	고결함	힘
열정	상호의존	전통
동등	기쁨	믿음
윤리적 행동	리더십	의사
우수성	평생교육	지혜

개인적으로 의미 있다고 생각하는 세 가지 가치를 선택했으면 그중에 한 가지를 골라 10분 동안 글을 써보자. 이 가치가 자신에게 왜 중요한지 설명하는 것이다. 또한 일상 생활에서 자신이 이 가치를 어떻게 표현하는지에 대해서 기술하되 오늘 표현한 것도 포함시키자. 만약 어려운 결정에 직면해 있다면 여러분이 이 가치를 기준으로 어떤 방향으로 나아갈 것인지에 대해서도 적어보자.

설령 현재 스트레스를 느끼는 상황에 대해 전혀 언급하지 않았다고 해도 이 10분의 시간은 일상생활에서 스트레스와 여러분의 관계를 변화시킬 수 있다. 다음번에 다른 두 가지 중요한 가치로 이 연습을 반복하거나 특별히 과중한 스트레스에 시달린다고 느낄 때 이 연습을 다시 해도 좋다.

때때로 수강생들은 이 연습을 위해 하나의 가치를 고르기가 몹시 힘들다고 말한다. 자신의 가치관이 무엇인지 확인할 방법을 잘 모르거나 단 하나로 간추리기 어렵기 때문이다. 가치관에는 여러분이 소중히 여기는 것이 반영돼 있다는 사실을 염두에 두자. 이 연습을 위해 지금 당장 여러분이 중요하고 의미 있다고 생각하는 것을 그냥 표현하는 것이다. 어떤 태도나 개인의 장점, 우선사항, 심지어 소중히 여기는 공동체 등 어떤 것이든 가능하다. 살아가면서 해보고 싶은 경험이나 다른 사람들에게 들려주고 싶은 이야기도 좋다. 아니면 인생의 중요한 결정을 내릴 때 기준으로 삼고 싶은 원칙일 수도 있다.

이 연습을 할 때 여러분이 어떤 가치에 능숙하고 그것이 자신에게 왜 중요한지를 타인이 이해할지에 대해서는 생각할 필요가 없다. 가치란 여러분에게 자연스러운 어떤 것, 여러분이 자신의 장점으로 발전시키고 싶은 것이기도 하다. 예를 들어 한 수강생은 처음에 이 연습이 그리 흥미롭지 않다고 생각했다. 능력이라는 가치를 골랐기 때문이었다. 능력이란 다른 사람들이 그녀의 장점이라고 생각하는 가치이기는 했지만 자신은 정서적으로 친밀하게 느끼지 못하는 특성이었다. 아니, 정작 자신은 불쾌하게 여기는 것이었다. 스스로 갈망하는 가치를 선택해도 된다는 내 설명을 듣자 그녀는 엄청나게 어려운 일일지라도 자신의 수용력을 더욱 키우고 싶다는 것을 깨달았다.

내 가치관을 기억한다

스트레스를 많이 받는 상황에 놓였을 때 여러분은 사고방식을 전환할 필요가 있다. 스트레스를 느끼는 순간 자신의 가치관에 대해 깊이 생각하면 상황 대처에 도움이 된다. 워털루대학교에서 실시한 연구 조사에 참가한 사람들은 "가치관을 기억하라"는 문구가 새겨진 팔찌를 받았다.[19] 이 연구를 다소

변형해 스탠퍼드대학교에서 실시한 실험에서 참가자들은 팔찌 대신 열쇠고리를 받았고, 열쇠고리에 끼워 넣을 수 있는 종이쪽지에 개인의 가치관을 적어 넣었다. 이 연구의 참가자들은 스트레스를 받을 때면 팔찌나 열쇠고리를 쳐다보고 그 순간에 가장 중요한 가치에 대해 생각하라는 요청을 받았다. 이 추가된 지시사항은 사람들이 일회성 글쓰기 연습보다 역경에 대처하는 데 한결 도움이 됐다.

'새로운 스트레스 과학' 수업에서 나는 수강생들이 자신의 가치관을 상기할 수 있도록 전원에게 팔찌를 나눠주었다. 수강생 중 한 사람인 미리엄 Miriam은 내게 편지를 보내 그 팔찌가 어려운 상황을 해결하는 데 어떤 도움이 됐는지 설명했다. 그녀의 남편인 조 Joe는 알츠하이머 질환의 초기 단계처럼 보였다. 비록 명확한 진단이 나오지는 않았지만 조를 담당한 신경과 전문의는 조의 기억력 쇠퇴가 알츠하이머 때문인 것 같다고 의심했다. 대기업 임원을 역임했던 조였기에 그가 인지력 감퇴의 징후를 처음 보였을 때 두 사람 모두 깜짝 놀라고 말았다. 이 부부는 백년해로하기를 기대했지만 두 사람이 상상했던 미래는 머지않아 사라질 것만 같았다.

하지만 이후 미리엄과 조는 함께 가치관 연습을 시작했다. 그녀는 가장 중요한 가치로 인내를 선택했고 조는 유머 감각과 정직을 선택했다. 미리엄은 그 주 내내 인내를 기억하며 이를 행동으로 옮길 수 있었다고 말했다. 그뿐 아니라 조가 그만의 가치관에 기대는 모습을 지켜보며 거기서 힘을 얻기도 했다. 잃어버린 휴대전화를 미리엄이 냉장고에서 발견하자 조는 전화기를 냉장고에 넣어둔 기억이 나지 않는다고 솔직히 시인하고는 그 일에 대해 농담까지 건넸다. 그 덕분에 두 사람 모두 스트레스를 받는 순간이 전보다 가녑게 느껴졌다.

미리엄과 조는 스트레스를 피할 수 없었다. 스트레스를 부인한다고 해서 달라지는 것도 없었다. 두 사람이 그 상황을 통제하기 위해 할 수 있는 일은 거의 없었다. 그렇기 때문에 자신의 가치관을 선택하는 것이 그 경험에서 한 가지 이상의 부분을 감당할 수 있는 방법이었다. 스트레스를 통제하거나 제어하지 못한다고 해도 대응 방법에 대해서는 선택할 수 있다. 가치관을 기억하고 있으면 자신의 의지에 어긋나고 통제력을 벗어난 상황으로 인한 스트레스를 전환, 즉 우선사항들을 이행하고 이를 확장시키는 원동력으로 전환하는 데 도움이 된다.

자신에게 가장 중요한 가치를 상기시켜줄 물리적 장치를 만들어보는 것은 어떨까? 팔찌나 열쇠고리가 아니어도 괜찮다. 컴퓨터 모니터에 포스트잇을 붙이거나 전화기에 스티커를 붙이는 방법도 좋다. 그런 뒤 스트레스를 받을 때 자신이 소중히 여기는 가치를 기억하고 그 순간 그 가치에 기대어 어떻게 행동해야 할지 스스로에게 묻는 것이다.

스트레스를 대화의 도마 위에 올린다

의사인 두 사람이 서로 마주 보고 앉는다. 한 사람이 이렇게 말한다.

"깊은 슬픔에 빠져 있는 환자를 옆에서 돌봤던 경험이 있다면 듣고 싶군요."

그러고 나서 그가 조용히 귀를 기울이자 임상 유전학자인 다른 의사가 경험담을 들려준다. 그녀는 어느 40대 여성에게 열여섯 살 아들이 비정상적인 뼈 발육을 야기하는 희귀 유전병인 마르판 증후군Marfan Syndrome에 걸렸다는 사실을 설명했다고 말한다. 마르판 증후군에 걸린 사람들은 팔다리는 물론 손가락과 발가락이 지나치게 길게 자라는 경향이 있다. 그리고 심장도 약해진다. 당시 그 여성의 남편은 마르판 증후군으로 인한 대동맥 파열로 2년 전에 사망한 상태였다. 그런 상황에서 의사는 남편을 앗아간 유전병을 아들도 앓고 있다고 설명해야만 했다.

그녀의 이야기가 끝나자 듣고 있던 의사가 조심스럽게 묻는다.

"그 일이 기억에 남거나 의미 있게 느껴지는 이유는 뭔가요?"

그러고 나서 다시 묻는다.

"그때 느낀 고통에 대응하기 위해 그 순간에 선생님의 어떤 장점을 발휘하셨나요?"

이 의사들은 로체스터대학교 의과대학에서 전문 의료진이 느끼는 극도의 피로감을 줄이기 위해 개발한 프로그램에 참여하고 있는 중이다. 이 프로그램의 개발자는 두 명의 의사로, 진료내과 전문의인 믹 크레이스너Mick Krasner와 가정의학과·정신의학과·종양학과 교수인 로널드 엡스타인Ronald Epstein이었다.

두 사람은 전문 의료진이 직업상의 스트레스를 처리할 필요가 있다고 인식했다. 의사들은 대부분 괴로움과 고통 그리고 죽음에 감정적으로 반응하는 신체 기관을 억제하도록 훈련받았다. 감정에 지나치게 동요하지 않도록 하기 위해 그들은 환자들을 인간이라기보다는 하나의 대상이나 절차로 바라보기도 한다.

처음에는 이런 태도가 스트레스를 줄이는 좋은 방법처럼 보일지 모르지만 곧 엄청난 대가를 치르게 된다. 직업에서 의미를 찾기 위해 의료인들은 고통받는 사람의 곁을 지키는 일이 얼마나 큰 특권인지 곰곰이 생각해보고 환자의 고통을 덜어주기 위해 최선을 다해야만 한다. 모순처럼 들릴지도 모르지만 환자들의 고통을 막으려고 노력하다 보면 중요한 의미의 원천을 제거함으로써 의사 자신의 탈진 위험성을 증가시킨다. 이런 문제는 비단 전문 의료진에게만 일어나는 것은 아니다. 법조계, 사회복지, 교육 분야의 종사자들을 비롯해 부모, 부양자, 간병인, 성직자에게도 나타난다. 이들이 맡은 역할은 심신을 지치게 만들기도 하지만 개인적으로는 풍부한 의미의 원천이기도 하다. 스트레스를 막기 위한 심리적 방패를 만들어내려는 노력은 목적의식과 만족감을 찾아내는 능력과 충돌하기도 한다.

크레이스너와 엡스타인은 의사들의 회복력을 증가시키기 위한 다소 급진적인 전략을 생각해냈다. 의사들에게 매 순간, 아니 아무리 힘든 순간에도 더욱 충실해지라고 가르치는 것이다. 고통을 막아내려고 하기보다는 고통과 의미의 상관관계를 기꺼이 받아들인다. 무엇보다 의미를 만들어내겠다는 사고방식을 공유하고 지지하는 의사들의 공동체를 조직한다.

1주일에 한 번씩 소규모의 의사 모임이 2시간 동안 열린다. 이 모임은 호흡과 신체 감각 알아차리기 같은 마음 챙김의 기술을 시행하면서 시작된다. 많은 사람들의 생각과는 달리 마음 챙김이란 긴장을 이완시키거나 하루의 스트레스에서 벗어나는 게 아니다. 그 대신 지금 어떤 생각과 감각과 감정이 일어나더라도 이것을 주의 깊게 바라보며 포용할 줄 아는 능력이다. 만약 슬픈 기분이 든다면 자신의 몸이 슬픔을 어떻게 느끼는지 알아차리라는 일이다. 억지로 밀어내려고 하지도 말고 행복한 생각으로 대체하려고 해서도 안 된다.

생물학적 스트레스 반응의 효과 중 하나는 자신의 경험에 대해 더욱 마음을 열게 만드는 것이다. 여러분이 더 많이 느낄수록 그것을 알아차리는 능력도 성장한다. 그리고 다른 사람들과 주변 환경에 한층 민감해진다. 이처럼 개방적 성향이 증가하면 유용하기도 하지만 감당하기 힘들어지기도 한다. 다른 사람들의 고통 앞에서 이렇게 마음이 열리는 것을 경험하면 대다수의 사람들은 그 마음을 닫아버리고 싶어진다. 그러므로 주의를 다른 곳에 돌리거나 마음의 거리를 두거나 술에 취한다. 마음 챙김 수련은 자신의 지각과 느낌을 향해 마음을 닫아버리지 않고 계속 열어두는 것을 실천하는 방법이다.

마음 챙김 수련을 한 뒤에 의사들은 각자의 이야기를 털어놓는다. 매일 아침 한 가지 주제가 제시된다. 1주일 동안은 죽어가는 사람을 돌보던 무척 뜻깊은 순간에 대해 이야기한다. 그다음 주에는 환자에 대한 생각을 바꿔놓은 놀라운 임상 경험에 대해 이야기한다. 그다음 주 주제는 실수와 비난 그리고 용서다. 서로의 경험을 이야기하다 보면 의료 행위의 어려움과 거기서 비롯되는 의미에 대해 깊이 생각하게 된다.

우선 의사들은 동료들에게 기꺼이 들려주고 싶은 이야기에 대해 몇 가지 생각을 적으며 잠시 혼자만의 시간을 보낸다. 그리고 나서 짝을 짓거나 작은 집단으로 나눠 앉는다. 한 사람씩 돌아가면서 자신의 이야기를 들려준다. 그러면 듣는 사람들이 두 가지 작업을 수행한다. 첫째, 정말로 귀 기울여 듣는다. 다른 사람의 경험을 진심으로 듣고 느끼며 이해하는 것이다. 그러는 한편으로 이 사람의 이야기가 자신에게 어떤 영향을 미치는지, 즉 이야기를 듣는 동안 어떤 기분이 들고 어떤 결심을 하며 어떤 감정이 드러나는지 주목한다. 둘째, 이야기하는 사람이 경험 속에서 의미를 발견할 수 있도록 돕는다. 듣는 사람들은 충고를 던지기보다는 질문을 건넴으로써 이 과정을 수행한다.

"무엇 때문에 그 일이 기억에 남았나요?"

"이 상황에 도움이 될 만한 어떤 행동을 하셨나요?"

"자기 자신에 대해 무엇을 배웠나요?"

그들은 이 소규모 집단에서 발전시킨 경청의 기술을 의료 행위에도 적용시키라고 권유받는다. 성급히 재촉하거나 말문을 닫아버리지 말고 마음을 열어 환자나 가족들이 하는 말을 진심으로 듣고 느낄 줄 알아야 한다. 눈을 마주치고 환자들과 가족들에게 전념해야 한다. 환자의 경험을 이해하는 데 도움이 되는 질문이 아니라면 중간에 말을 방해하지 않도록 노력해야 한다. 이야기하기를 통해 서로 관계 맺는 법을 배우면서 의사들은 업무로 인해 스트레스를 받는 순간에 방어막을 치기보다는 마음 열기를 몸소 실천한다.

이 프로그램을 이수한 최초의 1차 진료 내과 전문의 70명은 처음 2개월 동안 1주일에 한 번씩, 그다음 10개월 동안은 1개월에 한 번씩 만났다. 프로그램이 끝난 뒤에는 피로감이 현저히 줄어들었다.[20] 이들은 업무로 인해 정서적으로 탈진하는 일이 감소했고, 아침에 일어나 환자를 보며 또 하루를 살아야 한다고 무서워하는 경향이 줄어들었다. 업무에서 느끼는 만족감이 커졌으며, 의료업에 뛰어든 것을 후회한다고 말하는 횟수도 적어졌다. 게다가 스트레스 상황에서 고립감을 느끼는 경우도 줄어들었다. 한 의사는 이런 생각을 내비쳤다.

"우리가 혼자가 아니라는 느낌, 그것이야말로 지금 느끼는 감정과 지금 겪고 있는 경험의 정당성을 입증하는 것입니다."

의사들의 정신적 건강은 놀라울 정도로 개선됐다. 이 중재를 하기 전에 의사들은 우울증과 불안감을 측정하는 설문 조사에 임했다. 평범한 성인의 경우 남자들의 평균 점수는 15였고 여자들의 평균 점수는 20이었다. 연구 초반에 의사들의 평균 점수는 33점이었다. 처음 8주가 지난 뒤에 이들의 점수는 15점으로 급격히 감소했다. 1년 동안의 프로그램이 끝나자 평균 점수는 11점을 기록했다. 스트레스를 불러일으키는 업무의 특성은 전혀 변하지 않았는데도 이들의 심리 상태는 놀라울 만큼 건강해졌다.

또한 의사들의 환자들에 대한 공감 능력도 높아졌다. 어려운 증세를 호소하는 환자들에게 화를 내기보다는 호기심을 나타냈다. 고통받는 환자들과 시간을 함께 보낼 때에는 부담스러워하기보다는 고마워하는 경향이 많아졌다.

의료 업무에서 떼려야 뗄 수 없는 부분인 고통에 마음을 열어둠으로써 의사들은 고통을 의미와 다시 연결할 수 있었다. 이는 스트레스 대처에 대한 일반적인 사고방식에 이의를 제기하는 전략이다. 스트레스를 줄이려고 노력하는 대신 이를 끌어안았던 것이다. 스트레스가 뭔가를 의미 있게 만드는 원동력의 일부라면, 아무리 배제시킨다고 해도 스트레스를 완전히 없앨 수는 없는 법이다. 그 대신 시간을 내어 스트레스를 철저히 검토하고 여기서 의미를 만들어낸다면 스트레스는 활기를 앗아가는 원흉에서 삶을 지속시키는 원동력으로 전환될 것이다.

이 접근법 덕분에 나는 가장 중요하게 여기는 직업, 남을 가르치면서 느끼는 스트레스에 잘 대처할 수 있었다. 그중에는 눈에 띄는 사례가 하나 있다. 다름 아닌 오랫동안 나를 괴롭혀왔지만 마침내 선생인 나 자신을 이해하는데 중요한 역할을 하게 된 경험이었다. 2006년 나는 스탠퍼드대학교에서 심리학 개론 수업을 맡았다. 수백 명의 학생이 수강하고 10여 명의 조교가 배치되며 수많은 교수들이 초청 강의를 열기로 계획된 강의였다. 감당하기가 만만치 않은 수업이었다. 가을 학기가 끝나자 나는 처음 맡은 과목치고는 무사히 해냈다고 생각했다.

하지만 2007년 1월에 학부생 기숙사의 교학부장에게서 날아온 한 통의 이메일로 인해 상황은 달라졌다. 편지에는 내 가을 강의를 신청했다가 끝까지 이수하지 못한 한 학생이 겨울 방학 동안 사망했다고 적혀 있었다.

학생의 사망 원인이 무엇인지는 듣지 못했지만 나는 가슴이 철렁하며 바닥으로 한없이 가라앉는 기분이 들었다. 인터넷을 열어 학생의 이름을 찾아보니 2개의 항목이 떴다. 첫 번째는 지난여름에 보고된 지역 뉴스로, 한 고등학교의 졸업생 대표로 의학을 공부할 계획을 세웠던 학생에 대한 이야기였다. 두 번째는 겨울 방학에 일어난 사망 소식이었다. 크리스마스 직전에 이 학생은 부모님 집 욕실에서 온몸에 휘발유를 끼얹었다. 그러고는 자기 몸에 스스로 불을 붙였다. 인터넷 뉴스는 그 학생이 스탠퍼드대학교의 첫 번째 학기에서 기대만큼 잘 해내지 못했고 그 수치심 때문에 자살에 이르렀다고 추측했다.

기사를 읽자마자 나는 '다르게 행동할 수도 있었을 텐데' 하는 후회가 밀려들었다. 그리고 그 학생과 주고받았거나 그 학생에 대해 언급한 이메일을 모조리 찾아 다시 훑어봤다. 읽을 내용이 그리 많지 않았다. 그 학생은 학기가 끝나갈 무렵 휴학했고 나는 그 학생에게 집에서 기말고사를 봐도 좋다고 허락해주었다. 하지만 학생은 이 선택을 끝까지 지키지 못했고 나는 학기말고사니 성적 채점이니 바쁜 업무에 치여 후속 조치를 취하지 못했다. 합리적으로 볼 때 나는 심리학 개론을 이수하지 못한 것이 이 학생의 전환점은 아니었음을 알고 있었다. 아마도 그는 우울증이나 다른 정신질환을 앓고 있었을 것이다.

그러나 사망 원인이 무엇이든 간에 학업으로 힘겨워하는 학생을 내가 너무 무신경하게 다뤘다는 생각은 도저히 떨쳐지지 않았다. 강의를 완수하느라 쏟은 에너지의 일부가 더 많은 학생들과 소통하려는 노력을 위해 사용됐더라면 더 좋았을 것이다. 만약 학생들과 접촉하려고 조금만 더 꾸준히 노력했더라면, 많은 학생들이 신입생 때 어려움을 겪지만 결국은 우등생이 돼서 졸업한다고 그 학생에게 말해줄 수 있었을 것이다. 그랬더라면 그 학생은 수업을 이수했는지도 모른다. 그랬더라면 결과는 조금이라도 달라졌을까? 그랬을 수도 있고 아닐지도 모른다.

스탠퍼드대학교는 학생들의 자살을 일반에 알리지 않는다. 그래서 나는 믿음직한 동료 한 사람과 수업에서 그 학생의 조교를 담당했던 대학원생에게만 이 사실을 알렸다. 비록 이 경험에 대해 이야기하지는 않았지만 아쉬움은 계속 마음에 남았고, 결국 나 혼자만의 수치심으로 변해 마음 한편에 머물렀다.

세월이 지난 후에야 비로소 나는 친한 친구로 지내는 동료에게 이 이야기를 털어났고, 이 경험이 나의 교육관 또는 교습 태도 형성에 얼마나 근본적인 영향을 미쳤는지 깨달았다. 학생이 사망한 이후에 나는 힘들어하는 학생들을 돕는 데 헌신해왔다. 단 한 번의 학업 실패가 미래를 제한하거나 능력을 정의하지 않는다고 학생들에게 이해시키는 일을 내 인생의 목표로 삼았다. 내가 수용한 첫 번째 정책은 성적이나 과제에 대해 논의하기에 앞서 모든 학생을 하나의 인간으로 바라보는 것이었다. 나는 내 수업을 돕는 조교들에게도 이 교육 철학을 주입하려고 노력했고 내가 진행하는 강의에서 모든 학사 정책의 제1원칙으로 삼았다.

　놀랍게도 교육의 의미 찾기를 주제로 열린 커뮤니티 대학 교수들과의 최근 워크숍에서도 나는 이 이야기를 털어놨다. 내 교육 경력에서 가장 의미 있는 경험에 대해 생각하면 이 일화가 가장 먼저 떠올랐다. 그렇지만 사실은 시간을 되돌려 이 사건의 발생을 막을 도리가 없어서 못내 아쉬웠다.

　로체스터대학교의 내과 전문의를 위한 프로그램은 시간을 내서 이런 대화를 나누는 게 얼마나 중요한지 입증해준다. 스트레스에 대해 이야기하는 방식은 매우 중요한 문제다. 대부분의 직장과 가정을 비롯해 여러 공동체에서 스트레스에 대해 이야기하는 방식은 우리의 행복을 지원하는 데 거의 도움이 되지 않는다. 어쩌면 우리는 스트레스에 대해 가볍게 불평하면서 스트레스 없는 삶이라는 환상을 강화시키는지도 모른다. 아니면 힘겨운 몸부림에서 배울 수 있는 교훈이 무엇인지 깊이 생각하기보다는 그저 감정을 분출하고 만다. 때로는 고통을 허심탄회하게 이야기하고 나면 으레 상처받기 쉬운 상태가 되는 게 싫어서 벙어리 냉가슴 앓듯 지내기로 작정해버린다.

　여러분에게 바라건대 스트레스에 대해 이야기하면 사고방식에 대한 마음챙김을 실천한다고 생각하고 주의를 기울이기 시작했으면 좋겠다. 생각해보면 현재 직면한 도전에 대해, 그중에서도 특히 개인적으로 의미 있는 역할과 관계에서 겪게 되는 시련을 숨김없이 이야기할 기회가 언제 있겠는가.

내 수업을 들은 패트리샤Patricia는 강의 내용에 영감을 받아 딸인 줄리Julie와 함께 스트레스에 대해 대화를 나눴다. 줄리와 그녀의 남편 스티븐Stephen은 한 살짜리 아기의 위탁 부모 일을 하고 있었는데, 아기의 생물학적인 엄마는 노숙자에 마약중독자라서 아기를 돌볼 여력이 없었다. 이 부부는 병원에서 아기를 데려와서 입양 준비를 마쳤다. 하지만 친모가 친권을 포기해주기만을 기다리느라 1년을 허비했다. 기다리는 동안 생물학적 엄마와 조부모들의 방문, 가정환경 검사, 법원 출두, 사회복지사 면담 등이 쉴 새 없이 이어졌다. 줄리와 스티븐은 자신들이 아이의 부모라고 느끼고 있었지만 실제로 아기를 키우게 될지는 확신할 수 없었다.

줄리는 마음이 어찌나 힘들었는지 의사에게 우울증 약을 처방받으면 어떨지 고민할 정도였다. 완전히 기진맥진한 기분이었고 희망을 점점 잃어가기 시작했다. 패트리샤가 보기에 줄리는 천성이 강인해서 그처럼 괴로운 절차도 너끈히 감당해낼 수 있는 그런 딸이었다. 그래서 패트리샤는 스트레스를 대하는 사고방식에 대해, 그중에서도 특히 줄리가 스스로 선택한 도전을 잘 해낼 수 있다는 생각에 대해 딸과 이야기를 나누기로 결심했다.

두 사람은 이 절차가 줄리와 남편에게 얼마나 중요한지 이야기했다. 위탁 부모가 되겠다고 결심한 개인적인 이유와, 이 아이를 위해 누군가가 나서서 이 스트레스 받는 절차를 기꺼이 수행해야 한다는 개인적인 믿음을 떠올리게 했다. 모녀는 딸과 사위가 특별히 이 아이를 맡기로 결심한 원인이 무엇인지에 관해서 이야기했다. 더불어 스트레스가 많은 한 해를 더 큰 맥락에서 바라볼 수 있는 관점을 찾아냈다.

줄리와 스티븐은 비록 결과를 통제할 수는 없었지만 아무리 힘들더라도 포기하지 않고 끝까지 버티는 편이 낫다는 사실을 알고 있었다. 그러므로 자신들이 조정할 수 있는 조치를 취하기 시작했다. 가령 위탁 부모를 위한 후원 단체에 가입하고 입양 절차를 순조롭게 진행하기 위해 필요한 모든 일을 열심히 처리하는 것이었다. 패트리샤와 줄리가 나눈 대화와 그로 인해 야기된 긍정적인 변화 덕분에 줄리는 항우울제를 복용하고 싶은 기분이 더 이상 들지 않았다. 입양 절차가 무사히 마무리 됐다는 소식으로 이 이야기를 예쁘게 마무리 짓고 싶긴 하지만, 내가 이 글을 쓸 때만 해도 스트레스 많고 의미 깊은 이 절차는 아직 진행 중이었다.

소중한 사람들과 함께 스트레스에 대해 이야기하는 것은 무척 중요하다. 우리가 감당할 수 있는 일이 무엇인지 알아보는 한 가지 방법은 다른 사람들의 시선을 빌리는 것이다. 그들을 대신해 그리고 그들과 함께 이 관점을 취한다면 여러분은 그 사람들이 자신의 장점을 발견하도록 도울 뿐만 아니라 그들에게 이 힘든 노력의 목적을 상기시켜줄 수 있다.

스트레스를 피해버린 대가

일상생활을 되돌아보면 스트레스가 아주 많은 하루가 떠오르면서 이런 생각이 든다.

"흠, 이번 주에 제일 마음에 드는 날은 아니었어."

일이 잘 풀리지 않는 어느 날이면 스트레스를 조금이라도 덜 받은 과거의 어떤 하루를 그리워할 것이다. 하지만 자신의 삶을 조금 더 광범위한 시각으로 바라보고 스트레스를 받았던 날들을 모두 제하고 나면 자신이 이상적인 삶을 산다는 생각은 들지 않을 것이다. 그러다 보면 자신의 성장에 도움이 된 경험과 가장 자랑스러워하는 도전, 자신의 본질을 설명하는 인간관계들마저 다 제거하게 된다. 여러분은 불쾌한 뭔가를 제거한 것이었겠지만 그와 동시에 의미 있는 것들도 함께 없애버리는 셈이다.

스트레스 없는 삶을 소망하는 것은 전혀 보기 드문 일이 아니다. 그런데 비록 이 욕망이 자연스럽다고는 하나 이를 추구하다 보면 엄청난 대가를 치르게 된다. 스트레스에 수반되는 수많은 부정적인 결과들은 사실상 스트레스를 피하려는 노력 때문에 발생한다. 심리학자들이 알아낸 바에 따르면 스트레스를 피하려고 노력하다 보면 삶의 만족감과 행복감이 크게 줄어들고 만다.[21] 또한 스트레스 피하기는 자신을 고립시키는 행위이기도 하다. 일본 도시샤대학교 학생들을 대상으로 한 연구 결과 스트레스를 피하겠다는 목표는 시간이 흐르면서 유대감과 소속감을 급격히 떨어뜨리는 것으로 드러났다.[22] 그런 목표는 사람의 심신을 지치게 한다. 취리히대학교 연구원들은 학생들에게 목표에 대해 질문한 다음 1개월 동안 그 학생들을 추적하는 실험을 했다.[23] 일반적으로 스트레스를 받는 두 번의 기간, 기말고사와 겨울방학 동안 스트레스를 피하겠다는 욕망이 가장 강한 학생들은 집중력과 신체 에너지 및 자제력이 감소했다고 응답하는 경향이 가장 컸다.

캘리포니아 주 팔로 알토Palo Alto에 위치한 미 보훈부에서 10년 동안 1,000명 이상의 성인을 추적 조사한 결과가 있다. 연구 초반에 연구원들은 실험참가자들에게 스트레스 대처 방법에 대해 물었다. 스트레스를 피하려고 노력한다고 대답한 사람들은 향후 10년 동안 우울해지는 경향이 더 높았다. 게다가 직장과 가정에서의 갈등도 높아졌고 화재를 당하거나 이혼을 하는 등의 부정적인 결과도 더 많아졌다. 무엇보다 스트레스를 피하면 우울증이나 갈등 그리고 연구 초반에 보고된 증상이나 어려움 외에도 여러 가지 부정적 사건이 증가하는 것으로 나타났다. 실험 참가 당시의 연령과 관계없이 스트레스를 회피하는 경향은 이후 10년 동안 참가자들이 처한 상황을 더 악화시켰다.[24]

심리학자들은 이 악순환을 '스트레스 유발stress generation'이라고 부른다. 스트레스를 피하려고 노력하다 생기는 결과는 매우 역설적이다. 다시 말해 스트레스의 원천을 더 많이 만들어내는 한편 용기를 북돋아줄 만한 자원은 고갈시키고 만다. 스트레스가 차곡차곡 쌓이다 보면 점점 주눅이 들고 고립돼가고 회피성 대응 전략에 의존할 가능성마저 높아진다. 스트레스를 받는 상황을 멀리하려고 한다든가 자멸적인 기분 전환을 통해 현재의 기분에서 벗어나려고 하는 것이다.

스트레스를 피하는 데 더 단호하게 몰입할수록 이 악순환에 빠진 자신을 발견할 가능성은 더 커진다. 심리학자 리처드 라이언Richard Ryan, 베로니카 후타Veronika Huta, 에드워드 데시Edward Deci가 『행복의 탐구The Exploration of Happiness』에서 설명했듯이, 쾌락을 극대화하고 고통을 피하려는 목표가 더욱 분명해질수록 깊이와 의미 및 공동체가 결여된 삶을 만들어낼 가능성이 커진다.[25]

:: 스트레스의 재발견: 스트레스를 회피한 대가는 무엇인가? ::

스트레스 피하기는 비록 합리적인 전략처럼 보이기는 하지만 대부분의 경우에 역효과
만 일으킨다. 스트레스를 포용하는 장점 가운데 하나는 목표를 추구하고 어렵지만 의
미 있는 경험을 견뎌낼 힘을 발견하는 것이다. 아래에 제시한 사고방식 연습은 생활
속의 스트레스를 피하려고 하면 대가를 치르게 된다는 사실을 인식하는 데 도움이 된
다. 시간을 잠시 들여 자신의 경험과 관련 있어 보이는 문항에 맞게 글을 써보자.

1. **잃어버린 기회**: 어떤 사건이나 경험, 활동, 역할 또는 기타 기회들을 너무 스트레스
   를 준다거나 줄 것 같다는 이유로 거절하거나 자신의 삶에서 차단했는가?
   - 여러분의 삶은 이런 선택으로 인해 향상됐는가 아니면 편협해졌는가?
   - 이런 기회들을 잃어버려서 치른 대가는 무엇인가?

2. **회피성 대응**: 삶의 스트레스와 관계있는 생각과 느낌을 피하거나 제거하거나 무감
   각하게 만들고 싶을 때 어떤 활동이나 도피처로 눈을 돌리는가?
   - 이 회피 전략들은 시간, 에너지, 인생을 잘 활용하는가? 이 회피 전략들은 의미를
     강화시키거나 여러분의 성장에 도움이 되는가?
   - 이 회피 전략들 가운데 자멸적인 것이 있는가?

3. **미래를 제약하기**: 스트레스를 두려워하지 않을 때 누릴 수 있는 혜택이 있다면, 여러
   분이 실행하거나 경험하거나 수용하거나 변화시키고 싶은 것이 있는가?
   - 이 가능성 중 무엇이라도 추구한다면 여러분의 삶은 어떻게 향상될 것 같은가?
   - 어떤 가능성도 추구하지 않겠다고 결심한다면 어떤 대가를 치르는가?

누구에게나 에베레스트 산은 있다

앞에서 언급한 앨리아 크럼은 객실 청소부들로 하여금 스스로를 운동하는 사람이라고 생각하게 만들었으며, 지금은 스트레스에 대한 사람들의 사고방식을 변화시키려고 부단히 노력하고 있다. 그녀는 강연에서 청중들에게 자신이 하는 일을 설명할 때면 대학원 시절의 일화를 들려주곤 한다. 어느 날 밤 그녀는 혼자 예일대학교 심리학과 사무실에 남아 늦게까지 연구에 매진하고 있었다. 끝없이 이어지는 자기회의에 빠진 채 자신의 연구 프로젝트에 대해 그리고 그 프로젝트를 과연 끝낼 수 있을지에 대해 걱정하던 차였다.

그때 누군가 노크를 했다. 문을 열고 들여다본 사람은 심리학과의 컴퓨터 기술자였다. 크럼이 미처 입을 열기도 전에 그는 이렇게 말했다.

"여느 때처럼 오늘도 에베레스트 산 기슭에서 춥고 어두운 밤을 보내시네요."

그러고는 문을 닫고 총총히 자리를 떴다. 2주 뒤 크럼은 침대에 누워 눈을 말똥말똥 뜬 채 그가 한 말을 다시 떠올렸다.

'에베레스트를 등반한다면 날씨가 추울 거라고 상상하겠지. 어두운 밤들이 찾아올 테고 몸이 지칠 거야.'

크럼은 이렇게 생각했다.

'꽤나 비참하겠지. 하지만 당연한 거 아냐? 에베레스트를 올라가는 중이잖아.'

그녀에게 인생의 그 시기는 논문 완성이 곧 에베레스트 산이었다. 그녀는 논문을 잘 끝낼 수 있을지 확신이 서지 않았다. 하지만 그 일은 차갑고 어두운 밤들을 견뎌내야 할 만큼 중요한 도전이었다.

누구에게나 에베레스트 산은 있다. 그 산을 오르는 것이 여러분 스스로 선택한 일이든 아니면 어쩌다 보니 처한 상황이든 간에 중요한 여정이 한창 진행되고 있다. 그 와중에 한 등반가가 에베레스트 로체Lhotse 산자락의 빙벽을 오르며 이렇게 말하는 장면을 상상할 수 있겠는가?

"아, 정말 성가시네!"

또는 에베레스트 '죽음의 지대'라 불리는 촐라체Cholatse에서 첫날 밤을 보내며 이렇게 생각할까?

'굳이 이런 스트레스를 받아야 하나?'

등반가는 자신이 받는 스트레스의 전후사정을 이해한다. 이 스트레스는 그에게 개인적인 의미가 있다. 자신이 선택했기 때문이다. 스트레스의 전후사정이 존재한다는 사실을 잊어버리면 삶의 스트레스에 희생되는 것 같은 기분이 들기 쉽다. 여느 때처럼 에베레스트 산 기슭에서 보내는 춥고 어두운 밤은 스트레스의 역설을 기억하는 한 가지 방법이다. 인생에서 가장 의미 있는 도전에는 어두운 밤들이 계속해서 따라올 것이다.

스트레스를 피하려는 노력의 가장 큰 문제는 스트레스가 인생과 자신에 대한 우리의 관점을 바꿔버리는 방식이다. 한마디로 인생에서 스트레스를 야기하는 것은 무엇이든 문제처럼 보이기 시작한다. 만약 직장에서 스트레스를 겪는다면 자기가 하는 일에 뭔가 잘못된 점이 있다고 생각한다. 만약 결혼 생활에서 스트레스를 겪는다면 배우자와의 관계에 문제가 있다고 생각한다. 만약 부모로서 스트레스를 겪는다면 육아법이나 자녀에게 문제가 있다고 생각한다. 만약 변화를 만들려는 노력이 스트레스를 불러일으킨다면 자신의 목표에 잘못된 점이 있다고 생각한다.

삶이 지금보다 스트레스가 적어야 한다고 생각할 때 스트레스를 받으면 자신이 부족하다는 신호처럼 보이기도 한다. 대단히 강하거나 똑똑하거나 훌륭한 사람이라면 스트레스를 받지 않는다고 생각하는 것이다. 이때 스트레스는 자신이 인간이라는 증거가 아니라 실패했다는 신호가 된다. 이런 식의 사고방식은 스트레스를 해롭다고 생각하면 왜 우울증에 걸릴 위험이 증가되는지 어느 정도 설명해주기도 한다. 이 사고방식을 가지면 당황스럽고 절망적인 기분이 들기 쉽다.

스트레스와 의미 사이의 관계를 보기로 결정하면 자신의 삶이 어딘가 잘못됐다거나 눈앞의 도전에 맞서기에는 자신이 부족하다는 불평 어린 생각에서 벗어날 수 있다. 비록 좌절감을 느끼는 순간에 매번 목적의식으로 가득 차지는 않더라도 스트레스와 의미는 삶의 더 큰 맥락 속에서 필연적으로 서로 연결돼 있다. 이런 관점으로 살아간다면 생활 속의 스트레스는 지금보다 줄어들되 그 의미는 한층 풍성해질 것이다.

스트레스를 능숙하게 다룬다는 것

1975년에 시카고대학교의 심리학자 살바토레 매디Salvatore Maddi는 스트레스가 벨Bell 전화 회사 직원들에게 미친 장기적인 영향에 대해 연구하기 시작했다. 이는 원래 단순한 종단 연구로 기획됐지만 1981년 이 회사는 큰 지각

변동을 맞았다. 의회에서 '통신 산업 경쟁과 규제 폐지에 관한 법안'을 통과시키는 바람에 산업 전체가 격변에 휩싸인 것이다. 1년 뒤 이 회사는 노동자의 절반을 해고했다. 회사에 남은 직원들도 고용이 불안정했고 담당하는 역할이 달라졌으며 노동 부담도 늘어났다. 매디는 이렇게 회상했다.

"한 관리자에 따르면 1년 동안 관리자를 아홉 번 교체했지만 자신도 그들도 무슨 일을 해야 하는지 알지 못했다."[26]

어떤 직원들은 부담감에 지쳐 건강에 이상이 생기고 우울증에 걸렸다. 그런데 다른 직원들은 성공적으로 적응해 새로운 목적의식도 찾고 행복감도 강화됐다. 매디는 이 직원들을 오랫동안 연구해왔기 때문에 숱하게 많은 심리검사, 성격 분석표, 면담 자료를 비롯해 그 밖의 개인 정보를 갖고 있었다. 그와 동료들은 직원 파일에서 그들이 스트레스에 어떻게 반응했는지 예측할 수 있는 단서를 찾기 시작했다.

스트레스를 받는 상황에서 성공을 거둔 사람들에 관해 몇 가지 눈에 띄는 사항이 발견됐다. 첫째, 그들은 스트레스에 대해 다르게 생각했다. 스트레스를 평범한 삶의 한 측면으로 바라봤으며, 완벽하게 기분 좋고 안전한 삶이 가능하다거나 심지어 바람직하다고 믿지 않았다. 그 대신 스트레스를 성장의 기회로 생각했다. 스트레스를 인정하는 경향이 비교적 높았고 힘겨운 노력을 최악의 상황으로 향하는 재앙처럼 생각하는 경향이 적었다. 이들은 어려운 시기일수록 포기하거나 스스로 고립되기보다는 충실한 삶을 계속 이어갈 필요가 있다고 믿었다. 어떤 환경에 처하든지 끊임없이 선택을 내려야 한다고도 믿었다.

이 선택은 상황을 바꿀 수 있는 것 또는 그것이 여의치 않으면 상황이 자신에게 영향을 미치는 방식을 바꿀 수 있는 것이다. 이런 태도를 취하는 사람들은 스트레스를 느끼는 동안 어떤 조치를 취하고 다른 사람들과 연계할 가능성이 크다. 이에 비해 적대적이거나 자기방어적인 태도를 취하게 될 가능성은 적다. 그리고 신체적·정서적·정신적으로 자신을 소중히 가꾸는 경향이 크다. 이들은 힘을 비축해뒀다가 삶의 도전에 직면할 때 여기서 도움을 얻었다.

매디는 이런 태도와 대응 전략의 집합을 스트레스의 '내성hardiness'이라고 부르면서 "스트레스를 딛고 성장하는 용기"라고 정의했다.[27]

벨 전화 회사에 대한 연구 이후로 스트레스 내성의 이점은 법조계와 의료계에서부터 과학, 교육, 스포츠에 이르는 다양한 직업군은 물론이고 군대 배치, 이주, 극빈층의 삶과 같은 수많은 상황을 통해 기록됐다.

스트레스 내성의 이점은 심지어 극단적인 상황은 물론이고 1980년에 벨 전화 회사가 직면한 경제 붕괴보다 훨씬 심각한 위기를 겪고 있는 세계 곳곳에서 관찰되기도 한다. 하버드대 보건대학원에서 아동보건 및 인권을 전공한 테레사 베탄코트Theresa Betancourt 교수는 2002년에 서아프리카 시에라리온Sierra Leone에 처음 방문했다. 베탄코트는 소년병으로 강제 징병된 아이들과 함께 작업하기 위해 그곳으로 갔다. 이 아이들 중 일부는 인간 방패와 위안부로 이용당했고 일부는 가족들을 죽이거나 강간을 저지르도록 강요당했다. 베탄코트는 이렇게 말했다.

"소년병이라고 하면 어떤 식으로든 심각하게 망가진 아이들이라고 흔히 생각합니다. 하지만 내가 본 모습은 정반대였어요. 회복력을 보여주는 굉장한 이야기들이지요."[28]

예전에 소년병으로 복무했던 아이들은 학교로 돌아가서 의사나 언론인, 교사가 되는 꿈을 품었다. 공무원들은 공동체가 아이들을 공식적으로 용서하고 아이들의 선한 본성을 확인하도록 돕기 위해 정화의식을 거행했다. 가족과 공동체가 상처를 치유하고 앞으로 나아가기 위해 함께 모였다.

그 이후로 베탄코트는 집단학살, 전쟁, 가난, 부패, AIDS로 인해 공동체가 파괴된 수많은 지역에서 현장 연구를 진행했다.[29] 이런 정신적 외상의 결과는 널리 퍼져 있으며 여기에는 여러 가지 징후, 죄의식, 수치심, 공포, 우울증, 불현듯 떠오르는 기억, 공격성 등이 포함된다. 그러나 그녀는 상상할 수 있는 최악의 공포를 이겨낸 생존자들에게서 강인함과 풍부한 지략, 희망을 목격하기도 했다. 이 회복의 씨앗들은 고통과 공존했다.

르완다Rwanda 연장 연구에서 베탄코트는 몇몇 가족들에게 그 지역 사람들이 절망, 걱정, 좌절, 깊은 슬픔을 피하기 위해 어떤 행동을 했는지 설명해달라고 부탁했다. 이 면담에서 몇 가지 주제가 드러났다. 회복력이 뛰어난 사람들은 때때로 강한 심장이라고 불리는 자부심 또는 자신감을 갖고 있다. 이들은 도전에 직면하면 자신감과 용기를 발휘한다. 게다가 회복력이 있는 사람들은 미래와 타인에 대한 믿음이기도 한 인내력을 보이기도 한다.

이들은 희망을 잃지 않으며 문제 속에서 의미를 찾아낸다. 회복력은 비단 개인적인 특질만이 아니라 사회화 과정으로도 보인다. 이 공동체에는 집단적 협력이 있어서 사람들이 어려운 시기에 힘을 합쳐 서로 돕는다.

이는 스트레스를 딛고 성장하는 용기가 전 세계 어디든 보편적이라는 것을 입증한다. 인내하는 힘, 다른 사람들과 연결되고 싶은 본능, 역경 속에서 희망과 의미를 찾아내는 능력 등은 인간이 갖춘 기본적인 역량이다. 이 힘은 여러분이 어떤 사람이든 어떤 환경에 처해 있든 상관없이 스트레스를 받으면 솟아난다.

살바토레 매디가 벨 전화 회사 직원들을 대상으로 스트레스 내성에 대해 처음 설명한 이래 심리학자들은 스트레스에 능숙한 것을 설명하기 위해 여러 가지 표현들을 만들어냈다. 성장의 사고방식, 회복력resilience, 내재적 동기intrinsic motivation, 끈기tenacity의 앞 글자를 딴 '기개grit', '학습된 낙관주의learned optimism', '외상 후 성장post-traumatic growth', '전환과 지속shift-and-persist' 등이다. 그리고 우리는 이런 태도를 함양하는 방법에 대해 훨씬 더 많은 내용을 배웠다. 스트레스에 능숙해지는 것이 무엇인지에 대한 매디의 정의, 즉 "스트레스를 딛고 성장하는 용기"는 회복력을 설명하는 말 중에서 내가 가장 좋아하는 것이기도 하다.

이 말은 우리가 생활 속의 스트레스를 늘 통제할 수는 없지만 스트레스와 우리의 관계를 선택할 수는 있다고 상기시켜준다. 그리고 스트레스를 인정하는 것이 용감한 행동이라고, 불쾌함을 포기하는 대신 의미를 선택하는 용기 있는 행동이라고 인정한다.

이것이 바로 스트레스에 능숙해진다는 의미다. 그렇다고 역경에 동요되지 않는다거나 어려움에도 냉정을 잃지 않아야 한다는 뜻은 아니다. 스트레스를 통해 여러분의 내면에서 용기, 관계, 성장이라는 인간의 가장 중요한 힘을 깨우치라는 얘기다. 혹사당하는 회사 간부의 내면에서든 전쟁에 짓밟힌 공동체 속에서든 회복력을 바라볼 때면 같은 주제가 떠오른다. 스트레스에 능숙한 사람들은 스트레스 경험을 통해 자신이 변화하도록 허락한다는 것이다.

이들은 자신에 대한 기본적 신뢰감과, 자신보다 더 큰 존재와의 유대감을 유지한다. 그리고 고통에서 의미를 만들어내는 방법을 찾아낸다. 스트레스에 능숙하다는 것은 스트레스를 회피한다는 뜻이 아니라, 스트레스가 자신을 전환시키는 과정에서 적극적인 역할을 담당한다는 뜻이다.

이제부터 이 책에서는 여러분이 이런 특성을 개발하도록 돕는 내용이 나오게 된다. 스트레스의 장점 그리고 여러분이 뭔가를 시작하고 관계를 맺으며 성장하는 데 스트레스가 어떻게 도움이 되는지를 입증하는 과학적 연구에 대해 계속 살펴볼 것이다.

하지만 보다 중요한 것은 스트레스에 능숙해지는 방법을 살펴보는 일이다. 우리는 스트레스의 에너지를 활용하는 법, 스트레스가 연민의 촉매제가 되도록 만드는 법, 가장 힘든 경험 속에서도 장점을 발견하는 법에 대해 탐구할 것이다. 이런 것들이 가능하다면 여러분은 스트레스를 피해야 할 존재에서 활용 가능한 존재로 전환할 수 있게 된다.

THE UPSIDE

제2부

스트레스 사용법

스트레스를 내 편으로 만드는 기술

제4장

마주하기

불안은 어떻게 내 능력을 키우는가

 여러분이 수백 명의 직원을 둔 조직에서 일하고 있는데, 잠시 후 전 직원 앞에서 프레젠테이션을 한다고 상상해보자. CEO 및 모든 임원들도 참석할 예정이다. 여러분은 1주일 내내 이 발표에 대해 걱정해왔고 지금은 심장이 쿵쿵 고동치고 있다. 손바닥은 땀으로 촉촉이 젖었고 입술은 바짝 타들어 간다.

 이 순간에 취할 가장 좋은 행동은 무엇일까? 진정하려고 노력하는 것일까 아니면 마음이 들뜨도록 노력하는 것일까? 하버드대 경영대학원 교수 앨리슨 우드 브룩스Alison Wood Brooks가 수백 명의 사람들에게 이 질문을 던졌을 때 만장일치에 가까운 대답이 나왔다. 91퍼센트가 진정하려고 노력하는 말이 최고의 조언이라고 생각했던 것이다.

 여러분도 자신에게나 다른 사람들에게나 스트레스를 받은 순간 마음을 가라앉히지 않으면 일을 망쳐버릴 거라고 말해왔을 것이다. 대부분의 사람들이 이렇게 믿기 때문이다. 그런데 이 말은 사실일까? 진정하려고 노력하는 것이 스트레스 상황에서 맡은 일을 수행하는 최고의 전략일까? 아니면 불안감을 포용하는 편이 더 나을까?

브룩스는 이를 밝혀내기 위해 한 가지 실험을 고안했다. 연설을 앞둔 일부 사람들에게 '나는 차분하다'라고 생각함으로써 마음을 누그러뜨리고 신경을 안정시키라고 말했다.[1] 나머지 사람들에게는 불안감을 그대로 받아들이고 '나는 들떠 있다'라고 마음속으로 되뇌라고 일러줬다.

어떤 전략도 불안감을 없애지는 못했다. 두 집단 모두 연설을 앞두고 여전히 긴장한 상태였다. 그러나 '나는 들떠 있다'라고 생각한 참가자들은 압박감에 더 잘 대처할 수 있다고 생각했다. 불안하긴 하지만 자신이 좋은 연설을 할 수 있다고 확신했다.

그렇다면 청중에게 그것이 제대로 전달됐을까? 그렇다. 연설을 지켜본 사람들은 진정하려고 노력한 사람들에 비해 들떠 있는 사람들의 발표가 훨씬 설득력이 있고 확신에 차 있으며 유능했다고 평가했다. 마음가짐에 한 가지 변화가 일어난 덕분에 그들은 불안감을 전환시켜 스트레스 상황에서 맡은 일을 잘 수행하는 데 도움을 주는 에너지로 만들어냈다.

스트레스 상황에서 최고의 전략은 마음을 안정시키는 것이라고 수많은 사람들이 알고 있지만 실상은 그 반대다. 인생에서 가장 중요한 시험을 앞둔 학생이든 선수 경력에서 가장 힘든 경기에 나서야 하는 프로 운동선수든지 간에 스트레스를 기꺼이 받아들이면 자신감이 솟아나고 성과를 향상시킬 수 있다. 이제 불안감을 포용하면 여러분이 도전에서 능력을 발휘하는 데 어떻게 도움이 되는지 살펴볼 것이다. 그리고 평범한 공포 반응을 용기가 날 때의 생리적 반응으로 전환시키는 데 어떻게 도움이 되는지도 설명할 것이다. 또한 위협을 기회로, 정지 상태를 행동으로 전환시키는 전략에 대해서도 생각해볼 것이다.

무엇을 해야 할지, 어떻게 해야 할지, 실행할 능력이 있는지 모르는 상황에서도 스트레스를 포용하면 아무리 고통스러워도 계속 견뎌낼 힘을 발견할 수 있다. 이번 장은 스트레스로 인해 당황스럽거나 무기력한 기분이 드는 시기에 필요한 치료법이다. 스트레스를 더 이상 거부하지 않는다면 스트레스는 연료를 제공해줄 것이다.

흥분할 것인가, 무너질 것인가

로체스터대학교 심리학 교수 제러미 제이미슨Jeremy Jamieson의 연구실에서 가장 먼저 눈에 띄는 것은 벽 한쪽을 다 차지하고 있는 미국 지도다. 이 지도는 전국의 양조장을 모조리 표시하고 있다. 심지어 이름 없는 소형 맥주 양조장들까지 망라해놨다. 맥주 전문가이기도 한 그에 따르면 교수로서 당연한 한 가지 임무는 학생들이 버드와이저 이외의 맥주에 흥미를 느끼도록 만드는 일이다.

제이미슨은 콜비대학 재학 중에 축구 선수로 활약했는데, 그 시절 한 가지 신기하게 생각한 현상이 있었다. 같은 팀 동료들은 시합 전에 느끼는 스트레스를 '흥분'되고 '들뜬' 상태라고 묘사했다. 심지어 이들은 아드레날린이 운동에 도움이 된다고 알고 있었으므로 그 분비량을 늘리려고 노력했다. 그런데 시험을 보기 전에는 이와 동일한 아드레날린에 대해 이야기하면서도 표현은 완전히 달랐다. 이번에는 '긴장감', '불안감', '압박감'으로 질식할 것 같은 상태라고 묘사한 것이다.

제이미슨은 궁금해졌다. 사실 똑같은 아드레날린이 아니던가? 두 경우 모두 스트레스가 팀 동료들에게 맡은 일을 수행할 에너지를 제공했다. 그렇다면 왜 선수들은 경기장에서의 스트레스는 유익하다고 본 반면 시험 전의 스트레스는 도움이 되지 않는다고 생각했을까?

이 호기심은 풀리지 않은 채 그가 대학원에 진학해 독자적인 연구를 수행하기 시작할 때까지 지속됐다. 그는 사람들이 임무를 수행하기 전에 느끼는 초조함을 두려워하는 것은 스트레스에 대한 부정적인 믿음에 기인한다고 의심하기 시작했다. 스트레스가 얼마나 나쁜지에 대한 정보들이 홍수처럼 넘쳐나기 때문이라고 생각했다.

하지만 그 믿음은 우리의 스트레스 반응이 대부분 정말로 유용하다는 사실을 나타내지 못한다. 심지어 마음을 가라앉히는 편이 분명히 도움이 되는 상황에서조차 흥분을 느껴야 압박감 속에서도 더 좋은 성과를 올릴 수 있다. 예를 들어 시험 기간에 아드레날린 분비가 급격히 늘어난 학생들은 비교적 차분한 동급생에 비해 좋은 성과를 거뒀다.[2] 적군의 심문을 받는 동안 스트레스 호르몬인 코르티솔의 분비량이 가장 많이 늘어난 해병대원은 적에게 유용한 정보를 털어놓을 가능성이 적었다.[3] 그리고 훈련에서 인질 협상 중에 심장박동 수가 가장 많이 증가한 연방 집행관들은 인질에게 우발적으로 총을 쏠 가능성이 가장 낮았다.[4] 약간의 아드레날린은 임무 수행 능력을 개선시키는 반면 지나치게 많은 아드레날린은 수행력을 손상시킨다는 대다수의 믿음에도 불구하고 실상은 이와 다르다. 압박감을 받으며 임무를 수행할 때 스트레스를 느끼는 것은 안정감을 느끼는 것보다 낫다.

제이미슨은 스트레스가 유해하다는 관점 때문에 스트레스를 사실 그대로의 자원으로 활용하는 능력에 지장이 생긴다고 짐작했다. 만약 스트레스의 효과에 대한 기존의 생각을 바꿀 수만 있다면 사람들이 압박감을 받는 상황에서 스트레스를 활용해 더 나은 실적을 올릴 수 있다고 생각했다.

우선 제이미슨은 박사과정 프로그램 입학 자격시험인 GRE를 준비하는 대학생들을 상대로 자신의 이론을 실험했다. 그는 학생들을 교실로 불러 연습 시험을 보게 했다. 시험 전에 학생들의 타액 샘플을 채취해 스트레스 반응의 기준 측정치를 설정했다. 그리고 학생들에게는 생리적인 스트레스 반응이 성과에 미치는 영향을 시험하는 것이 연구의 목적이라고 일러뒀다. 그러고는 학생들 절반에게 가벼운 격려의 말을 건넴으로써 시험 전의 긴장감에 대해 다시 생각할 수 있도록 도왔다.

> 사람들은 표준화 시험을 치르는 동안 긴장하면 성적이 좋지 않게 나온다고 생각한다. 하지만 최근의 연구에 따르면 스트레스는 이런 시험의 성적에 해를 끼치지 않으며 오히려 좋은 성적이 나오도록 도울 수 있다. 시험을 보는 동안 불안감을 느끼는 사람들은 실제로 더 나은 성적을 거두기도 한다. 이 말은 오늘 시험을 보는 동안 불안감을 느낀다면 걱정할 필요가 없다는 뜻이다. 만약 마음이 불안해지거든 그저 스트레스가 성공에 도움이 될 수 있음을 기억하자.[5]

제이미슨은 이 메시지가 학생들의 성적을 향상시켜주기를 기대했다. 그리고 이 방법은 성공적이었다. 사고방식 중재를 받아들인 학생들은 통제 집단에 비해 연습 시험에서 더 나은 성적을 기록했다. 중요한 것은 이 점수의 차이가 수학적 능력의 차이에 기인한다고 믿을 이유는 전혀 없다는 점이다. 학생들은 사고방식 조건을 받아들이는 집단과 그렇지 않은 집단으로 무작위하게 배정됐고 두 집단은 SAT 점수나 대학 학점에서도 차이가 없었다. 그 대신 마치 불안감을 그대로 받아들이는 것이 최고의 성과를 거두는 데 유용한 것처럼 보였다.

그러나 격려의 말을 들은 사람들이 뛰어난 성적을 거뒀다는 사실은 다른 방식으로 설명할 수도 있다. 제이미슨의 불안감에 관한 메시지는 사람의 마음을 안정시킨다. 만약 그 메시지가 학생들의 스트레스 활용을 돕지 않고 단순히 학생들의 마음을 가라앉히기만 했다면 어떻게 될까? 이 가능성을 조사하기 위해 제이미슨은 시험이 끝난 뒤에 학생들의 두 번째 타액 샘플을 채취했다. 만약 중재가 참가자들의 마음을 가라앉혔다면 그들의 스트레스 호르몬 지수는 시험을 보기 전보다 낮아져야만 했다. 반면 중재가 참가자들의 초조함을 이용하도록 도와줬다면 스트레스 호르몬 지수는 시험을 보기 전과 동일하거나 훨씬 높아야 했다.

사실은 곧 입증됐다. 사고방식 메시지를 받은 집단은 스트레스로 인한 교감신경 활성화의 척도인 알파 아밀레이스_a-amylase_ 분비 수준이 더 높았다. 이 메시지는 학생들을 신체적으로 안정시키지 못했다. 스트레스가 줄어들기는커녕 증가했다. 하지만 흥미로운 사실은 스트레스와 성과의 관계였다. 신체 스트레스 반응이 강해지면 시험 점수가 향상됐다. 다만 이는 사고방식 중재를 받아들인 학생들의 경우에만 해당됐다. 이 메시지는 학생들이 스트레스를 활용하고 이를 통해 더 나은 성과의 원동력을 제공하는 데 도움이 됐다. 이와 반대로 통제 집단에서는 스트레스 호르몬과 성과 사이에 아무런 관계가 없었다. 스트레스 반응은 어떤 식으로도 도움을 주거나 해를 끼친다고 예측되지 않았다. 사고방식 중재는 성과에 미치는 실효를 변화시킴으로써 학생들이 보이는 신체 상태의 의미를 변화시켰다. 즉, 스트레스가 유용하다고 생각하면 실제로도 그렇게 변화됐다는 것이다.

향후 3개월 동안 학생들은 진짜 GRE 시험을 치렀고 각자의 점수를 제이미슨 연구 팀에 보냈다. 또한 시험을 보는 동안의 감정 상태에 관한 질문들에 대답했다. 실전인 실제 시험은 연습 시험에 비해 훨씬 더 중요한 문제였다. 압박감이 더 심해지면 어떤 일이 벌어질까?

몇 개월 전에 제이미슨의 사고방식 중재를 받은 학생들은 시험을 치르는 동안 통제 집단에 속한 학생들과 전혀 다른 경험을 했다. 시험을 보는 동안 불안감이 반드시 적었던 것은 아니었지만 이들은 불안감에 대해 비교적 걱정하지 않았다. 자신의 능력에 대해 자신감이 더 컸고 불안감이 성과에 도움이 된다고 믿었다. 중요한 사실은 사고방식 중재를 받은 학생들이 통제 집단의 학생들보다 또다시 훨씬 더 좋은 성적을 거뒀다는 점이다. 이번에는 집단간의 차이가 연습 시험 때보다 한결 컸다.

이 연구 결과를 곰곰이 생각해볼 만하다. 학생들이 진짜 GRE 시험을 치르기 몇 개월 전에 연습 시험을 앞두고 들은 몇 마디의 격려가 어쩌면 인생의 방향을 바꿔놓을 만한 영향력을 발휘했다. 바로 이런 이유 때문에 사고방식 중재는 무척 흥미롭다. 제대로 효과를 발휘하면 한 번의 플라시보 효과로 그치지 않기 때문이다. 그 효과가 오랫동안 지속되는 것이다. 제이미슨은 학생들에게 불안감을 받아들이라고 상기시켜주기 위해 실제 시험 날 나타나지는 않았다. 그렇게 할 필요가 없었기 때문이다. 그가 전달한 메시지는 사실인 동시에 유용했으므로 학생들은 어쩐 일인지 그 메시지를 자기 것으로 만들었다.

사고방식 중재는 효과가 지속되기만 하는 것이 아니라 눈덩이처럼 불어나기도 한다. 긴장감에도 불구하고, 아니 어쩌면 긴장감 덕분에 좋은 성과를 거둘 때마다 이 학생들은 압박감 속에서 자신을 신뢰하는 법을 배운다. 만약 불안감을 포용하는 태도가 학생들의 GRE 시험 경험을 변화시켰다면 다른 시험들의 성과에는 어떤 영향을 미칠까? 대학원 입학 면접 동안 그들의 자신감에는 어떤 영향을 미칠까? 대학원의 긴장감 넘치는 환경에서 성공할 수 있는 능력에는 어떤 영향을 미칠까?

비록 제이슨이 GRE 시험 이후 학생들을 추적 조사하지는 않았지만 다른 연구들의 암시에 따르면 불안감을 포용하는 태도는 더욱 광범위한 영향력을 발휘했다. 리스본대학교의 학생들 100명은 시험 기간 동안 일기를 작성했다.[6] 이들은 자신들이 얼마나 많은 불안감을 느꼈고 그 불안감을 어떻게 해석했는지 보고했다. 불안감이 해롭지 않고 유용하다고 판단한 학생들은 감정 고갈이 비교적 적었다. 또한 시험 성적도 더 좋았고 학기말에 더 높은 성적을 얻었다. 결정적으로 불안감이 가장 높을 때 사고방식의 효과가 가장 강하게 나타났다. 긍정적인 사고방식은 불안감을 가장 크게 느끼는 학생들의 감정 고갈을 막았고 그들의 목표 달성을 도왔다.

연구원들은 한 걸음 더 나아가서 스트레스를 일으키는 시험이 끝난 뒤에 학생들이 느끼는 극도의 피로감도 변화시킬 수 있는지 알아봤다. 그들은 힘든 시험을 앞둔 일부 학생들에게 이렇게 말했다.

"스트레스나 불안감을 느끼거든 시험에 최선을 다하기 위해 그 감정들이 자극하는 에너지를 다른 방향으로 돌리거나 활용하려고 노력하세요."

다른 학생들에게는 이렇게 충고했다.

"스트레스나 불안감을 느끼거든 최선을 다하기 위해 그 일에 집중하려고 노력하세요."

마지막 집단의 학생들에게는 이 같은 단순한 말을 건넸다.

"최선을 다해주세요."

시험이 끝난 뒤 학생들은 시험으로 인한 에너지 소모 측정 검사를 받았다. 스트레스와 불안감을 에너지처럼 생각하라고 권유받은 학생들이 느끼는 피로도가 가장 낮게 나타났다. 불안감을 긍정적인 시각으로 바라보면 힘든 일을 하면서도 기진맥진할 가능성이 적어진다. 독일 야콥스대학교 연구원들은 중간 경력의 교사들과 의사들을 1년 동안 추적해 불안감에 대한 태도가 직장에서의 행복감에 영향을 미치는지 살펴봤다. 실험 초반에 교사들과 의사들은 불안감에 대한 견해를 묻는 질문에 응답했다.[7] 그들은 불안감이 에너지와 동기를 부여하는 유용한 존재라고 생각했을까, 유해하다고 생각했을까? 1년이 지난 뒤 불안감을 유용하다고 생각했던 교사들과 의사들은 업무로 인해 녹초가 되거나 좌절하거나 진이 빠질 가능성이 적었다. 다시 말하지만 사고방식의 효과가 가장 강하게 나타난 대상은 불안감을 가장 크게 느낀 사람들이었다. 불안감을 가장 많이 느낀 의사들과 교사들은 불안감을 유용하다고 생각하는 경우에 탈진되지 않았다. 연구원들의 결론에 따르면 스트레스와 불안감을 도전적인 직장생활의 일부로 받아들이는 법을 배운 사람들에게 불안감은 에너지를 고갈시키는 원흉이 아니라 실제로 에너지의 공급원이 될 수 있었다.

여러분은 불안감이 에너지를 고갈시키는 원흉이라고 생각하는가, 아니면 에너지의 원천이라고 생각하는가? 긴장감을 느끼면 자신이 압박감을 제대로 다루지 못하고 있다는 신호처럼 해석하는가, 아니면 신체와 뇌가 준비를 갖추고 있다는 신호로 받아들이는가? 불안감을 흥분되는 일, 에너지, 또는 동기부여로 여긴다면 여러분의 잠재력을 충분히 발휘하는 데 도움이 된다.

: : 스트레스 사용법: 긴장감을 흥분으로 바꾼다 : :

진부한 이야기처럼 들리겠지만, 대부분의 학생들은 불안한 기분이 들 때 자신이 흥분한 상태라고 생각하는 것이 실제로 효과적이었다고 이야기한다. 내 제자인 마리엘라(Mariella)는 최근에 요가 강사가 됐다. 본인이 꿈꾸던 직업이기는 했지만 엄청난 불안감을 야기하는 일이기도 했다. 강의를 시작하기 전에 그녀의 몸에는 온갖 스트레스 증상이 나타났다. 그녀는 이런 느낌들을 언제나 불안감이라고 말했고 자신의 신체 반응이 문제라고 생각했다.

"완전히 정신이 나가버려서 수업을 할 수 없게 될까 걱정하곤 했어요. 언젠가 한번은 시작하기 5분 전에 수업을 취소한 적도 있었어요. 공황발작을 일으킬 것 같았거든요."

마리엘라는 불안감의 신체적 징후에 대해 다시 생각하는 실험을 시작했다.

"내가 느끼는 감각은 달라지지 않았지만 그래도 이렇게 생각했어요. '좋은 증상이야, 내 몸이 수행 능력에 도움을 주려는 거야' 하고요."

수업 전의 긴장감을 흥분으로 표현하는 것은 그녀가 그 에너지를 수업에 쏟는 데 도움이 됐다. 증상을 조절하려고 애써 노력하지 않게 되자 그녀는 학생들에게 관심을 집중할 수 있었고 강의를 한결 즐기기 시작했다. 수업을 시작하기 전이면 언제나 익숙한 불안감이 나타나곤 했지만 더 이상은 정신이 완전히 무너져서 요가를 가르치지 못할 거라는 두려움 때문에 수업을 취소할 필요는 없었다.

회의, 연설, 시합, 시험 같은 커다란 행사를 앞두고 마음이 불안해지면 불안감과 흥분은 종이 한 장 차이라는 사실을 떠올리자. 뉴올리언스대학교 연구원들은 숙련된 스카이다이버들과 잔뜩 긴장한 초보자들에게 심장박동 수 측정기를 채웠는데, 더 숙련된 스카이다이버들이 첫 번째 낙하를 앞둔 사람들에 비해 평온하지 않다는 사실을 알아냈다. 오히려 숙련된 스카이다이버들의 심장박동 수는 낙하하기 전과 낙하하는 동안에 훨씬 더 높았다. 낙하를 하면서 흥분하면 할수록 흥분-쾌락 반응(excite-and-delight response)이 심해졌다. 낙하할 필요가 있고 이를 잘 해내고 싶다면 억지로 마음을 가라앉혀야 한다는 걱정은 하지 말자.[8] 그 대신 긴장감을 그대로 받아들이고 자신이 흥분한 상태라고 생각하며 여러분의 심장이 그 안에 있다는 것을 명심하는 것이다.

꿈을 이뤄주는 새로운 스트레스 과학

오하이오 쿠야호가커뮤니티대학에서 아론 알토스Aaron Altose 교수의 수학 강의 수강생들은 어떤 한 가지 설명으로 규정되지 않는다. 이 수업에는 고등학교를 갓 졸업하고 혼자 아이를 키우는 젊은 엄마들이 학위를 마치려고 복학한 학생들 옆에 앉아 있다. 어떤 수강생들은 퇴근 후 버스를 세 번이나 갈아

타고 수업에 들어온다. 대다수의 학생들이 평생토록 대수방정식을 접해본 적 없지만, 졸업 필수 학점을 따기 위해서는 한 명도 빠짐없이 이 수학 과목을 이수해야 한다. 그리고 이들의 공통점이 하나 더 있는데, 다름 아닌 수학만 떠올리면 불안해지는 증세다.

수학을 두려워하는 학생의 비율이 4년제 대학교는 25퍼센트밖에 되지 않는데 비해 커뮤니티 대학의 경우는 무려 80퍼센트에 달한다.[9] 이 수학 불안증은 악순환을 유발하기도 한다. 불안감으로 인해 학생들은 수학을 회피하고 싶은 마음이 들어 수업을 빼먹고 숙제를 거르며 공부를 미루게 된다. 학생들이 수학을 피할수록 성적은 더 나빠진다. 그리하여 학생들의 불안감만 강화되고 학생들이 수학에 소질이 없다는 확신만 짙어진다. 수학 불안증, 회피, 실패의 순환은 전국 커뮤니티 대학들의 졸업률 저하에 영향을 미치는 심각한 문제다. 커뮤니티 대학에서 보충 수학 강의를 반드시 수강해야 하는 학생들 가운데 강의를 성공적으로 이수하는 비율은 30퍼센트가 안 되므로 70퍼센트 이상이 학위를 받지 못하게 된다.

알토스는 헌신적인 선생님이다. 학내 교수 평가 웹사이트에 올라온 그에 관한 평가에는 이런 찬사도 있다.

"내가 여자 친구에게 답장하는 것보다 더 빨리 회신 메일을 보내십니다."

고등학교 교사로 재직하다가 커뮤니티 대학에서 자리를 잡은 그는 이곳 학생들이 스스로의 삶을 진정으로 변화시키도록 더 많은 도움을 줄 수 있다고 생각한다. 예전에는 자신이 수학을 가르치게 되리라고는 한 번도 생각해 보지 않았다. 대다수의 제자들이 그렇듯 그에게도 대학 신입생 수학 수업은 끔찍한 경험이었다. 그는 내게 이렇게 말했다.

"갈피를 잡지도 못했어요. 수학을 좋아하긴 했지만 강의를 하는 건 정말 자신이 없었죠."

하지만 이후 그는 학교로 돌아가 수학 석사학위를 받은 다음, 맨 처음 자신에게 좌절감을 안긴 그 과목을 가르치겠다고 결심했다.

쿠야호가커뮤니티대학에서 알토스는 수학 과목 수강생들에게 시험 불안증을 줄이는 방법을 알려주고 스트레스 조절법에 대해 조언했다. 숙면의 중요성에 대해서도 강조했고 시험 전에는 이완 운동을 하도록 학생들을 유도했다.

그러나 어느 것도 소용없어 보였다. 그러던 중 2012년에 열린 어느 교육 학회에서 알토스는 제러미 제이미슨을 만났다. 카네기재단이 후원한 이 행사는 연구원들과 교육자들을 연결시켜주려는 취지에서 개최됐다. 제이미슨의 반직관적인 스트레스 사고방식 중재에 흥미를 느낀 알토스는 제이미슨과 손잡고 스트레스 포용이 알토스의 수강생들에게 유용할 것인지를 시험하는 공동 연구를 시작했다.

조심스럽게 시행된 실험의 일환으로 알토스의 학생들 중 일부는 두 번째 수학 시험을 치르기 직전에 스트레스 사고방식 중재를 받았다. 중재 덕분에 스트레스 반응을 긴장감처럼 느끼는 순간에도 업무 능력이 향상되는 것으로 밝혀졌고, 학생들이 시험 시간에 느끼는 불안감을 해롭지 않고 유용하다고 생각하게 됐다.

지금까지의 연구 결과가 입증한 바에 따르면 사고방식 중재는 매우 유용하다. 학생들은 스트레스에 대한 관점을 자발적으로 바꾸고 있다. 언젠가 한 학생이 알토스에게 건넨 이야기처럼 말이다.

"시험을 보기 전에는 기분이 나빠지지만 내 진짜 감정은 조절되는 것 같아요."

중재를 받은 학생들의 시험 점수는 향상됐고 학기말 성적도 올라갔다. 이 전도유망한 결과에는 한 가지 교훈이 더 있는지도 모른다. 대부분의 교사들과 코치들 그리고 멘토들이 그렇듯, 처음에는 알토스도 불안감이 문제라는 학생들의 믿음을 강화시켰다. 시험 전에 스트레스를 줄이는 것이 얼마나 중요한지 강조함으로써 그의 조언은 학생들의 두려움, 다시 말해 불안감이란 성적이 나쁘게 나올 징조라고 더욱 확인시킬 뿐이었다.

사람들이 불안감에 잘 대처할 수 있도록 도와주고 싶을 때 보다 유용한 전략은 그들이 그 감정을 잘 다룰 수 있다고 그냥 말해주는 것인지도 모른다. 여러 연구에 따르면 "여러분은 압박감 속에서도 실적을 향상시킬 수 있는 사람"이라는 말을 들었을 때 실제 실적이 33퍼센트 향상된다고 한다. 어떤 피드백이 나올지 모른다는 사실은 전혀 중요하지 않다.

정말 중요한 사실은 그 메시지로 인해 소위 불안감의 일차 징후가 나타내는 의미가 달라진다는 것이다.[10] 긴장감은 곧이어 저지를 실수의 징조가 아니라 뛰어난 성과를 낼 준비에 돌입했다는 증거다. 긴장하고 있는 사람들에게 제발 진정하라고 말한다면 성공하는 데 필요한 능력이 없다고 확신시키는 것이나 다름없다. 알토스는 스트레스 사고방식 중재가 학생들이 수학 과목을 이수하는 데 유용하다면 그들의 인생을 바꿀 만한 잠재력도 있을 거라고 생각했다. 쿠야호가커뮤니티대학은 커뮤니티 대학의 학생들이 학업을 마칠 수 있도록 도와주기 위해 설립된 전국 교육 개혁 네트워크의 일환인 '꿈 실현하기' 운동에 참여하는 학교다. 대다수의 학생들에게 알토스의 수학 강의는 큰 걸림돌, 즉 꿈의 성취를 방해하는 넘어서기 어려운 장벽처럼 보인다. 그의 수학 강의를 이수한다는 것은 학생들의 목표, 다시 말해 학위와 직장 및 미래에 대한 희망이 성취될 수 있다는 증거다. 알토스는 학생들이 수학 정복을 통해 얻은 자신감이 다른 과목들로, 그다음에는 다른 인생 목표들로 옮겨가는 것을 목격했다.[11]

알토스의 수강생들이 빠지기 쉬운 불안-회피 순환은 비단 학업 스트레스에만 한정된 것은 아니다. 이런 현상은 각종 공포증, 공황발작, 사회 불안에서 외상 후 스트레스 장애에 이르기까지 상상할 수 있는 모든 불안감에서 나타나고 있다. 불안감을 피하고 싶은 열망은 다른 목표들을 압도해버린다. 최악의 경우 사람들은 불안감을 야기하는 요소는 무엇이든 피하는 방향으로 생활 체계를 정리한다. 그리고 이를 통해 안정감을 얻고 싶어 하지만, 그들의 희망과 달리 이런 조치는 정반대의 효과를 야기한다. 자신을 불안하게 만드는 요인을 회피한다면 오직 공포심이 커지고 미래의 불안감에 대한 걱정만 불어날 뿐이다.

개인적인 경험을 하나 털어놓자면 나도 이 불안-회피 순환을 전환시킨 적이 있다. 꽤 오랫동안 지속된 비행공포증 때문에 비행기를 타지 못했던 시절에 일어난 일이었다. 처음에는 1년에 두어 번 있는 중요한 가족 행사에 참석하려고 비행기를 탔다. 하지만 공포심이 어찌나 심해졌는지 비행에 대해 생각하기만 해도 공황발작을 일으킬 것만 같았다. 비행기를 타는 것은 몇 달 뒤의 일이었지만 나는 공중에 떠 있는 3시간에 대해 생각하면서 그 기간 내내 끝없는 공포감을 안고 있어야 했다. 그래서 비행기를 타지 않기로 결정했다. 비행기를 탈 필요가 없다는 사실을 인지하면 공포심이 사라질 것이라고 정말로 믿었기 때문이다.

몇 년 뒤 이 결정으로 인해 나는 스스로 지은 감옥에 갇힌 듯한 기분이 들기 시작했다. 비행기를 타지 않으면 갈 수 없는 도시에서 지내는 꿈을 꿨고, 그러다 잠에서 깨어나면 그 도시를 도저히 방문할 수 없다는 사실에 괴로워했다. 행여 가족에게 무슨 일이 생겨도 내가 비행기에 오르지 못할까 걱정스러웠다.

그렇다면 최악의 경우는 무엇일까? 공포에 갇힌 듯한 기분이 사라지지 않았다는 것이다. 나는 여전히 공포에 갇혀 있었다. 처음과 다른 점이 있다면 비행기를 타지 못해서 생기는 결과로 그 초점이 옮겨졌을 뿐이었다.

마침내 나는 비행기를 타든 안 타든 간에 공포의 대가를 치르고 있음을 깨달았다. 내 희망과는 달리 비행을 회피하는 것이 불안감을 제거해주지 않았던 것이다. 그래서 비행 두려워하기 그리고 비행기 타기라는 무시무시한 결정을 의도적으로 내렸다. 우선 짧은 비행으로 소박하게 시작했다. 비행기에 있는 1분 1초가 싫었지만 그 일을 해낸다는 것에 가치를 뒀다. 전문 학회처럼 내가 가고 싶어 하던 행사들과, 할머니 장례식을 비롯해 혹여 놓칠까 두려워했던 경조사에 참석할 수가 있었다. 그리고 결국에는 두려워하는 대상을 회피함으로써 불안감을 예방할 수 있다는 환상보다는 비행이 내 인생에 부여하는 의미를 선호한다는 깨달음에 도달했다.

그래서 이제 비행을 좋아하게 됐다고 말할 수 있으면 참 좋으련만 사실 아직도 비행이 싫다. 그래도 전보다는 한결 더 능숙하게 대처하게 됐다. 무엇보다 중요한 사실은 내가 비행기에 오른다는 것이다. 비행 거부에 종지부를 찍고 다시 비행기에 오른 때는 샌프란시스코에서 피닉스로 가는 짧은 여정을 위해서였다. 그 뒤로는 북아메리카 전역을 비롯해 아시아와 유럽을 누비고 다녔다. 비행기에 탑승할 때마다 나는 걱정스러운 기분이 드는 동시에 나 스스로에게 고맙기도 하다.

위협을 도전으로 바꾸는 방법

지금까지 살펴봤듯이 새로운 스트레스 과학에서 얻은 매우 중요한 생각은 우리가 한 가지 이상의 스트레스 반응을 보일 수 있다는 것이다. 운동 시합, 발표, 시험처럼 압박감 속에서도 반드시 맡은 일을 수행해야 하는 상황에서 이상적인 스트레스 반응은 에너지를 주고 집중력을 강화시키며 실행할 용기를 주는 도전 반응이다. 도전 반응은 눈앞의 도전에 다가설 동기를 불어넣어주고 성공할 수 있는 정신적·육체적 자원을 제공한다.

하지만 때때로 성과 스트레스는 투쟁-도피 반응, 즉 스트레스가 악명을 떨치게 된 원인인 비상시 본능을 유발한다. 임무를 수행해야 한다는 압박감 속에서 일어나는 투쟁-도피 반응을 심리학자들은 '위협 반응threat response'이라고 부른다. 위협 반응은 스트레스 반응 체계의 과잉 반응이 아니다. 스트레스 반응과는 전혀 다른 종류의 반응으로, 성공이 아니라 자기방어를 준비하도록 만든다. 그러면 이 두 가지 반응이 어떤 점에서 다르고 올바른 스트레스 반응이 압박감 속에서의 업무 수행 능력을 왜 향상시키는지 생각해보자. 그리고 위협적인 상황에서도 도전 반응을 활용하는 법은 어떤 과학 이론에서 설명하고 있는지 살펴보기로 하자.

우선 즉각적인 성과와 스트레스로 인한 장기적 결과에 영향을 미치는 두 가지 반응 사이에는 중요한 생리적 차이가 있다. 가장 큰 차이점 하나는 스트레스가 심혈관계에 미치는 영향과 관련이 있다. 위협 반응과 도전 반응은 모두 여러분이 행동할 수 있도록 준비시킨다. 말하자면 심장이 한층 빠르게 뛰기 시작할 때 느낄 수 있는 기분이 든다는 뜻이다. 하지만 위협 반응이 일어나는 동안에 우리 몸은 신체적 손상을 예상한다. 끔찍한 투쟁으로 인한 혈액 손실을 최소화하기 위해 혈관이 수축한다. 그리고 신체는 염증을 증가시키고 면역세포를 활성화시켜 치유가 빨리 진행될 수 있도록 준비한다.

이와 반대로 도전 반응이 일어나는 동안 신체는 운동을 할 때와 비슷한 반응을 보인다. 신체 손상을 예상하지 않기 때문에 안전감을 느끼면서 최대한 많은 에너지를 내기 위해 혈류량을 극대화시킨다. 위협 반응과 달리 혈관은 이완된 상태를 유지한다. 심장도 더 강하게 뛴다. 더 빠르기만 한 것이 아니라 더 힘차게 뛴다. 심장은 수축할 때마다 더 많은 혈액을 쏟아낸다. 그러므로 도전 반응은 위협 반응보다 훨씬 많은 에너지를 내게 한다.

이런 심혈관계의 변화는 스트레스가 건강에 장기적인 영향을 준다는 암시가 담겨 있다. 심혈관계 질환의 위험성을 높이는 종류의 스트레스 반응은 도전 반응이 아니라 위협 반응이다. 염증 증가와 혈압 상승은 비상사태에 단기적인 도움을 줄 수는 있지만, 만성적이면 노화와 질병을 가속화시키기도 한다. 이는 여러분이 도전 반응에서 경험하는 심혈관계 변화에는 적용되지 않는 듯하다. 도전 반응의 심혈관계 변화는 신체를 한결 건강하게 만들어주기 때문이다.

사실 위협 반응이 아니라 도전 반응은 건강한 노화, 심혈관계 건강, 뇌 건강과 관련이 있다. 스트레스에 도전 반응을 보이는 중년과 노년은 위협 반응을 보이는 사람들에 비해 대사 증후군으로 진단받을 가능성이 적다.[12] 그리고 미국의 역학 연구 역사상 가장 잘 설계되고 가장 오랫동안 진행된 연구의 하나인 프래밍엄 심장 연구Framingham Heart Study에서 도전 반응을 보인 사람들은 평생 동안 뇌 용적이 훨씬 컸다.[13] 달리 말하면 나이가 들어가면서 이들의 뇌는 다른 사람들에 비해 적게 줄어들었다.

스트레스 반응은 압박감을 느낄 때의 업무 수행 능력에도 영향을 미친다. 위협 반응이 일어날 때 마음속에서는 공포감, 분노, 자기회의, 수치심과 같은 감정도 함께 일어날 가능성이 크다. 주된 목적이 자신을 보호하는 것이기 때문에 여러분은 상황이 불리해지고 있다는 징조를 한층 경계하게 된다. 결과적으로 불리한 상황에 대한 관심이 고조돼 공포감과 자기회의가 한층 더 커져가는 악순환이 일어나기도 한다.

반면 도전 반응이 일어날 때면 다소 불안한 기분이 들기는 하겠지만 흥분되고 생기 넘치고 열정적이며 자신감이 솟기도 한다. 이때의 주목적은 손상을 피하는 게 아니라 원하는 바를 추구하는 것이다. 눈과 귀를 한층 열어두고 주변 환경과 교류할 마음을 먹는다. 그리고 자신이 가진 자원을 업무에 투입할 준비를 한다.

과학자들은 위험성이 높은 상황에서 나타나는 이 두 가지 스트레스 반응을 연구해왔다. 그 결과 도전 반응을 보이면 압박감 속에서 더 나은 성과를 내는 것으로 예측한다. 사업상의 협상에서 도전 반응을 보이면 정보를 보다 효과적으로 전달하고 숨길 수 있을뿐더러 더 현명한 결정을 내린다.[14] 도전 반응을 보이는 학생들은 시험에서 더 높은 점수를 얻고 운동선수들은 시합에서 더 좋은 성적을 낸다.[15] 외과 의사들은 집중력이 더 좋아지고 소근육 운동이 더 정교해진다.[16] 모의 비행에서 엔진이 고장 나면 조종사들은 비행기 데이터를 더 적절히 활용해 비행기를 보다 안전하게 착륙시킨다.[17]

이 상황들은 도전 반응이 유용하게 적용되는 사례의 극히 일부에 지나지 않는다. 중요한 사실은 스트레스 반응의 부재로 실적이 향상됐다고 입증한 연구는 단 한 건도 없었다는 점이다. 이는 사소한 차이가 아니다. 만약 모든 스트레스 반응이 성공을 방해한다고 생각한다면 우리는 최상의 성과를 방해하는 스트레스 감소 전략들에 의존할지도 모른다.

심지어 스트레스 경험을 통해 배우는 교훈도 어떤 스트레스 반응을 보이는가에 따라서 달라진다.[18] 위협 반응은 뇌가 미래의 위협에 예민해지도록 만들 가능성이 크다. 결과적으로 여러분은 위협을 더 잘 간파하고 비슷한 스트레스 상황에 더 빨리 반응하게 된다. 위협 반응이 일어난 뒤에 뇌에서 신경망이 재구성되면, 위협을 감지하고 생존 대응을 유발하는 뇌 영역들 사이의 연결이 강화된다.

이와 반대로 도전 반응이 일어날 때 뇌는 스트레스 상황을 통해 회복력을 배울 가능성이 크다. 이런 현상이 일어나는 부분적인 원인은 DHEA와 신경 성장 인자를 포함해 회복력을 증강시키는 호르몬이 더 많이 분비되기 때문이다. 도전 반응이 일어난 뒤에 뇌의 신경망이 재구성되면, 스트레스를 받는 동안 공포감을 억압하고 긍정적인 의욕을 강화하는 전두엽 피질 사이의 연결이 강화된다. 이런 식의 도전 반응 덕분에 여러분은 스트레스 접종을 경험의 결과로 느낄 가능성이 커진다.

스트레스 반응을 결정하는 열쇠

좋은 성과를 거두고 싶지만 위험에 빠진 상황이 아니라면 도전 반응은 그 어느 때보다 유용한 스트레스 반응이 된다. 도전 반응은 더 많은 에너지를 주고 업무 수행 능력을 향상시키며 경험에서 배울 수 있도록 도와주고 건강에도 훨씬 좋다. 그런데 도전 반응이 이상적이기는 하지만 압박감 속에서 맡은 일을 수행해야만 하는 대부분의 상황에서 흔하게 일어나는 것은 위협 반응이다.

심리학자들이 알아낸 바에 따르면 압박에 대한 반응을 결정하는 가장 중요한 요인은 자신의 스트레스 대처 능력을 본인이 어떻게 생각하는가다. 스트레스 상황에 직면하면 여러분은 그 상황과 자신의 자원을 모두 평가하기 시작한다. 이 상황이 얼마나 힘들게 전개될까? 내게 기술과 힘 그리고 용기가 있을까? 나를 도와줄 만한 사람이 있을까? 이 상황에서 요구되는 것과 자신이 가진 능력을 평가하는 행동은 의식적으로 이뤄지지는 않지만 마음속에서 실제로 진행된다. 여러분은 상황이 요구하는 것과 자신이 동원할 수 있는 역량을 저울질하면서 자신의 대처 능력을 재빨리 평가한다.

이 평가는 스트레스 반응을 결정하는 열쇠다. 만약 상황의 요구가 자신의 능력을 넘어선다고 믿는다면 위협 반응을 보일 것이다. 하지만 성공할 수 있는 능력이 있다고 믿는다면 도전 반응을 보일 것이다.

수많은 연구가 입증하듯 사람들이 자신의 능력에 집중하면 도전 반응이 일어날 가능성이 크다. 이럴 때 매우 효과적인 몇 가지 전략은 자신의 힘을 인정하기, 이 특정 도전을 어떻게 준비했는지 생각하기, 이와 비슷한 도전을 극복한 과거의 경험을 기억하기, 사랑하는 사람들이 돕고 있다고 상상하기, 기도하기, 다른 사람들이 자신을 위해 기도한다고 생각하기 등이다. 이 모두가 하나같이 신속한 사고방식 전환을 통해 위협을 도전으로 바꿔놓는다.[19] 그러므로 이 모두는 다음번에 압박감 속에서 좋은 성과를 거두고 싶을 때 시도해볼 만한 좋은 전략이라고 할 수 있다.

그러나 로체스터대학교에서 스트레스를 연구하는 제러미 제이미슨의 경우와 마찬가지로 사람들은 스트레스 상황이 닥칠 때마다 자신이 가진 한 가지 자원을 깨닫지 못할 때가 많다. 바로 자기만의 스트레스 반응이다. 사람들은 스트레스 반응을 해롭다고 생각하기 때문에 마치 훌륭한 성과를 가로막는 장벽처럼 여긴다. 그래서 스트레스 반응은 극복해야 할 짐이 된다. 물론 제이미슨은 스트레스 반응이 사람들의 성과에서 담당하는 역할을 전혀 다른 시각에서 바라본다. 걸림돌이 아니라 자원이라는 것이다. 만약 참가자들이 스트레스 반응을 이렇게 생각하도록 설득할 수 있다면, 그들이 인식한 자원을 증가시킬 뿐 아니라 스트레스 반응의 특성을 위협에서 도전으로 변화시킬 수 있었을까?

제이미슨은 참가자들을 실제로 위험에 빠뜨리지 않고 대다수로부터 위협 반응을 이끌어낼 수 있는 다른 연구를 실시하기로 마음먹었다. 이 연구를 위해서 인간 심리 연구 역사상 가장 악명 높고 효과적인 스트레스 유도 방법인 '트라이어 사회 스트레스 검사Trier Social Stress Test'에 눈을 돌렸다.

실험실 조교가 참가자를 방으로 인도한 다음 탁자 위에 앉아 있는 남녀에게 소개해준다. 조교는 두 사람이 커뮤니케이션과 행동 분석 전문가들이라고 설명한다. 두 사람은 여러분이 자신의 장점과 약점에 대해 이야기하는 것을 듣고 오늘 그에 대해 평가할 참이다. 전문가들의 평가 항목에는 말의 내용은 물론이고 신체언어, 목소리, 풍채를 비롯해 여타 비언어적 행동이 포함된다. 조교는 이렇게 말한다.

"좋은 인상을 주는 것이 정말 중요합니다. 최선을 다해주십시오."

여러분은 할 말을 준비할 시간이 고작 3분밖에 없고 메모를 사용할 수도 없으므로 다소 긴장한 상태다. 방 중앙에는 마이크가 놓여 있다. 조교는 여러분에게 마이크 앞에 서서 이야기를 시작하라고 요청한다. 비디오카메라를 여러분에게 돌리고 녹화를 시작한다.

여러분은 미소를 지으며 전문가들에게 인사를 건넨다. 그들은 가벼운 목례를 하지만 미소로 화답하지는 않는다. 한 사람이 이렇게 말한다.

"시작하십시오."

여러분이 말을 하다가 더듬거리기라도 하면 뭔가 여러분을 의기소침하게 만드는 징후들이 포착된다. 가령 평가관 한 사람이 얼굴을 찌푸리고는 팔짱을 낀 채 여러분을 빤히 쳐다본다. 그녀는 실망스럽다는 듯 고개를 흔들고는 공책에 뭐라고 끼적인다. 여러분은 더욱 열정적으로 이야기하려고 노력하고 평가관들과 눈을 맞추려고 시도해본다. 여성 평가관이 시계를 쳐다보고는 한숨을 쉰다. 어라, 남자 평가관이 방금 눈을 굴린 건가?

이 장면은 트라이어 사회 스트레스 검사 또는 사회 스트레스 검사의 시작 부분을 간략히 묘사하고 있다. 1990년대 초반에 독일의 트라이어대학교에서 개발된 이래로 이 검사는 남녀노소에 관계없이 사람에게 스트레스를 주는 심리학 실험에서 가장 널리 활용되는 가장 신뢰할 만한 실험 계획안이다.[20] 그리고 여러분이 모르는 사실은 이 평가관들이 전문가가 아니라는 점이다. 이들은 참가자들을 곤란하게 만들기 위해 채용된 사람들일 뿐이다. 실험 진행자는 참가자들을 가능한 불편하게 만들 수 있도록 이 사람들을 세심하게 훈련시켰다. 참가자가 얼마나 잘 해내든 상관없이 평가관들은 여러분이 실수를 저지르고 있다고 생각하도록 만든다.

실험은 아주 단순하게 시작된다. 여러분은 실험실로 들어와 전문가를 대상으로 간단한 연설을 해야 한다는 사실을 깨닫는다. 공개 연설은 가장 일반적인 공포의 하나이므로 대부분의 사람들을 불편하게 만든다. 여러분이 만나는 평가관은 미소를 짓지 않는다. 여러분이 농담을 해도 그들은 웃지 않는다. 여러분이 긴장감을 표출하면 그들은 여러분을 안심시키려고 애쓰지 않는다. 여러분이 이야기를 시작하면 평가관들은 사람을 맥 빠지게 만드는 비언어적 피드백을 주기 시작한다. 평가관들이 훈련에서 받은 표준 지시사항에는 다음과 같은 지침이 포함된다.

- 감정을 드러내지 말고 빤히 쳐다볼 것.
- 고개 가로젓기, 눈살 찌푸리기, 한숨 쉬기, 눈 굴리기, 팔짱 끼기, 가볍게 발 구르기, 얼굴 찌푸리기 등의 부정적인 신호를 줄 것.
- 뭔가를 종이에 적는 척할 것.
- 웃거나 고개를 끄덕이는 등 참가자를 북돋우는 어떤 행동도 하지 말 것.

이 가짜 전문가들은 이 밖의 다른 방법으로도 참가자들을 괴롭히라고 요구받는다. 어떤 전문가는 연신 말을 끊으며 참가자가 얼마나 형편없는지 이야기한다. 한 연구원이 귀띔한 바에 따르면 평가관들은 크게 한숨을 쉬고

"이제 그만하세요"라고 말함으로써 모든 참가자의 말을 중단시키라고 지시 받기도 한다.

나는 사회 스트레스 검사가 도대체 어떤 것인지 그저 알아볼 요량으로 검사에 응해봤다. 내 생각에는 완벽하게 준비가 된 것 같았다. 검사의 진행 과정과 시간을 정확히 알고 있었기 때문이다. 나는 실험이 시작되기 전에 평가 관들을 만났다. 심지어 이 실험이 정말 스트레스 주는 경험이라며 농담을 주고받기도 했다. 하지만 검사는 내가 상상했던 것보다 훨씬 좋지 않았다. 더욱이 나는 사람들 앞에서 말하는 것이 직업인 사람이다.

사회 스트레스 검사의 두 번째 부분은 주어진 시간 안에 수학 문제를 푸는 검사였다. 참가자의 순간 대처 능력을 측정하기 위해 고안된 방법이다. 여러분은 최대한 빨리 머릿속으로 계산을 하고 소리 내서 답을 말해야 한다. 공개 연설과 부정적인 피드백처럼 이 수학 시험은 참가자들에게 스트레스를 주기 위해 신중하게 고안됐다. 한 연구 결과에 따르면, 사람들이 수학을 풀어야 한다고 예상하면 신체 고통을 감지하는 뇌 부분이 활성화된다.[21] 평가관들은 수학 시험을 최대한 비참한 시간으로 만든다. 여러분이 아무리 빨리 풀어도 그들은 너무 느리다고 말한다. 행여 실수를 한 번이라도 저지르면 처음부터 다시 시작해야 한다. 여러분이 잘 해내고 있으면 평가관들은 반드시 실패하도록 만들기 위해 더 어려운 문제를 제시한다.

이 모든 것이 더해져 처절한 스트레스 경험이 된다. 여러분은 억압 속에서도 정해진 일을 하고 부정적인 피드백에 대처하며 혼란스러운 대인관계를 처리해야 한다. 이 모두를 해내는 동안 사람들이 가장 두려워하는 두 가지 일, 즉 공개 연설과 수학 문제 풀기를 수행하는 것이다. 스트레스 호르몬인 코르티솔 수치가 400퍼센트 증가한 것도 당연하다.

　이 인상적인 사회 스트레스 검사는 제러미 제이미슨의 차기 사고방식 중재 연구를 위한 장치였다. 스트레스 다시 생각하기는 실험 심리학에서 가장 악명 높은 스트레스 유도에 대한 사람들의 반응 양식을 전환할 수 있었을까? 그는 스트레스 다시 생각하기가 위협 반응을 도전 반응으로 전환시킬 수 있는지 여부에 특별한 관심을 보였다. 이 연구를 위해서 전단지를 돌리고 일종의 온라인 벼룩시장인 '크레이그리스트Craigslist'에 광고를 게재해 보스턴 전역과 하버드대학교 공동체에서 남녀를 모집했다. 이들은 한 번에 한 명씩 하버드대학교로 와서 심리학 실험에 참가하라는 요청을 받았다. 하지만 어떤 목적으로 호출되는지는 전혀 알지 못했다.

　참가자들은 한 사람씩 도착해 세 가지 환경 중 한 곳에 무작위로 배정됐다. 첫 번째 집단은 사고방식 중재를 받았다. 이 참가자들이 스트레스를 다시 생각하도록 돕기 위해 제이미슨은 신체 스트레스 반응이 어떻게 에너지를 활성화시켜 상황의 요구에 부응하는지 설명해주는 슬라이드 자료를 준비했다. 가령 심장이 쿵쿵 고동치는 것은 몸과 뇌에 더 많은 산소를 공급하기 위해 심장이 더 열심히 움직이기 때문이라는 설명이다. 그는 스트레스 반응이 해롭다고 오해받는 이유에 대해 설명하는 과학 논문의 발췌문도 준비했다. 예를 들어 많은 사람들이 불안감이란 어떤 일을 수행할 능력이 부족하다는 증거라거나, 스트레스의 신체적 증상이란 압박감을 느껴 일을 망쳐버린다는 뜻이라고 믿는다는 내용이다. 중재의 마지막 과정은 특정한 사고방식을 분명히 제안하는 것이었다. 제이미슨은 참가자들에게 이렇게 말했다. "불안감이 들거나 스트레스를 받거든 어떻게 자신의 스트레스 반응이 실제로 도움이 될 수 있는지 생각해보세요."

두 번째 집단의 참가자들은 스트레스에 관해 전혀 다른 메시지를 받았다. 이들은 긴장감을 줄이고 성과를 향상시키는 최선책이 스트레스를 무시하는 것이라고 들었다. 몇 장의 슬라이드와 논문이 그들에게 이 논지를 주입시켰다. 물론 이 논문들이 가짜고 이 조언이 별로 좋지 않다는 사실은 짚고 넘어갔다. 이들은 통제 집단이었고 제이미슨은 이 지시사항이 그들에게 도움이 되리라고 기대하지 않았다. 세 번째 집단은 스트레스 검사를 받기 전에 비디오 게임을 통해 울분을 날려버렸다. 이번에는 스트레스에 관련된 특별한 지시사항이 전혀 부여되지 않았다. 사고방식 중재, 스트레스를 무시하라는 지시, 비디오 게임 플레이하기 등 참가자들이 각자에게 할당된 조건을 모두 마치자 스트레스 검사가 시작됐다. 이와 더불어 스트레스 반응을 하나의 자원으로 생각하면 위협이 도전으로 변한다는 제이미슨의 직감 검사도 진행됐다.

이제 한 가지 연구 결과를 해결해보자. 스트레스를 무시하라거나 비디오 게임을 하라고 지시받은 사람들의 사회 스트레스 검사 결과에는 차이가 없었다. 흥미로운 효과는 하나같이 사고방식 중재를 받은 참가자들에게서 발견됐다. 이 참가자들은 스트레스 다시 생각하기를 통해 스트레스 반응을 위협에서 도전으로 전환시켰다.[22] 변화는 자원에 대한 개념에서 시작돼 상상할 수 있는 모든 방식으로 이뤄졌다.

사고방식 중재가 영향을 미친 덕분에 그들의 예상과 달리 연설이 어렵지 않았거나, 그들의 판단과 달리 그 경험이 스트레스를 주지 않았던 것은 아니다. 그러나 두 통제 집단에 비해 실험군은 자신의 도전 대처 능력을 더욱 확신하게 됐다. 또한 사고방식 중재를 받은 참가자들은 스트레스 검사를 받으며 전형적인 도전 반응을 보였다. 이들의 심장은 박동할 때마다 더 많은 혈액을 뿜어냈고 위협 반응을 보일 때에 비해 혈관 수축 정도가 심각하지 않았다. 게다가 스트레스 자극의 생체 지표인 알파 아밀레이스의 분비 수준이 더 높았다. 이들은 스트레스를 더 많이 받았지만 좋은 방향의 스트레스로 작용했다. 이와 반대로 대조 집단들은 전형적인 위협 반응을 보였다.

참가자들이 한 연설은 모두 녹화됐다. 향후에 제이미슨은 관찰자들을 고용해 이 동영상의 분석을 의뢰했다.[23] 이들은 참가자 각자의 신체언어와 자세 및 감정 표현 등을 기록했다. 그리고 참가자의 전반적인 수행 능력을 평가했다. 관찰자들은 어느 참가자가 사고방식 중재를 받았는지 몰랐으므로 공정한 평가가 보장됐다. 사고방식 중재를 받은 참가자들은 전반적으로 더 효율적이고 더 자신감이 넘친다는 평가를 받았다. 평가관들이 눈을 굴리고 있었음에도 눈을 더 자주 맞췄다. 이들의 신체언어는 더 개방적이고 자신감에 넘쳤다. 더 많이 웃었고 위엄 있는 손짓을 더 많이 했으며 심리학자들이 '힘찬 자세power pose'라고 부르는 팔을 활짝 벌리는 자세를 취했다. 그뿐만 아니라 꼼지락거리기, 얼굴 만지기, 바닥 쳐다보기 등과 같은 부끄러움이나 불안감의 징후는 더 적게 나타났다. 사고방식 중재를 받은 참가자들은 긴장을 해서 미안하다는 식의 자기불구화 진술을 하는 경우가 적었다. 그리고 전력을 다해 더 나은 연설을 했다.

제이미슨은 여기서 한 단계 더 나아가 사고방식 중재가 스트레스 검사에서 회복하는 데 어떤 영향을 미치는지를 살폈다. 수학 시험이 끝나고 평가관들이 자리를 뜨자 참가자들은 컴퓨터 기반의 집중력 시각 검사를 받았다.

참가자들이 검사에 집중하려고 노력하는 동안 연구원들은 공포, 위험, 실패 같은 단어들을 제시해 집중력을 흩뜨리려고 했다. 사고방식 중재를 받은 참가자들은 이런 단어로 집중력이 흩어지는 경향이 적었고 집중력 검사에서 더 높은 점수를 받았다. 스트레스 검사가 아무리 스트레스를 불러일으키더라도 이들은 그로 인해 다음 도전에 방해받지 않았다.

잠시 숨을 고르고 사고방식 중재의 성과를 전반적으로 이해해보자. 이 중재는 참가자가 자신의 스트레스 대처 능력을 인식하도록 도왔다. 심혈관계의 스트레스 반응을 위협에서 도전으로 전환시키되 그 정도를 약화시키지는 않았다. 자신감과 참여성은 더 증가했고 불안감, 수치심, 회피성은 감소했다. 객관적으로 볼 때 참가자들은 전보다 나은 성과를 거뒀다. 나중에는 공포와 실패에 대한 생각으로 집중력이 흩어지는 경우도 줄어들었다.

그렇다면 이 전환의 촉매제는 과연 무엇일까? 바로 스트레스 반응에 대한 사고방식의 간단한 전환 덕분이다. 새로운 사고방식은 신체 스트레스 반응에 대한 인식을 장애물에서 자원으로 변화시켜 "도저히 처리 못 하겠어"를 "내가 해결할게"로 완전히 바꿔놨다.

시간이 흐르면서 사고방식의 전환이 어떻게 늘어날지 상상해보자. 만성적인 위협 반응과 만성적인 도전 반응의 차이는 단지 좋은 연설을 하거나 시험 시간에 집중할 수 있는지의 문제가 아니다. 이는 살아가면서 느끼는 스트레스에 압도당할 것인지, 아니면 힘을 얻을 것인지의 차이다. 심지어 50세에 심장마비를 일으킨 것인지, 90세까지 장수할 것인지의 차이가 되기도 한다.

:: 스트레스 사용법: 위협을 도전으로 바꾼다 ::

스트레스 반응을 자원으로 보는 태도는 공포를 용기로 전환시킬 수 있다. 위협을 도전을 바꾸고 여러분이 압박감 속에서도 최선을 다하도록 도와주기도 한다. 심지어 스트레스가 유용하지 않다고 생각될 때에도, 예컨대 불안감을 느낄 때에도 스트레스를 기꺼이 받아들이면 유용한 스트레스로 전환시킬 수 있다. 에너지가 향상되고 자신감이 커지며 적극적으로 조치를 취하고 싶은 마음이 솟아난다.

스트레스의 징후가 발견될 때면 언제나 이 전략을 저마다의 삶에 적용할 수 있다. 심장이 쿵쿵 고동치거나 숨이 가빠지면 신체가 더 많은 에너지를 내려고 취한 방법이라고 이해하자. 만약 몸의 긴장 상태를 알아차리거든 스트레스 반응이 정신력을 북돋아준다는 사실을 떠올리자. 손바닥이 땀으로 축축해지는가? 첫 번째 데이트를 할 때 어떤 기분이었는지 기억해보자. 뭔가 자신이 원하는 것에 가까워지면 손바닥에서 땀이 나지 않던가? 만약 배 속에서 나비가 나풀대듯이 속이 울렁거리거든 중요한 일이라는 신호임을 알아차리자. 소화관은 생각과 감정에 반응하는 수억 개의 신경 세포와 연결돼 있다. 나비의 날갯짓은 소화관이 "이 문제는 중요해"라고 말하는 방법이다. 그러므로 이 특정한 순간이 자신에게 중요한 이유가 무엇인지 스스로 기억해보자.

스트레스가 어떤 느낌으로 나타나든 이를 없애려고 노력해야 한다는 걱정은 줄이고 스트레스로 인해 생기는 에너지와 정신력 및 추진력으로 무엇을 할 것인지에 더 집중하자. 신체는 여러분이 이 도전에서 능력을 발휘하도록 돕기 위해 갖고 있는 자원을 모두 이용할 기회를 준다. 마음을 진정시키려고 심호흡을 하는 대신 숨을 깊이 들이쉬고 자신이 동원할 수 있는 에너지를 감지하는 것이다. 그런 다음, 에너지를 활용하고 이렇게 자문해본다.

"이 순간 나의 목적에 걸맞은 어떤 조치를 취할 수 있을까, 아니면 어떤 선택을 내릴 수 있을까?"

"안 해도 되면 좋을 텐데"에서 "할 수 있어"로

내가 강의한 '새로운 스트레스 과학' 강의의 수강생 중에는 신경질환을 공부하는 아니타Anita라는 대학원생이 있었다. 대학원을 다니는 내내 아니타는 '가면 증후군'으로 애를 먹었다. 그녀는 연구원이 되려면 어떤 조건을 갖춰야 할지, 자신이 대학원에 정말로 소속감을 느끼는지 의문이 들었다(앞서 살펴봤듯이 이는 흔히 나타나는 공포심지만 이런 기분이 들 때면 대부분의 사람들이 혼자라고 느낀다).

그녀가 박사과정에 계속 머무를 수 있는지 결정하는 자격시험 일정이 내 강의가 끝나는 다음 주로 잡혔다. 아니타는 자격시험을 생각할 때마다 두려움을 느꼈다. 그리고 자신이 시험에 볼썽사납게 떨어질 거라고 확신했다. 하지만 그녀는 압박감을 조절하는 데 도움을 얻기 위해 내 수업의 전략들을 활용하기로 마음먹었다.

스트레스 상황을 도전이라고 보는 시각과 위협으로 보는 시각에 관한 강의는 아니타에게 커다란 깨달음을 안겨주었다. 그녀는 자격시험을 대하는 자신의 사고방식에 위협 반응의 모든 요소가 담겨 있음을 알아차렸다. 자신에게는 문제를 해결할 자원이 없다고 느꼈고 불안감 때문에 시험에서 제 실력을 발휘하지 못할 거라고 확신했다.

그녀는 자격시험 발표 연습처럼 시험 준비에 도움이 될 만한 일들을 회피하고 있었다. 불안감과 자기회의 같은 감정을 모조리 피하고 싶었기 때문이다. 그리고 시험을 치르면 자신이 언제나 꿈꿔오던 경력에 한 걸음 더 가까워질 수 있는데도 계속해서 이렇게 중얼거렸다.

"안 해도 되면 좋을 텐데…."

그래도 아니타는 자신의 사고방식을 위협에서 도전으로 전환시키기 위해 의도적으로 노력하겠다고 결심했다. 우선 사소한 것부터 시작했다. 가령 처음에는 진심으로 믿지 않았지만 불안감이 들 때면 이를 흥분 상태라고 생각했다. 불안감이 실제로 자원이 될 수 있으며 자신의 몸이 에너지를 주고 있다는 생각을 스스로 상기시켰다.

그러고 나서 그녀는 반드시 처리해야 할 일들에 대해 말하는 방식을 바꾸기 시작했다. 예를 들면 논문 심사위원들과의 개별 면담이 여기에 해당했다. 일단 자리에 앉아서 교수들과 연구 프로젝트에 대해 이야기하다 보니 아니타는 자신이 잘 알지도 못하는 이야기를 떠들고 있다고 실감하게 될까 두려워졌다. 그래서 교수들과의 만남을 배움의 기회로 재구성하기 시작했다. 그녀는 이렇게 생각했다.

'교수님들의 질문에 어떻게 대답해야 할지 지금은 알지 못하더라도 그 덕분에 시험 준비는 더 착실히 할 수 있을 거야.'

행여 자기 말이 어리석게 들리지 않을까 걱정하는 마음을 줄이자 교수들의 피드백을 듣고 활용하는 능력이 향상됐다. 아니타는 네 번의 발표 연습에 참여할 용기도 되살아났다. 첫 번째 발표 연습은 그녀가 속한 연구실 동료들을 대상으로 이뤄졌다. 그날 아침에 일어났을 때 그녀는 어찌나 긴장했던지 갑자기 이런 생각이 들었다.

'안 해도 되면 좋을 텐데.'

그러다 하던 말을 문득 멈추고 이렇게 생각했다.

'안 돼, 하면 도움이 될 거야. 오늘 발표가 정말 힘들고 내키지 않더라도 이

경험을 통해 배움을 얻을 거야. 그러면 다음번 발표는 더 나아지겠지.'

그녀는 발표 연습을 할 때마다 자신감이 한층 커졌고 준비가 더욱 착실히 갖춰졌다. 자신이 이 도전을 하기에 충분하다고 마음속으로 말하자 그 생각을 사실로 믿기 시작했다.

마침내 자격시험을 보는 날이 밝았고 잠에서 깨어난 아니타는 정말로 흥분 상태인 듯한 기분이 들었다. 이 일은 그녀에게 커다란 충격이었다. 그녀는 시험 전에 여전히 긴장감을 느꼈지만 태어나서 처음으로 불안감에 대해 걱정하지 않았다.

발표를 시작하자 평소에 긴장했을 때 나오던 모습과는 전혀 달리 목소리가 떨리지 않았다. 그리고 심사위원들이 던진 질문에 모두 대답하지는 못했지만 침착함을 잃지 않았고 자신감 있게 답변을 제시했다. 시험이 끝나자 심사위원장은 그녀가 지금까지 한 발표 가운데 이번이 최고였다고 말해주었다.

아니타는 이처럼 상황이 호전된 것은 사고방식의 전환 덕분이라고 생각한다.

"내 불안감이 거기에 존재했고, 그 감정을 숨기거나 밀어내거나 느끼지 않으려고 해서는 안 된다는 걸 깨달았어요. 그러자 믿을 수 없을 만큼 자유로워졌죠. 이런 감정을 느끼지 않으려고 에너지를 낭비할 필요가 없었던 거예요. 그 문제에 관해 사고방식을 바꾸면 되는 거였어요."

불안감은 내 잘못이 아니다

나는 이런 질문을 자주 받곤 한다.

"이 스트레스 포용하기라는 것도 진짜 불안감을 느끼지 않을 때에만 효과가 있는 거죠, 그렇죠?"

이 질문의 뒤에는 한 가지 믿음이 숨어 있다. 진짜 불안감은 정말로 나쁘다는 것이다. 다시 말해 다음과 같이 생각한다.

'나는 불안감을 정말로 제거해야 한다. 만약 불안감을 수용한다면 나는 심리적으로 완전히 동요할 것이다. 그러니 불안감과 싸워야 한다. 그렇지 않으면 불안감에 완전히 사로잡혀버릴 것이다.'

사실 제러미 제이미슨의 사회 스트레스 검사 연구, 즉 위협 반응을 도전 반응으로 전환시킨 실험에 관해 내가 미처 언급하지 못한 이야기가 있다. 실험 참가자들의 절반이 사회 불안 장애를 앓고 있었다는 내용이다. 사회 스트레스 검사는 그들에게 최악의 악몽인 셈이었다.

사회 불안 장애란 매우 복잡한 심리 상태지만, 한편으로 생각하면 사람들을 사회적 고립에 빠뜨리는 악순환이라고 말할 수도 있다. 이 순환은 대인관계에 대한 걱정으로 시작된다. 사회 불안을 가진 사람들은 자신이 사회적 상황에 능하지 않다고 믿고 있기 때문에 그 상황을 미리 걱정한다. 자신이 어리석은 행동을 저지르고 다른 사람들이 자신을 비판할까 두려워한다. 사람들과 잡담을 나눠야 하는데 도저히 빠져나갈 방법이 없을 때면 공황 상태에 빠진다. 어쩌면 무리를 지어 있을 때 폐쇄공포증을 느끼고 군중 속에 갇혀 옴짝달싹하지 못할까 걱정한다.

사회 불안 장애를 앓는 사람들은 실제로 사회적 상황에 처할 때 다른 사람이 아니라 자신에게 집중하는 경향이 있다. 그럴 때면 이런 생각이 머릿속을 스친다.

'난 지금 멍청해 보여. 좀 전엔 어쩌자고 그렇게 말했을까? 내가 잔뜩 긴장한 걸 사람들이 단번에 알아차릴까?'

이 사람들은 어색해한다. 어떤 말을 해야 할지 모른다. 불안감이 점점 커질수록 땀에 젖은 손바닥과 마구 뛰는 심장은 사교성 부족의 증거처럼 여겨진다.

'나한테 뭔가 문제가 있나 봐.'

이들은 자신이 느끼는 불안감이 정말로 위험하다고 걱정하기 시작한다.

'땀이 왜 이렇게 많이 나지? 심장마비라도 오려는 걸까?'

상황에 대처하기 위해 이들은 안전을 보장해주는 행동에 돌입한다. 말하자면 눈 마주치지 않기, 화장실에 아주 오래 머물기, 빠져나갈 구멍 찾기, 일찍 귀가하기, 술에 잔뜩 취해서 불안감은 고사하고 자기 발의 감각조차 못 느끼기 등이다. 자기중심적 성향에 빠지고 회피 행위를 일삼다 보면 다른 사람들과 관계를 맺기 어려워진다. 그러다가 나중에는 이렇게 생각한다.

'끔찍했어. 완전히 실패했어. 난 사람들과 어울려야 하는 상황에 제대로 대처하지 못하는 것 같아. 다음번에는 전부 다 건너뛰어야 할 것 같아.'

이 악순환은 스스로를 자양분으로 삼아 성장한다. 결국 사회적 활동에 대한 걱정이, 걱정에 대한 걱정으로 변모한다. 이는 전형적인 불안-회피 순환이다. 사회적 상황을 피하는 것은 불안을 회피하는 전략이 된다. 마치 수학에 대한 불안이 수학 회피로 급변하고 비행공포증이 나를 땅에 묶어 오도 가도 못하게 만든 것과 마찬가지다.

사회 불안증을 야기하는 사회적 상황이란 수많은 인파와 낯선 사람들로 가득한 엄청난 행사만을 가리키는 것은 아니다. 여러분이 당연히 한마디쯤 거들어야 하는 업무 회의나 가게에 가서 직원에게 도움을 요청하는 일도 여기에 해당된다. 사회 불안증은 사람의 인생에 다방면으로 영향을 미친다. 불안감과 회피의 악순환이 계속 통제 불능의 상태로 빠져들면 여러분의 세계는 갈수록 좁아진다.

이 사실을 늘 마음에 담아두자. 그러고 나서 사회 불안증을 앓는 사람들이 사회 스트레스 검사를 끝까지 받으면서 어떤 기분이 들었을지 한번 상상해보자. 제이미슨의 실험 진행을 도왔던 한 학생은 실험을 지켜보기가 고통스러웠다고 말했다. 한 여성은 말을 시작한 지 30초 만에 울음을 터뜨렸고 남은 실험 시간 동안 한마디도 더 하지 못했다. 다른 참가자는 실험 후 진행된 설문 조사지에 이렇게 적었다.

"내 인생에서 가장 끔찍한 경험이었다."

이 연구에서 밝혀진 정말 뜻밖의 결과는, 불안감을 받아들이는 태도는 불안증으로 고생하지 않는 사람들에게 도움이 되는 만큼 사회 불안을 앓는 사람들에게도 똑같이 도움이 된다는 것이었다. 사고방식 중재는 사회 불안증을 앓는 사람들을 그 병이 없는 사람들처럼 보이게 만들었다.

관찰자들의 평가에 따르면 대인관계에 불안감을 느끼지만 사고방식 중재를 받지 않은 참가자들에 비해 이들은 불안감과 수치심이 적어 보이고 눈을 많이 마주치고 한결 자신감 있는 몸짓을 보였다. 이들의 신체 스트레스 반응은 도전 반응으로 전환됐고, 스트레스 생체 지표인 알파 아밀레이스의 수치가 더욱 높았다. 그리고 불안증을 앓지 않는 참가자들이 그렇듯, 비교적 강한 스트레스 반응을 보인 참가자들은 본인들의 보고 내용과 관찰자들의 평가로 측정한 결과 자신감이 더 강한 것으로 드러났다.

사고방식 중재는 참가자들을 진정시키지 않았다. 불안감의 의미를 변화시켰고 그로 인해 불안감으로 야기되는 결과들을 바꿨다. 이런 현상에 대해 잠시 생각해보자. 불안증을 앓아본 경험이 있거나 그 증상으로 힘들어하는 사람을 알고 있다면 더욱더 이 현상을 진지하게 고려해볼 필요가 있다. 불안감을 포용하라고 권유받은 불안증 환자들 가운데에서 비교적 강한 스트레스 반응을 보인 사람들은 압박감을 느끼고 사회적 감시를 받는 상황에서도 자신감이 더 크고 실적이 더 뛰어났다.

사람들을 가장 충격에 빠뜨린 결과는 따로 있다. 바로 불안감이 정말로 문제가 될 때조차 불안감을 받아들이는 편이 유용하다는 것이다. 스트레스 다시 생각하기의 가치는 정말로 고군분투하지 않는 사람들에게 한정된 것이 아니다. 사실상 스트레스 반응을 수용하는 것은 불안감에 시달리는 사람들에게 한층 더 중요하다. 그 이유는 불안증을 앓는 사람들은 자신의 생리 기능이 통제 불능의 상태라고 지각하지만 사실은 그렇지 않기 때문이다. 제이미슨의 연구와 여타 수많은 연구에서는 참가자들의 자가 보고를 통해 불안감을 느끼는 사람들이 그렇지 않은 사람들보다 신체 반응도가 더 높다고 밝혀졌다.[24]

불안증 환자들은 심장이 위태로울 만큼 빨리 뛰고 아드레날린이 위험 수준으로 치솟는다고 생각한다. 하지만 객관적으로 볼 때 이들의 심혈관계 및 자율신경계의 반응은 불안증을 앓지 않는 사람들과 똑같아 보인다. 누구나 심장박동 수 상승과 아드레날린의 증가를 경험하지만 불안증을 앓는 사람들은 이런 변화를 다르게 지각한다. 어쩌면 심장박동이나 호흡의 변화를 더 예민하게 인식하는 것인지도 모른다. 그리고 그 감각을 한층 부정적으로 추측해 행여나 공황발작을 일으킬까 두려워한다. 하지만 이들의 신체 반응은 기본적으로 남들과 다르지 않다.

1999년에 내가 스탠퍼드 정신생리학 실험실에 들어갔을 무렵 실험실 동료 한 사람이 불안증을 앓는 사람과 그렇지 않은 사람의 스트레스 생리 기능 비교에 관한 연구를 막 완성했다. 그녀의 연구 결과에 따르면 불안감을 느끼는 참가자들은 자신들이 더 강한 신체 반응을 보인다고 생각했지만 실제로는 그들의 스트레스 생리 기능에 차이가 없었다.

지금도 또렷이 기억나는 장면은 동료의 연구 결과를 듣고 난 뒤 내가 실험실 데이터 분석실에 앉아 내 생리 기능 데이터를 분석하려고 애쓰던 일이다. 나는 결과를 믿을 수가 없었다. 당시만 해도 불안감으로 몹시 애를 먹고 있었으므로 나의 생리적 수치가 정상 범위를 훨씬 상회한다고 확신했다. 연구 결과가 이치에 맞지 않았기 때문에 그 실험에서 정말 불안감을 느끼는 사람들을 모집하지 못했다고 생각했다. 물론 지금은 사고방식이 스트레스 자극의 개념과 결과를 변화시키는 데 어떤 역할을 하는지 더 잘 알고 있기에 그 결과가 이해된다. 하지만 당시에는 나의 불안감을 적으로 간주했기 때문에 결과를 받아들일 수 없었다.

불안감을 느끼는 사람들은 스트레스에 대해 가장 부정적인 개념을 갖고 있기 때문에 스트레스 반응에 대해 다시 생각하라고 알려주는 사고방식 중재의 도움을 받을 가능성이 가장 크다. 내 경험에 비춰보면 이들은 실험 결과를 가장 믿기 어려워하는 사람들이기도 하다. 나 역시 이렇게 생각한 적이 있었기에 이들의 입장을 충분히 이해한다. 하지만 사고방식 중재에 관해서 알아낸 사실이 하나 더 있다. 처음에 이 새로운 생각을 더 거부하면 할수록 스트레스 경험을 전환시킬 힘이 더 커진다는 점이다.

스트레스에도 점수가 있을까?

수 코터Sue Cotter는 캘리포니아 모데스토Modesto 지역 봉사 단체에서 은퇴한 이후 캠핑카를 몰고 전국을 누볐다.[25] 그녀는 25년 동안 취업 준비 수업을 진행하면서 생활보호 대상자들이 직업을 찾도록 도왔다. 이 수업이 열린 장소는 무계획적으로 지어진 종합 청사였는데, 이곳은 식권 배급표 신청을 받는 사무실과 상담원의 감독 아래 부모와 아이의 만남이 이뤄지는 아동복지국이 함께 입주한 상태였다.

  코터는 비슷한 경험을 한 적이 있었기에 수강생들의 상황에 관해서라면 누구보다 잘 알고 있었다. 그녀는 예기치 않은 임신으로 학교를 중퇴하고 23세의 나이에 자녀 3명을 데리고 무료 식권에 의존해 살아갔다. 결국은 복학을 해서 30대에 학사학위를 받았지만 일말의 가능성이라도 만들어내기까지는 많은 노력이 필요했다.

  코터의 수강생들은 모두 규정에 따라 3주 동안 수업을 들을 수 있었으므로, 그녀의 수업에 참여해 이력서 초안을 만들고 온라인으로 구직 신청서를 작성하며 면접에 필요한 기술을 연습했다. 이처럼 실용적인 내용으로 구성된 공식 교육 과정이 있었지만 코터는 여기에 한 가지 요소를 추가했다. 그녀만의 스트레스 사고방식 중재를 실시했던 것이다.

나는 한 친구의 소개로 코터를 만난 자리에서 그녀가 근로 연계 복지 강의 시간에 내 스트레스에 대한 TED 강연 영상을 보여줬다는 이야기를 듣고 깜짝 놀랐다. 특별히 내가 호기심이 발동한 이유는 스트레스 다시 생각하기가 심각한 어려움에 처한 사람들에게도 적용이 되느냐는 질문을 무척 자주 듣기 때문이었다. 코터의 학생들은 분명 이 조건에 딱 들어맞는 듯했다.

코터가 설명했듯이 근로 연계 복지 강의에 참석하는 수강생들의 대부분은 노숙자 신세가 되기 일보 직전의 사람들이다. 그들이 받는 보조금(혼자서 자녀 한 명을 키우는 엄마들에게 지급되는 돈은 한 달에 500달러 정도다)으로는 집세를 내고 차를 굴리기에 턱없이 부족하다. 일부 여성들은 현재 가정 폭력에 시달리거나 그 관계에서 막 벗어난 상태다. 취업 준비 수업에 참여하기 위해서 그들은 신뢰하기 어렵거나 잠재적으로 위험한 보육 시설에 아이를 억지로 떼어놓고 와야 한다. 개중에는 어떤 직장에도 붙어 있지 못하는 사람들도 더러 있다. 최근 들어 모데스토의 실업률은 20퍼센트에 달해 일자리를 구하기가 한층 버거워졌다.

그녀가 취업 준비 강의를 진행했던 세월 동안 수많은 수강생들이 교실을 벗어나 직업을 찾았지만 그다음에 모종의 사건을 겪는 경우가 많았다. 함께 살던 사람과 헤어지면서 집을 잃거나 병에 걸리거나 아이를 돌봐줄 사람이 사라졌다. 이렇게 삶이 무너져 내렸고 결국은 교실로 다시 돌아와 처음부터 다시 시작하려고 노력했다. 코터는 이렇게 말했다.

"이 사람들이 매일매일 감당해야 하는 일이 얼마나 많은지 알게 되면 그 스트레스를 해결할 방법을 찾기란 보통 일이 아니지요."

1990년대에 근로 연계 복지 강의를 시작하고 얼마 지나지 않아 그녀가 배운 전형적인 스트레스 관리법이 충분치 않다는 사실이 드러났다. 그녀는 스트레스를 수업의 주제로 다루기에 앞서 우선 스트레스성 생활 사건의 점검표를 나눠주라고 교육받았다. 그래서 학생들에게 점검표를 나눠준 다음 지난 1년 동안 경험한 일을 하나도 빠짐없이 표시하라고 요구했다. 나 또한 건강 증진 전략을 이렇게 진행하도록 교육받았다.

이 방법은 스트레스 관리 훈련에서 여전히 일반적으로 통용되는 방법이다. 전형적인 생활 사건 점검표는 예상되는 스트레스 수준을 기반으로 각각의 사건마다 점수를 부여한다. 가령 이혼을 하면 73점을 매긴다. 가족이 사망하고 교도소에서 복역하는 것은 63점이다. 임신의 스트레스 점수는 40점이다. 보다 낮은 등급으로 내려가면 생활 조건의 변화는 23점이고 명절 지내기는 12점이다. 본인에게 해당되는 항목의 점수를 모두 합치면 자신의 스트레스 총점이 나온다.

이 검사의 핵심은 뭘까? 총점이 올라갈수록 병에 걸리거나 사망할 위험은 커진다는 뜻이다. 만약 가장 높은 점수가 책정된 항목(300점 이상)에 해당된다면 여러분은 이런 평가를 얻는다.

"가까운 시일 안에 병에 걸릴 위험이 매우 높은 수준임."

스트레스 관리 방법으로서 이 검사는 사람들에게 충격을 줘서 스트레스에 뭔가 조치를 취하는 게 얼마나 중요한지 깨닫게 만들기 위해 고안됐다. 하지만 절반가량의 항목들, 그것도 대부분 통제할 수 없는 일들에 표시를 하고 나서 자신의 인생이 엉망진창으로 망가졌으므로 조만간 사망하게 된다는 이야기를 들으면 어떤 기분이 들지 상상해보자. 내가 살펴본 한 등급표에는 이런 제안이 적혀 있었다.

"자신의 위험 수준이 중간 또는 높은 등급에 속하면 당연히 가장 먼저 취할 조치는 미래의 위기를 피하려고 노력하는 것이다."

코터의 수강생들은 물론이고 대부분의 사람들은 이런 종류의 조언을 웃어넘긴다.

학생들이 의기소침해지는 모습을 지켜보고 얼마 지나지 않아 코터는 생활사건 점검을 폐지했다. 그녀는 이렇게 말했다.

"참 맥 빠지게 만드는 검사더군요. 하다 보면 문득 '그냥 포기하는 게 낫겠네, 내가 이 모든 일을 감당해야 하는 데다 절대 피하지도 못할 테고 말이야' 하는 생각이 들더라고요."

코터의 경험을 들자니 어느 심리학자가 최근에 보낸 이메일이 떠올랐다. 그는 스트레스 수용하기에 관한 내 강연을 들었다면서 내가 보내는 메시지에 커다란 우려를 표명했다. 그는 이렇게 적었다.

"스트레스가 많은 삶을 살아가면서 아무 조치도 취하지 않아도 좋다는 게 선생님 이론의 요점이라고 받아들여지지 않을까 걱정입니다."

그는 진심으로 돕고 싶은 마음에서 이런 걱정을 하게 된 것이 분명하다. 하지만 그의 이메일을 읽자 나는 이런 생각부터 떠올랐다. 스트레스가 많은 삶을 살아가는 것은 좋지 않다고 사람들에게 말하면 어떤 메시지를 보내는 걸까? 사실은 스트레스가 많은 삶을 살겠다고 결정하는 사람은 거의 없다. 그런데도 불구하고 누구나 스트레스와 대면해야 한다.

인생에서 가장 스트레스 받는 일이 무엇이냐는 질문을 받으면 대부분의 사람들은 사랑하는 사람의 건강 문제, 돈 걱정, 학업 스트레스, 직장 스트레스, 육아 부담 등을 꼽는다. 우리는 스트레스를 줄이기 위해 우리 삶에서 이런 문제들을 그냥 잘라낼 수 없다. 그렇다면 인생의 스트레스 받는 부분들을 통제하는 게 불가능한 상황에서 이런 현실을 용납할 수 없다고 말한들 무슨 도움이 되겠는가?

코터는 일반적으로 스트레스에 대한 공포를 조장하는 메시지가 학생들이 필요한 내용과 정반대라고 확신하게 됐다. 그녀는 이렇게 말했다.

"보는 곳마다 스트레스가 온갖 끔찍한 질병의 원인이라는 주장들이 산재해 있어요. 그러면 자연스럽게 '내 삶에서 벌어지는 문제를 내가 제어할 수가 없구나' 하는 생각이 들죠. 그렇다면 그 문제는 어떻게 내 미래를 제어하게 될까요?"

그녀는 학생들이 냉엄한 현실로 인해 무력해지는 모습을 몇 번이고 지켜봤다. 그랬다. 그들은 실용적인 기술과 안정된 생활환경과 돈이 필요했다. 코터는 학생들이 이런 조건을 갖출 수 있도록 도왔다. 하지만 학생들이 변화를 이끌어내기 위해 각자의 삶에서 해야 할 일이 있다고 믿어야 하는데도 대부분 그렇지 못하다는 사실도 알고 있었다.

그래서 코터는 학생들에게 스트레스를 다른 방식으로 이야기하기 시작했다. 스트레스가 자신을 억누르고 무기력하게 만들도록 내버려두든가, 아니면 스트레스의 활용법을 살펴볼 수도 있다고 설명했다. 고동치는 심장과 가빠진 호흡은 신체가 우리의 스트레스 대처를 돕는 방법이라고도 가르쳤다. 코터는 이렇게 설명했다.

"그러니까 취업 면접을 보러 가서 심장이 두근거리면 이제는 더 이상 '어떡

하지, 완전 주눅 들었어' 하는 식으로 생각하지 않죠."

또한 그들은 예상치 못한 스트레스와 마주칠 때 도전의 사고방식을 적용하는 방법에 대해서도 이야기했다. 코터는 학생들에게 이렇게 질문을 던졌다. 출근길에 자동차 시동이 걸리지 않으면 어떻게 할 것인가? 아이를 봐주는 사람이 오지 않으면 어떻게 반응할 것인가? 그녀는 직장에 다니는 학생들이 직면할 법한 상황을 어떻게 헤쳐나가야 하는지 알려줬으며, 포기하지말고 필요한 조치를 미리 계획하도록 도왔다.

코터의 수강생들에게 두드러지게 나타나는 한 가지 특징은 이런 상황에쉽게 대처하는 데 유용한 자원이 부족하다는 점이다. 대부분은 도움을 요청하면 달려와줄 만한 가족이 없었다. 은행에 모아둔 돈도 없었다. 어찌 보면스트레스 다시 생각하기 사고방식 중재야말로 이들에게 꼭 들어맞았다. 이들이 가진 자원이라고는 자기 자신뿐이었다. 이들은 자기만의 용기와 자기만의 고집, 자기만의 동기가 있다. 스트레스를 상황이 통제 불능으로 흐르고 일이 실패로 끝나간다는 신호로 봤기 때문에 자신들의 장점을 계속 인식하지 못했던 것이다. 코터가 설명했다.

"스트레스 다시 생각하기는 학생들에게 뭔가를 해낼 힘을 선물했어요. 학생들의 능력과 성취에 대한 믿음을 변화시켰죠."

코터의 설명을 듣고 나니 내가 우연히 알게 된, 거의 알려지지 않은 연구가 떠올랐다. 콜로라도의 가정 폭력 보호소에서 시행된 이 연구에서 연구원들은 여성들에게 "심장이 빨리 뛴다", "손바닥에서 땀이 난다", "호흡이 가쁘다"와 같은 불안감의 신체적 증상들로 구성된 설문지를 돌렸다.[26] 이 설문은여성들에게 이런 기분이 드는 이유가 무엇인지 상상해보라고도 요구했다.

선택지에는 "예전부터 신체적으로 활동적이다" 같은 중립적인 설명과 "기분이 들떠 있다" 같은 긍정적인 설명이 두루 포함됐다. 그뿐만 아니라 "스트레스를 받으면 일 처리를 잘 하지 못한다"와 "인생사에 제대로 대처하지 못한다"와 같은 부정적인 설명도 제시됐다.

불안할 때의 신체 감각에 대해 부정적인 설명을 선택한 여성들은 자신이 비교적 적은 자원을 가졌다고 인식했다. 학대의 책임이 자신에게 있다고 생각하는 경향이 컸고 우울증과 외상 후 스트레스 장애에 걸릴 위험이 훨씬 높았다. 게다가 법률 제도에 잘 대응할 수 있다는 자신감도 적었다. 연구원들의 분석에 따르면 신체 감각을 부정적으로 해석하는 경향이 크면 자신의 대처 능력을 믿지 않게 되기 때문에 이런 위험이 곧장 증가한다.

이것이야말로 문제의 핵심을 찌르는 듯하다. 제러미 제이미슨의 연구와 아론 알토스의 수학 강의, 수 코터의 근로 연계 복지 훈련, 내 '새로운 스트레스 과학' 수업에서 신체 스트레스 반응이 힘이 될 수도 있음을 사람들이 믿기로 결심했을 때 그 본질은 이것이었다. 빠르게 뛰는 심장을 자원으로 보겠다는 선택은 신체 스트레스 반응을 위협에서 도전으로 전환시키는 하나의 사고방식 속임수 그 이상이다.

그리고 이 선택은 자기 자신 그리고 인생의 요구사항을 처리할 수 있는 자신의 능력에 대한 생각도 변화시킨다. 가장 중요한 것은 이 선택이 행동을 불러일으킨다는 점이다. 이렇게 해서 불안감을 수용하면 현재 직면한 도전에서 능력을 발휘하는 데 도움이 된다.

믿음의 촉매제

어느 날 매우 놀라운 이야기를 이메일을 통해 접한 적이 있다. 신체 스트레스 반응의 수용력이 얼마나 큰지를 입증해주는 사연이었는데, 그 주인공인 여성이 베란다에 앉아서 스트레스 수용하기에 관한 내 TED 강연을 듣고 있었다. 스트레스 반응이 어떻게 에너지와 용기를 주는지에 대한 설명이 막 끝난 뒤였다. 그리고 빨리 뛰는 심장이 어떻게 신체가 도전에서 능력을 발휘하고 있다는 신호인지 설명하기 시작했다. 그 순간 옆집에서 다투는 소리가 들려왔다. 그녀는 옆집 아버지가 아이를 학대하고 있음을 알아차렸다. 이런 일이 일어난 것이 처음은 아니었다. 전에는 이런 일이 발생할 때마다 그녀는 매번 얼어붙었다. 그녀도 어린 시절에 학대를 당한 경험이 있었으므로 옆집의 학대를 목격하면서 그 정신적 외상에 대한 원래의 반응이 되살아났던 것이다.

과거에는 옆집 아이를 위해 기도하기는 했지만 너무나 무기력한 기분이 들어 행동을 취할 수가 없었다. 그런데 이번에는 TED 강연의 사고방식 중재를 마음에 새겼다. 그녀는 이렇게 생각했다.

'몸이 나에게 행동할 용기를 줄 거야.'

그녀는 경찰에 신고했다. 내부의 자원, 즉 자신의 역량을 총집결해 외부 자원에 도움을 요청할 힘을 찾아냈다. 경찰이 출동해 그녀의 진술을 듣고는 사건에 개입해 아이를 보호했다. 상처받기 쉬운 아이를 도와주는 것 외에도 그녀는 자신에게 공포와 마비의 순환을 깨뜨릴 능력이 있음을 경험했다. 그리고 한 걸음 더 나아가 이 이야기를 내게 들려주었고 이제는 여러분도 알게 됐다. 자신의 행동이 다른 사람들에게 영감을 줄 수 있게 만든 것이다.

그렇다고 문제가 늘 이렇게 간단하기만 할까? 그렇지는 않다. 하지만 이런 이야기들은 우리에게 필요한 능력이 언제나 우리 내면에 존재한다는 사실을 확인해주는 중요한 계기다. 사고방식을 전환하고 자신감을 키우면 자신의 역량을 활용하는 데 큰 도움이 된다. 물론 이 여성이 사고방식 전환을 선택한다고 해서 그녀의 학대받은 개인사가 달라지는 것은 아니었다. 그 순간 느껴지는 공포심을 없애주지도 않았다. 하지만 마비 상태를 용기 있는 행동으로 바꿔놨다.

스트레스 반응을 자원으로 인식하는 것은 효과적이다. 여러분이 "할 수 있다"는 믿음을 갖도록 도와주기 때문이다. 이 믿음은 통상적인 스트레스에도 중요하지만 엄청난 스트레스에 시달릴 때에는 한층 더 중요하다. 여러분이 인생의 도전을 충분히 감당할 수 있음을 알고 있는가에 따라 희망과 절망, 지속과 패배가 결정된다.[27] 한 연구에 따르면 시험, 이혼 극복, 항암 치료 등 어떤 걱정거리가 있든지 간에 여러분이 신체 스트레스 반응을 어떻게 해석할지가 이 믿음에 영향을 준다.

스트레스 수용은 근본적으로 자신감에 입각한 행동이다. 스스로 해낼 수 있다고 생각하고 자기의 몸을 자원으로 여기자. 가장 중요한 일을 하기 위해 두려움, 스트레스, 불안감이 사라질 때까지 반드시 기다릴 필요는 없다. 스트레스는 여기서 멈추고 포기하라는 신호가 아니다. 이런 종류의 사고방식 전환은 치료제가 아니라 촉매제다. 여러분의 고통을 지워주거나 문제를 사라지게 만들지 못한다. 하지만 스트레스 반응에 대해 기꺼이 다시 생각해본다면 이 전환은 여러분이 자신의 힘을 깨닫고 용기를 내도록 도와줄 것이다.

연결하기

배려는 어떻게 나를 회복시키는가

1990년대 후반에 캘리포니아대학교 LA 캠퍼스의 심리학자 두 사람이 같은 실험실에 근무하는 여성 과학자들의 스트레스 대응 양식이 남자들과 어떻게 다른가에 대해 이야기를 나눴다. 남자들은 자기 사무실에 처박혀 있지만 여자들은 사무실 회의에 쿠키를 들고 와서 커피를 마시며 유대감을 형성한다. 투쟁−도피는 잊어버리라며 그들은 농담을 주고받았다. 여성들은 서로를 배려−친교하기 때문이었다.

이 농담은 그 여성들 무리에 속한 박사 후 과정의 연구원 로라 쿠시노 클라인Laura Cousino Klein의 뇌리에 박혔다. 심리학 연구는 스트레스가 호전성으로 이어진다고 입증했지만 그녀의 경험은 이와 달랐다. 그녀가 지켜본 바로는 다른 여성들의 경우도 여기에 들어맞지 않았다. 여성들은 스트레스에 대해 다른 사람과 이야기를 나누거나 사랑하는 사람들과 시간을 보내거나 다른 사람들을 보살피는 것으로 스트레스를 풀고 싶어 하는 경향이 컸다. 그녀는 과학이 스트레스의 중요한 측면을 등한시했을 가능성이 있는지 궁금해졌다.

클라인은 스트레스 과학에 대해 좀 더 깊이 연구해보기로 결심했다. 그리고 이미 발표된 스트레스 연구의 90퍼센트가 남자를 대상으로 진행됐다는 놀라운 사실을 발견했다. 인간을 대상으로 한 연구뿐 아니라 동물을 대상으로 한 연구도 마찬가지였다. 클라인이 알아낸 사실을 연구소장 셸리 테일러 Shelley Talyor에게 알리자 그녀에게도 불현듯 어떤 깨달음이 찾아왔다. 테일러는 스트레스의 사회적 측면을 특히 여성들의 사례를 중심으로 연구하자고 실험실에 제안했다. 동물과 인간을 각각 대상으로 한 연구들을 살펴보면서 그들은 스트레스가 배려심과 협동심 및 동정심을 증가시킨다는 증거를 찾아냈다.[1] 스트레스를 받으면 여성들은 남을 배려하고 마치 그들이 자녀, 가족, 배우자 또는 자신이 속한 단체의 구성원이라도 되듯이 정성을 쏟는다. 친근하게 구는 경향이 증가하며, 이야기를 들어주고 함께 시간을 보내며 정서적인 도움을 주는 등의 사회적 교감을 강화시키는 행동을 많이 한다.

배려-친교 이론은 여성의 스트레스 반응에 대한 조사로 시작됐지만 금세 범위를 확장해 남성의 사례를 포함시켰다. 어떤 면에서는 남성 과학자들이 한 말 때문이기도 했다.

"이보세요, 우리도 배려하고 친근하게 군다고요."

다른 연구 팀들과 함께 테일러의 연구 팀은 과학자들이 오랫동안 믿어왔던 것처럼 스트레스가 오로지 자기방어를 유발하는 것은 아님을 입증하기 시작했다. 스트레스는 자신의 무리를 보호하려는 본능을 일깨우기도 한다는 것이었다.[2] 때때로 이 본능은 여성과 남성에게 서로 다른 방식으로 드러나기도 하지만 양쪽 모두에게 존재한다. 스트레스를 느낄 때면 남성과 여성 모두 사람을 더 신뢰하고 더 관대해지며 자신의 안위를 걸고 다른 사람들을 기꺼이 보호하려는 것으로 나타났다.

최근에 어떤 강의에서 내가 배려-친교 이론을 설명하자 한 여성이 손을 번쩍 들어올렸다.

"이 이론은 더 많은 분석이 필요한 것 같습니다. 수십 년 동안 비즈니스에 몸담으면서 경험한 것과 정반대네요."

나는 그녀에게 그 경험을 좀 더 자세히 이야기해달라고 부탁했다.

"스트레스는 사람들을 훨씬 더 이기적으로 만들어서 오직 자기만을 보호하고 다른 사람들을 공격하게 해요."

이런 반응은 배려-친교 이론을 처음 듣는 사람들에게 흔히 나타난다. 엄밀히 말하자면 이 수강생의 말은 틀리지 않았다. 그녀는 한 가지 유형의 스트레스 반응을 설명했을 뿐이다. 스트레스가 언제나 사람들을 더 친절하게 만들어주지는 않는다. 화가 나고 방어적으로 만들기도 한다. 투쟁-도피 생존 본능이 불쑥 솟아나면 우리는 공격적이거나 내성적으로 변할지도 모른다. 하지만 배려-친교 이론은 스트레스가 언제나 보살핌을 유발한다고 주장하지 않는다. 그저 스트레스가 사람들을 더 다정하게 만들 수도 있고 그런 일이 자주 일어난다고 이야기할 뿐이다. 더욱이 친분관계는 투쟁 또는 도피만큼이나 강한 생존 본능이다.

앞서 살폈듯이 스트레스에 대한 사고방식은 우리가 어떤 종류의 스트레스 반응을 보일지 결정하는 데 중요한 역할을 한다. 공익적인 목표에 집중하고 다른 사람들을 지원하며 스트레스와 고통을 인간이 겪는 일반적인 경험의 일부로 간주함으로써 배려−친교 사고방식이 어떻게 함양되는지 살펴볼 것이다.

그뿐만 아니라 우리는 관계를 맺고 싶은 충동이 자연스러운 스트레스 반응이자 회복력의 원천임을 알게 될 것이다. 다른 사람들을 보살피면 우리의 생화학 조성에 변화가 생겨 희망과 용기를 만들어내는 뇌 조직들이 활성화된다. 다른 사람들을 돕는 일은 심지어 만성 스트레스나 외상성 스트레스의 유해한 효과로부터 자신을 보호하기도 한다. 범죄율 증가로 어려움을 겪는 대중교통 수단, 가난하고 위험에 처한 청소년들의 마지막 희망인 고등학교, 재소자들이 죽으러 가는 교도소 병원처럼 이질적인 요소로 이뤄진 듯한 환경에서 우리는 보살핌이 회복력을 만들어내는 모습을 지켜볼 것이다. 우선 배려−친교 반응이 어떻게 우리의 대처 능력에 도움이 되는지부터 살펴보고 다른 사람들과 관계를 맺기로 결심하면 왜 스트레스에 더 능숙하게 대처할 수 있는지 알아보자.

배려와 친교가 스트레스에 미치는 영향

진화론적인 관점에서 보면 후손을 보호하기 위해 배려−친교 반응은 어떤 반응보다도 먼저 나타난다. 새끼를 보호하는 어미 회색곰이나 화염에 싸인 자동차 잔해에서 아들을 끌어내는 아버지를 생각해보자. 자신의 목숨이 위험에 처했을 때에도 그들에게 가장 중요한 것은 기꺼이 행동하려는 자세다.

사랑하는 사람들을 보호할 용기를 반드시 갖추기 위해 배려–친교 반응은 위험을 피하려는 기본적 생존 본능에 대항해야 한다. 그 순간에는 아무것도 두려워하지 말아야 하고 행동으로 변화를 만들어낼 수 있다는 자신감을 갖춰야 한다. 만약 자신이 할 수 있는 일이 아무것도 없다고 생각한다면 우리는 포기하고 말 것이다. 그리고 공포로 우리의 몸과 마음이 얼어붙는다면 사랑하는 사람은 죽게 된다.

요점만 말하면 배려–친교 반응이란 공포를 줄이고 희망을 키우도록 만들어진 생물학적 상태다. 배려–친교 반응의 작용을 이해하는 최선의 방법은 그 반응이 뇌에 어떻게 영향을 미치는지 살펴보는 것이다. 우리는 스트레스가 친사회적 경향을 활성화시키는 신경 호르몬인 옥시토신 수치를 증가시킨다는 사실을 이미 살펴봤다. 하지만 이는 배려–친교 반응의 일부에 지나지 않는다. 사실상 이 반응은 뇌의 세 가지 체계를 활성화시킨다.[3]

❶ '대인 배려 체계'는 옥시토신에 의해 조절된다. 이 체계가 활성화되면 공감, 유대감, 신뢰감이 깊어질 뿐 아니라 다른 사람들과 관계를 맺고 가까워지고 싶은 욕구가 커진다. 이 체계는 뇌의 공포 중추를 억제해 용기를 북돋아준다.

❷ '보상 체계'는 신경전달물질인 도파민을 분비한다. 보상 체계가 활성화되면 의욕이 강해지고 공포심이 잦아든다. 스트레스 반응의 하나로 도파민이 급격히 분비되면 뭔가 의미 있는 일을 해낼 수 있다는 낙관적인 기분이 든다. 또한 도파민은 신체적 행동을 취할 수 있도록 뇌를 준비시켜 압박감 속에서도 결코 얼어붙지 않도록 만든다.

❸ '조율 체계'는 신경전달물질인 세로토닌에 따라 움직인다. 이 체계가 활성화되면 지각력, 직관력, 자제력이 강화된다. 그로 인해 지금 필요한 것이 무엇인지 더 쉽게 이해하게 되며, 자신의 행동이 긍정적인 영향을 가장 크게 미치도록 만드는 데 도움이 된다.

바꿔 말하면 배려—친교 반응은 사람을 사회적이고 용감하며 영리하게 만든다. 이 반응은 행동의 추진력을 내기 위해 필요한 용기와 희망 그리고 능숙하게 행동하고 있다는 인식을 모두 제공한다. 이 지점에서 상황은 흥미로워지기 시작한다. 어쩌면 배려—친교 반응은 우리가 후손을 보호하도록 돕기 위해 진화해왔는지도 모르지만, 막상 그 반응이 일어나면 우리의 용기는 현재 직면한 도전으로 옮겨간다. 그리고 가장 중요한 부분은 이것이다. 다른 사람들을 돕겠다는 선택을 내릴 때마다 우리는 이 반응을 활성화시킨다. 다른 사람들을 보살피는 태도는 용기의 생물학을 만들어내고 희망을 창조한다.

캘리포니아대학교 LA 캠퍼스에서 시행한 연구는 다른 사람들을 보살피는 태도가 뇌의 스위치를 공포에서 희망으로 어떻게 전환시키는지 정확히 증명해보였다.[4] 연구원들은 실험 참가자들에게 사랑하는 사람을 데리고 뇌 영상 센터로 오라고 요청했다. 참가자들은 시설에 도착하고 나서 "이번 실험에서는 사람들이 타인의 고통에 어떻게 반응하는지 연구할 것"이라는 설명을 들었다. 그들은 사랑하는 사람들이 적당히 고통스러운 전기 충격을 잇달아 받는 동안 그 모습을 지켜보게 됐다. 사랑하는 사람들이 받는 고통이 어느 정도인지 확실히 이해시키기 위해 연구원들은 참가자들에게 시험 삼아

전기 충격을 한 번 경험시켰다.

　만약 이 연구에 계속 참여하겠다고 동의한다면 사랑하는 사람들이 고통을 받는 것은 막을 수 없지만, 사랑하는 사람들이 고통받는다는 사실을 알게 돼서 느끼는 괴로움에 대한 두 가지 대처방식을 취할 수 있다. 고통스러운 전기 충격이 가해지는 동안 참가자들은 사랑하는 사람들을 안심시키기 위해 손을 잡거나 스트레스 볼(stress ball, 스트레스 해소용으로 만들어진 고무 재질의 공)을 쥘 수 있다. 그러는 동안 연구원들은 참가자들의 뇌에서 어떤 현상이 일어나는지 관찰했다.

　이 두 가지 대처방식은 우리가 실생활에서 사랑하는 사람의 고통에 어떻게 반응하는지를 보여주는 좋은 사례다. 때때로 우리는 사랑하는 사람들을 안심시키는지, 지지하는지, 아니면 돕고 있는지 보려고 상대에게 관심을 돌리기도 한다. 바로 이것이 배려−친교 반응이다. 사랑하는 사람에게 귀를 기울이고 곁에 있어 주는 것밖에 달리 하는 일이 없더라도 이는 용기 있는 행동이다. 그런데 어떤 때에는 상대의 고통으로 인해 느껴지는 괴로움을 벗어던질 길이 없는지 찾아보기도 한다. 그러다 보면 사랑하는 사람에게서 관심이 멀어지고 그들을 도와줄 수 있는 능력이나 의지가 줄어든다. 어쩌면 육체적으로나 정신적으로 움츠러들어, 불편한 마음을 덜어내기 위해 회피성 대처방식에 눈을 돌릴지도 모른다. 심리학자들은 이 현상을 '동정심 와해 compassion collapse'라고 부른다. 사랑하는 사람들의 스트레스로 인해 우리가 받는 스트레스를 피하려고 노력함으로써, 감정이 북돋아지기보다는 오히려 마비돼버리는 것이다.

　이 실험에서 연구원들은 손잡기와 스트레스 볼 쥐기가 참가자들의 뇌 활동에 아주 다른 영향을 미쳤다는 사실을 알아냈다. 참가자들이 손을 내밀어 사랑하는 사람들의 손을 잡아주면 뇌에서 보상과 보살핌을 담당하는 체계들이 활성화된다. 손을 내미는 행동은 뇌에서 공포와 회피를 촉발하는 곳으로 알려진 편도체의 활동을 감소시킨다. 이와 반대로 스트레스 볼을 쥐는 행동은 편도체의 활동성에 아무런 영향을 미치지 않았다. 대부분의 스트레스 전략이 그렇듯 스트레스 볼을 쥐는 것은 괴로움을 감소시켜주지 못했고 실제로는 보상과 보살핌을 담당하는 뇌 체계들의 활동을 감소시켰다. 이는 참가자들의 무력감이 강화됐음을 암시한다.

이 연구는 우리에게 두 가지 사실을 알려준다. 첫째, 우리에게 소중한 사람들이 고통받고 있을 때 어디에 관심을 두는가에 따라 스트레스 반응이 달라진다는 것이다. 만약 사랑하는 사람들을 안심시키고 도와주며 보살피는 데 중점을 두면 우리는 희망과 유대감을 느낀다. 그렇지 않고 자신의 괴로움을 덜어내는 데 중점을 둔다면 공포에 갇혀 벗어나지 못한다. 둘째, 작은 행동들을 통해서 용기의 생물학을 창조할 수 있다는 점이다. 이 경우에는 사랑하는 사람이 고통을 겪고 있을 때 손을 잡아주는 것이었다. 일상생활에는 이와 비슷하게 유대감을 만들어내는 작은 선택의 기회가 산재해 있다.

자신의 스트레스에 압도당하든 타인의 고통에 어쩔 줄 모르든 간에 희망을 찾아내는 방법은 그 상황을 회피하는 것이 아니라 관계를 만들어가는 것이다. 배려–친교를 통해 접근할 때 얻는 이점은 사랑하는 사람을 돕는 것 이상이다. 물론 사랑하는 사람을 돕는 것도 중요한 기능임은 틀림없다. 자신이 무력하게 느껴지는 모든 상황에서 다른 사람을 돕기 위해 무엇이든 행동을 취한다면 자신의 동기와 낙천주의를 유지하는 데 도움이 된다.

배려─친교 반응의 부작용으로 인해 다른 사람을 돕는 것이 스트레스를 전환시키는 놀랍도록 효과적인 방법이 된다. 펜실베이니아대학교 경영대학원인 와튼 스쿨의 연구원들은 직장에서의 시간 압박을 해소하는 방법을 찾는 데 흥미가 있었다. 할 일이 너무 많은데 처리할 시간은 충분치 않을 때 어떤 기분이 드는지는 누구나 안다. 시간이 부족하다는 기분은 단순한 스트레스가 아니라 나쁜 결정과 해로운 선택을 초래한다고 입증돼온 심리 상태다.[5] 이 연구에서 와튼 스쿨 연구원들은 시간이 충분치 않다는 기분을 덜어주는 두 가지 방법을 시험해봤다. 이들은 일부 참가자들에게 자유 시간이라는 뜻밖의 횡재를 안겨주었고 그 시간에 무엇이든 하고 싶은 일을 해보라고 요구했다. 그 밖의 참가자들은 그 시간에 다른 사람들을 도와주라는 요구를 받았다. 나중에 연구원들은 참가자들에게 지금 당장 이용할 수 있는 자유 시간이 얼마나 되고 일반적으로 자신이 가진 자원 시간이 얼마나 부족한지 평가하라고 요청했다.

놀랍게도 실제로 자유 시간을 얻는 것보다 다른 사람들을 도울 때 시간이 부족하다는 기분이 줄어들었다. 다른 사람들을 도운 사람들은 자신에게 시간을 투자한 사람보다 향후에 자신이 더욱 능력 있고 능숙하며 유용하다는 느낌을 받았다. 결과적으로 그들이 반드시 완수해야 할 임무와 그로 인한 압박감을 다룰 줄 아는 능력에 대해 느끼는 바가 달라졌다. 이런 면에서 이 실험은 다른 사람을 도와줌으로써 자신감을 강화시켰던 제러미 제이미슨의 수용─사고방식 중재와 비슷하다. 이를 통해 사람들은 자신이 반드시 해야 할 힘든 일에 대해 전과 다르게 느끼기 시작했다. 게다가 최근에 눈뜬 자신감 덕분에 시간처럼 객관적인 대상을 인식하는 방식에 변화가 생겼다. 다른 사람들을 도운 뒤에는 시간 자원이 늘어났던 것이다.

배려-친교의 관점에서 보면 남을 돕는 행동이 그 사람의 생리를 전환시켜 위압감을 가라앉혔다고 추측해도 좋을 듯하다. 와튼 스쿨 연구원들은 이 실험의 결과를 요약해 다음과 같이 충고했다.

"시간에 얽매인 기분이 들면 시간에 더 인색해지는 경향이 있기는 하겠지만, 사실은 시간에 더욱 관대해지는 편이 좋다."[6]

이 충고는 딱 들어맞는데, 특히 사람들이 남을 도울 때 기분이 얼마나 좋아질 것인지를 과소평가하는 경우가 많기 때문이다. 가령 사람들은 자신을 위해 돈을 쓰면 다른 사람들에게 돈을 쓸 때보다 더 행복할 것이라는 잘못된 예상을 하지만 사실은 그와 정반대다.[7] 심지어 마지못해 한 일이라 해도 남에게 베풀고 나면 기분이 좋아진다. 오리건대학교 경제학자들이 진행한 실험에서 실험 참가자 전원에게 100달러씩을 나눠준 다음 "가난한 사람들이 무료로 음식을 얻는 푸드 뱅크에 돈의 일부를 기부하면 어떻겠느냐"고 물었다. 남을 배려하는 마음은 제각각이었지만 참가자들은 대체로 돈을 기부했다. 그리고 연구원들은 참가자들의 동의를 구하지 않고 돈을 조금 회수해서 참가자의 이름으로 푸드 뱅크에 기부했다. 두 가지 상황에 놓인 참가자들은 대부분 기부로 인해 뇌의 보상 체계가 활성화됐다. 뇌의 변화가 더욱 두드러졌던 경우는 참가자들이 기부하겠다고 스스로 결정했을 때였지만, 그래도 두 집단이 보여준 변화의 방향은 동일했다. 게다가 이런 뇌 변화는 기분을 좋게 만든다고 예측됐다.[8] 푸드 뱅크에 돈을 기부함으로써 대부분의 참가자들은 기분이 좋아졌다.

이 두 가지 연구에서 내린 결론은 자선을 더 많이 베풀거나 남을 도우라고 강요해야 한다는 것이 아니다. 오히려 이 연구 결과들은 행복해질 때까지 기다려야 비로소 남을 돕겠다는 관대한 생각이 드는 것은 아님을 일깨워준다. 때로는 관대하게 행동하겠다는 선택이 먼저 내려지고 행복감이 나중에 찾아오기도 한다. 시간이나 에너지 또는 그 밖에 자신의 자원이 부족하다고 느껴진다면 관대해지겠다는 선택은 배려−친교 반응에 수반되는 회복력을 얻을 수 있는 방법이다. 만약 회피나 자기회의 또는 위압감에 시달리고 있다면 현재로서는 남을 돕는 행동이야말로 대단히 강력한 의욕 촉진제다.

: : 스트레스 사용법: 위압감을 희망으로 바꾼다 : :

위압감이 느껴질 때면 일상적인 책임에서 벗어나 다른 사람을 위해 뭔가를 해줄 방법을 찾아보자. 여러분의 뇌는 시간이나 에너지가 부족하다고 말할지도 모르지만 바로 그 이유 때문에 남을 도와야 한다. 게다가 남을 돕는 일을 일상적인 일로 삼아도 좋다. 즉, 다른 누군가를 도와줄 기회를 찾자는 목표를 설정하는 것이다. 그렇게 함으로써 몸과 뇌를 준비시켜 긍정적인 조치를 취하고 용기와 희망 및 유대감을 경험하게 한다.

이 행동의 혜택을 증폭시킬 수 있는 두 가지 전략이 있다. 첫째, 뇌의 보상 체계는 매일 하는 똑같은 행동보다 새롭거나 예상치 못한 일을 할 때 더 큰 힘을 얻는다. 둘째, 소소한 행동은 대단한 표현만큼이나 강력한 영향을 발휘하므로, 너그러움을 발휘할 완벽한 순간이 오기를 기다리지 말고 자신이 할 수 있는 자그마한 일들을 찾아보기 바란다. 나는 학생들에게 어떤 면에서 너그러워질 것인지 창의적으로 접근해보라고 권한다. 가령 다른 사람들에게 고마움을 표현하거나 지대한 관심을 보이거나 심지어 미심쩍은 점을 좋게 해석할 수도 있다. 자신의 가치관을 기억하거나 박동하는 심장에 대해 다시 생각하기와 같이, 앞서 살펴봤던 다른 사고방식 재설정과 마찬가지로 여러분이 스트레스를 받아들이는 방식에 예상치 않게 큰 영향을 미치는 것은 바로 사소한 선택 이다.

자기중심적 목표가 스트레스를 부른다

미시건대학교의 심리학자 제니퍼 크로커Jennifer Crocker는 1999년부터 2000 년까지 안식년을 맞아 모든 강의와 행정업무를 쉬게 됐다.[9] 안식년은 창작 에너지를 회복하고 연구에 보다 전념할 수 있는 시간이라고 이상적으로 묘사될 때가 많지만 크로커는 그동안 녹초가 돼버린 상태였다. 사실 그녀는 몇 해 전 미시건대학교의 제안으로 교수직을 수락했었다(사실 그녀는 다른 대학의 초빙을 받았으나 미시건대 쪽에서 거의 뺏어오다시피 데려왔다).

이 학교에는 세계에서 손꼽히는 심리학 연구 프로그램이 개설돼 있었고, 동료 교수들 또한 대체로 그 분야에서 명성이 자자했다. 걸출한 연구 성과를 낸 덕에 이곳에 임용됐음에도 불구하고 그녀는 교숫 채용 위원회가 실수를 저지른 건 아닐까 하는 기분, 미시건의 교숫감이 맞을까 하는 의문을 계속 품어왔다. 여담이지만 크로커가 이렇게 말하는 것을 듣고 나는 정말이지 깜짝 놀라고 말았다. 그녀의 이력서에는 100여 편의 논문과 2008년 우수 평생 공로상을 비롯해 10여 편의 주요 수상 경력이 적혀 있었기 때문이다. 어쨌든 그녀는 미시건대에서 자신의 가치를 증명하고자 몇 년 동안 쉬지 않고 노력했다. 그러고 나니 완전히 진이 빠져 탈진 상태에 이르렀다. 다행히 안식년을 얻어 녹초가 되도록 일을 하지 않고도 목표에 다시 몰입하는 방법을 알아내기 위해 시간을 확보한 참이었다.

안식년 첫해 어느 봄날 크로커는 친한 친구와 커피를 마시던 중 캘리포니아 소살리토Sausalito에서 열리는 리더십 워크숍에 참여해달라는 권유를 받았다. 친구의 설득에 넘어가기는 했지만 큰 기대는 하지 않았다. 그런데 9일 동안 워크숍에서 들은 이야기는 그녀에게 딱 필요한 내용이었다. 이 워크숍은 뭔가에 떠밀려 자신의 가치를 입증하려고 아등바등할 때 어떤 대가를 치르게 되는지에 초점을 맞췄다.[10] 꼭 크로커가 경험한 것처럼 말이다.

워크숍의 참가자들 중에는 기업 임원과 의사를 비롯해 청소년기 자녀를 동반한 부모도 있었다. 크로커는 그곳에 모인 사람들도 하나같이 이 메시지와 무관하지 않은 듯하다는 사실을 발견하고는 깜짝 놀랐다. 끊임없이 경쟁이 벌어지는 곳에서 항상 다른 사람에게 깊은 인상을 심어주거나 자신의 능력을 입증하려고 노력하면서 삶의 목표에 다가가는 것은 소모적인 일이었다. 그러다 보니 일의 즐거움은 사라져버렸고 인간관계에서 갈등만 빚어졌다. 건강에도 막대한 해를 입었다. 하지만 참가자들은 너 나 할 것 없이 이 방법이야말로 성공으로 가는 유일한 길이라고 생각했다.

그러나 워크숍 리더들은 전혀 다른 시각을 갖고 있었다. 그들의 주장에 따르면 자신을 팀, 조직, 공동사회, 임무와 같이 더 큰 존재의 일부라고 생각하면 노력하는 과정에서 어떤 효과가 발생한다는 것이다. 삶의 주된 목표를 더 거대한 존재에 공헌하는 것으로 설정하면 자신을 움직이게 만드는 동력이 달라진다. 자신이 무척 훌륭하다거나 다른 사람들보다 뛰어나다는 사실을 그저 입증하려 노력하기보다는, 이 노력이 자기뿐만이 아니라 공동의 이익에 기여하는 것이라고 생각하게 된다. 게다가 오로지 자신의 성공에 집중하는 대신 다른 사람들이 더 원대한 임무를 추진하도록 돕고 싶어진다.

크로커를 비롯한 참가자들은 소위 개인의 이익과 성공을 위한 목표를 넘어선 목적으로 정의되는 공익적인 목표에 대해 깊이 생각해보라는 요청을 받았다. 공익적인 목표란 승진을 하거나 보상을 받거나 상사에게 칭찬을 받는 식의 실질적인 목표가 아니다. 오히려 공동사회 안에서 어떤 역할을 해내고 싶은지, 일테면 어떤 공헌을 하고 싶고 어떤 변화를 일으키고 싶은지에 가깝다.[11] 워크숍 리더들은 이런 사고방식으로 노력하면 개인의 직업적 목표와 공익적인 목표를 모두 달성할 기회가 늘어난다고 설명했다. 그리고 그 과정에서 더 큰 기쁨을 느끼고 더 많은 의미를 경험하게 된다는 것이다.

크로커는 학계에 몸담은 내내 공익적 목표보다는 경쟁과 자기중심적 성향의 사고방식에 떠밀려 살아왔음을 깨달았다. 자신의 일에 접근하는 새로운 방법을 배우는 것은 그때까지 경험한 탈진을 해소할 급진적이지만 흥미로운 해결책처럼 보였다. 그래도 크로커는 다른 어떤 존재이기 이전에 과학자였다. 그래서 안식년이 끝나자 훌륭한 연구원이 으레 할 법한 조치를 취했다. 즉, 이 두 가지 서로 다른 사고방식의 작용 원리를 알아내기 위해 연구를 설계하기 시작했다.

크로커와 동료들은 전혀 다른 문화권에 속하는 미국과 일본을 배경으로 학문적 성공, 직장 스트레스, 대인관계, 행복을 위해 자기중심적 목표를 세우는 경우와 공익적 목표를 세우는 경우에 그 결과가 어떻게 다른지 연구했다.[12] 연구에서 가장 먼저 밝혀진 내용 가운데 하나는 공익적인 목표와 연결돼 있을 때 사람들의 기분이 더 좋아진다는 점이다. 더 희망에 차 있고 호기심이 강하고 남을 배려하고 고맙게 여기고 영감에 넘치며 신이 났다. 이와 대조적으로 자기중심적 목표에 따라 움직일 때 사람들은 혼란스럽고 불안하고 분노하고 시기하며 외로워할 가능성이 더 크다.

이 목표로 인해 생기는 감정적인 결과는 오랜 시간에 걸쳐 쌓이므로 자기중심적 목표를 꾸준히 추구하는 사람들은 우울해질 가능성이 크다. 반면 공익적인 목표를 추구하는 사람들은 한층 더 행복하고 삶에 만족한다. 이런 차이가 나타나는 한 가지 이유는 공익적인 사고방식으로 움직이는 사람들이 결국 돈독한 사회적 지지망을 구축하기 때문이다. 역설적으로 자신의 능력을 입증하는 대신 다른 사람들을 돕는 데 집중하는 사람들은 남을 돕기보다 남에게 좋은 인상을 주려고 노력하느라 더 많은 에너지를 쏟는 사람들에 비해 더 많은 존경과 사랑을 받는다. 안식년을 맞이하기 전의 크로커처럼 그들은 직업적으로는 성공할는지 모르지만 여전히 고립감을 느끼고 자신의 위치를 불안해한다.

중요한 것은 이 두 가지 목표 추구 방법이 고정된 성격 특성이 아니라는 사실이다. 크로커는 누구나 자신을 입증하고 공익에 기여하려는 두 가지 유형의 목표를 갖고 있으며, 이런 동기들이 시간의 흐름에 따라 변동을 거듭한다는 것을 보여줬다. 그 주요 요인 하나는 우리 주변의 사람들인 듯하다. 크로커가 알아낸 바에 따르면 자기중심적 목표와 공익적인 목표는 모두 전염성이 강하다.

최초의 실험에서 그녀는 온갖 심리적 속임수를 동원해 사람들의 동기를 조종하려고 했다. 참가자들의 의식적 자각을 벗어난 목표들을 준비하는 식이었다. 하지만 사람들이 목표를 스스로 전환할 수밖에 없을 때 훨씬 좋은 효과가 난다는 사실을 그녀는 이내 깨달았다. 사람들은 공익적인 목표에 대해 곰곰이 생각하라는 요청을 받으면 사고방식을 전환할 수 있다. 더욱이 사고방식이 전환될 때 스트레스 경험도 전환된다.

한 연구에서 크로커와 동료들은 공익적 목표에 대해 생각하면 스트레스 많은 취업 면접을 경험하는 참가자들의 태도가 어떻게 달라지는지 실험했다.[13] 일부 참가자들은 면접을 보기 전에 간단한 사고방식 중재를 받았다. 연구자들은 취업 면접이 사람들을 경쟁적이고 자기홍보에 능한 심리 상태로 몰아간다고 설명했다. 연구자들의 제안에 따르면 면접에 임하는 또 하나의 방법은 직장을 얻으면 어떻게 다른 사람을 돕거나 더 큰 임무에 공헌하게 되는지에 집중하는 것이다. 자신의 능력을 입증하려고 노력하는 대신 공동의 이익을 위한 뭔가에 집중할 수도 있다. 참가자들에게는 자신이 가장 중요하게 생각하는 가치관과, 이 직장을 구하면 어떻게 다른 사람을 돕고 변화를 만들어낼 수 있는지에 대해 생각할 2분의 시간이 주어졌다. 주목할 부분은 실험자가 어떤 공익적 목표도 부과하지 않았다는 것이다. 참가자들은 공익적 목표를 스스로 찾아야만 했다.

사고방식 전환이 성과에 어떻게 영향을 미쳤는지 검토하기 위해 이 연구에서는 취업 면접을 보기 전후 참가자들의 스트레스 호르몬을 측정했다. 그뿐만 아니라 면접 과정을 녹화했으며 선입관이 없는 사람들을 채용해 참가자들의 행동을 관찰하고 평가하게 만들었다. 공익적인 목표에 대해 깊이 생각해본 참가자들은 면접관들과 친근한 관계를 맺는 징후를 더 많이 보였다. 가령 미소를 짓고 눈을 맞추며 면접관들의 신체언어를 무의식적으로 흉내 내는 것이다. 이 행동들은 모두 신뢰감을 증가시키고 사회적 유대감을 강화 시키는 것으로 나타났다. 더욱이 평가자들은 이 참가자들이 한 말을 선호해 서, 가치관에 대해 깊이 생각해보지 않은 참가자들의 대답보다 그들의 대답 이 보다 고무적이라고 평가했다. 사고방식 전환은 참가자들의 신체 스트레 스 반응에도 영향을 미쳤다. 그 일자리에 맞는 공익적인 목표들을 깊이 생각 해본 사람들은 코르티솔과 부신피질 자극 호르몬ACTH이라는 두 가지 스트레 스 호르몬을 측정한 결과 위협 반응을 별로 보이지 않았다.

크로커는 개인적인 목표 달성에서 배려−친교 접근법을 취할 때 얻는 장점 에 대해 조사한 유일한 연구원이 아니었다. 제1장에서 이미 만나본 데이비 드 예거도 학생들을 도와 공익적인 목표를 발견하게 만들면 학습 동기가 향 상되고 성과가 개선된다는 사실을 입증했다.[14] 한 연구에서 대학생들은 자 아를 넘어서는 사고방식 중재를 20분 동안 받았고 여기에는 다음 활동이 포 함됐다.

> 잠시 시간을 내서 여러분이 장차 어떤 사람이 되고 싶은지 생각해보자. 그리 고 주변 사람들이나 일반적인 사회에 어떤 종류의 긍정적인 영향을 미치고 싶은지 생각해보자. 아래 빈 공간에 이 질문에 대한 답을 적어본다. 학교 공 부는 여러분이 원하는 사람이 되거나, 주변 사람들 또는 일반적인 사회에 자 신이 원하는 영향을 미칠 수 있도록 어떤 도움을 주는가?

그러고 나서 학생들은 지루하고 어려운 수학 문제를 받았다. 공익에 대해 깊이 생각해본 학생들은 더 오랫동안 문제 풀이에 매달렸고 결국 더 많은 정답을 맞혔다. 이와 동일한 사고방식 중재를 받은 고등학생들은 단기적으로 학습 동기가 높아졌고 학기말 성적도 향상됐다. 예거와 동료들은 학생들이 공익적인 목표에 대해 생각하면 따분한 공부와 학문적 어려움의 의미가 달라졌음을 알아냈다. 이 새로운 의미, 즉 끈기 있게 공부하면 세상을 변화시키는 데 도움이 된다는 생각은 자신의 능력을 시험하느라 받는 스트레스를 회피하기보다는 적극적으로 활용하려는 동기를 부여한다.

케이스웨스턴리저브대학교에서 실시한 연구는 공익적인 목표가 스트레스를 그토록 효과적으로 전환시키는 이유가 무엇인지 보다 깊이 있게 파악한다. 이 연구를 진행한 신경과학자들은 학생들을 실험실로 데려가서 지도 교수들과 대화를 나누게 했다. 어떤 참가자들의 경우 지도 교수들은 학생들의 공부는 물론 현재 당면한 문제에 대해서 평소처럼 논의에 뛰어들었다. 다른 참가자들의 경우 지도 교수들은 미래에 대해 어떤 비전을 갖고 있느냐고 물어봄으로써 학생들이 가치관과 이상에 대해 깊이 생각하도록 유도했다. 그동안 내내 신경과학자들은 학생들 각자의 뇌 활동을 추적했다. 지도 교수가 학생들에게 공익적인 목적에 대해 질문을 던지자 학생들은 더욱 기운이 났고 희망에 부풀었으며 배려받는 기분이 들었다. 그뿐만 아니라 스트레스를 받을 때 나타나는 배려-친교 반응과 관련이 있는 세 가지 뇌 체계가 모두 활성화됐다.[15] 공익적인 목표에 대해 심사숙고하는 것은 다른 사람들을 도울 때와 동일한 효과를 일으키는 듯하다. 즉, 긍정적인 동기를 잘 활용함으로써 배려-친교 반응을 이끌어낸다.

비즈니스에서의 목표 설정

모니카 월린Monica Worline은 직장 내의 사회적 관계를 연구하는 조직 심리학자들과 설립한 컴패션랩리서치그룹CompassionLAb Research Group의 창립 회원이다.[16] 그녀의 연구에 따르면 직장 동료들에게 느끼는 유대감은 극도의 피로감을 감소시키고 직원 몰입도를 증가시킨다. 이는 다른 사람들을 도와줌으로써 얻을 수 있는 가장 큰 혜택이다.

월린은 나스닥 100NASDAQ-100에 포함된 20개 기업을 비롯하여 《포춘》 선정

'세계에서 가장 존경받는 기업'에 오른 수많은 기업들과 일을 해왔다. 기업의 직원 회복력을 돕기 위해 그녀가 활용한 한 가지 훈련은 소위 '역할 재설계role redesign'이다. 공익적인 관점에서 자신의 직무 기술서를 다시 작성하는 것이다. 대부분의 직무 기술서에는 관련된 업무, 필요한 기술, 직책 수행 시 우선사항들이 기록된다. 하지만 이것만으로는 어떤 업무를 담당하는 사람이 해당 조직이나 공동체에 어떠한 공헌을 하고 있는지 그 이유를 이해하기 어렵다.

역할 재설계를 할 때 월린은 사람들에게 다음 사항들을 고려해보라고 주문한다. 함께 일하거나 모시는 사람들의 관점에서 여러분이 하는 일을 묘사한다면 어떻게 될까? 여러분의 역할 덕분에 어떤 도움을 받고 있는지에 관해 그들은 어떻게 말할까? 여러분의 일은 회사의 더 원대한 임무 또는 공동체 사람들의 복지를 어떻게 지원하는가? 비록 직무 기술서를 재구성한다고 해도 어떤 일자리의 기본적인 업무가 달라지지는 않겠지만 그에 관한 사람들의 인식 태도는 달라진다. 월린은 이 훈련을 통해 사람들이 자신의 일에서 얻는 의미와 만족감이 커진다는 사실을 알게 됐다.

직장에 관련된 공익적인 목표 설계 중에서 그가 좋아하는 사례는 켄터키 루이빌Louisville에서 일어났다. 그 당시에는 대중교통 체계의 안정성에 대한 우려가 커지고 있었다. 예를 들어 2012년 7월에 이 도시를 충격에 빠뜨린 사건이 발생했다. 어느 버스 뒷자리에서 남자 승객 세 사람이 말다툼을 벌이다 그중 한 명이 백주 대낮에 총을 꺼내 열일곱 살의 리코 로빈슨Rico Robinson을 살해한 것이다. 이에 루이빌 시장 그레그 피셔Greg Fischer는 기존의 대중교통 체계에 공공 안전성을 강화하라고 요구했다. 이 발안에는 이미 설치된 방범 카메라와 비상 무전기 이외에 시내버스 운전수들이 승객들의 안녕을 도모하기 위해 어떤 역할을 할 수 있을지 생각해보라는 요청이 포함됐다.

버스 운전수들은 이 제안을 심각하게 받아들이고는 전체의 뜻을 모아 그 명칭을 '안전 대사'라고 새로 지었다. 그들의 주된 임무는 여전히 버스 운전이었지만 자신들의 역할을 새로운 관점으로 받아들이기 시작했다. 그 일환으로 그들은 버스가 승객들을 살피고 알아봐주는 느낌이 나는 장소로 만들었다. 그들이 할 수 있는 한 가지는 손님들이 버스에 오를 때 반갑게 맞아주는 것이라고 생각했다. 돈을 받거나 탑승권을 확인하는 데 그치지 않고 눈을 맞추고 인사도 건네야 한다. 승객 한 명씩과 관계를 맺어감으로써 버스 운전사들은 공공장소에서 범죄를 조장하는 익명성을 줄일 수 있었다. 이렇게 해서 승객들이 보다 편안하고 환영받는 듯한 기분이 들게 만들 수 있었다.

역할 재설계에서 가장 놀라운 점은 이를 통해 버스 운전수들이 받은 영향이었다. 월린의 말에 따르면 이들은 버스 운전의 의미와 중요성을 그 어느 때보다 높이 평가했다. 심신이 탈진될 위험이 높은 직업임을 감안하면 특별히 의미 있는 결과가 나온 셈이다. 참고로《US뉴스&월드리포트_U.S. News and World Report_》에 따르면 버스 운전수들의 스트레스 수준은 평균을 웃돌지만 승진의 기회는 평균을 밑도는 형편이다. 어쨌든 루이빌 버스 운전수들이 자신들을 안전 대사라고 새롭게 인식한 덕분에 그 직업의 의미가 달라졌다. 이들은 시장이 제시한 공동체 안전 계획을 지지한다는 공익적인 목표에 이바지했으며 누군가가 버스에 올라탈 때마다 이 목표와 연결됐다.

월린은 루이빌의 사례가 예전에 함께 일했던 모든 기업들과의 경험을 떠올리게 만든다고 말한다. 자신의 직업을 공익적인 사고방식으로 바라보는 것은 가장 기본적인 직무들의 의미를 고양하고 심신이 탈진하지 않도록 완충제 역할을 수행한다.

공익적인 목표들을 설정해서 얻는 혜택은 비단 직업 만족감에만 국한되지 않는다. 연구원들은 이 사고방식을 중요한 결정에 적용하는 리더들이 어려움에 처한 조직을 다시 일어서게 만드는 데 도움이 될 수 있다고 주장한다. 2013년에 버지니아대학교와 워싱턴대학교의 연구원들은 지난 2년 동안 커다란 어려움을 겪은 140개 기업의 리더십에 관해 조사했다.[17] 이 기업들은 제조업, 서비스업, 소매업, 농업을 포함해 다수의 산업계를 대표했다. 이 기업들은 하나같이 장기적인 경제 후퇴로 고심해왔을 뿐 아니라 회사의 장래를 위협하는 한 가지 이상의 중대한 문제를 다뤄왔다.

연구원들은 그 힘든 시기에 살아남으려고 어떤 조치를 취했는지 알아내기 위해 리더들을 인터뷰했다. 또한 이 위기가 총수입과 이윤 및 조직의 규모에 어떤 영향을 미쳤는지 살펴보기 위해 기업들의 재정보고서를 살펴봤다. 연구원들이 번창한 기업들과 가장 큰 시련을 겪은 기업들을 비교해본 결과 한 가지 중요한 차이점이 분명하게 드러났다. 즉, 가장 크게 성공한 기업들은 어려움을 해결하면서 연구원들이 소위 집산주의적 방법이라고 부른 조치를 취했다. 다시 말해 이 위기를 공익적인 목표를 지원하는 기회로 활용했던 것이다. 가령 일부 기업들은 지역 범죄로 골머리를 앓아왔다. 대부분은 보안 장비를 추가로 설치하고 회사와 근린환경 사이에 방벽을 강화하려고 노력하는 식으로 대응했다. 그러나 한 기업은 독특한 배려−친교 전략을 시도했다. 회사 인근의 버려진 건물들에 투자하고 이를 복원한 다음 그 지역사회에 임대한 것이다.

이 밖에도 기업들은 다른 효과적이고 창의적인 공익적 해결책들을 보고했다. 예를 들어 경찰서와 학교처럼 중요한 지역사회 단체들에게 임대료를 할인하는 방식으로 불경기에 대응하거나 지역 청년들을 위한 멘토 및 장학금 프로그램을 만드는 방법으로 숙련공 부족 현상을 해결했다. 각각의 사례에서 기업의 리더들은 공동체의 이익에 집중하기로 결정하고는 회사를 당장 살리는 데만 급급하지 않았다. 중요한 것은 이 해결책이 단지 자기만족에 지나지는 않았다는 점이다. 산업 전반에 걸쳐 리더들이 공익적 해결책을 추구했을 때 기업은 위기 동안과 그 이후에 수익 성장과 이윤 및 규모 확장 면에서 더 큰 성과를 보였다.

대부분의 사람들은 동정심이 약점이고 다른 사람들에 대한 배려가 자신의 자원을 고갈시킬 것이라는 잘못된 추측을 한다. 하지만 과학 연구와 이 사례들을 통해 입증된 바는 배려가 우리의 자원을 실제로 확충한다는 점이다. 인간을 포함해 사회생활을 하는 모든 종은 혼자 생존하지 못하기 때문에 자연은 우리가 서로를 반드시 보살피도록 만드는 동기 체계 전체를 우리에게 갖추게 해줬다. 여러 가지 측면에서 이 체계는 우리의 생존에 있어서 투쟁-도피 반응보다 훨씬 더 중요한 역할을 한다. 어쩌면 이런 이유 때문에 자연은 우리에게 에너지뿐만이 아니라 희망과 용기, 심지어 영감마저 줄 수 있는 힘을 이 체계에 부여한 듯하다. 배려와 친교를 통해 동기 체계를 가동시키면 우리는 자신이 도전한 문제를 다루고 현명한 결정을 내리기 위해 필요한 자원도 활용하는 것이다. 배려와 친교는 우리를 고갈시키기는커녕 우리에게 힘을 불어넣어준다.

타인에 대한 배려가 나의 회복이 되는 이유

의사 나탈리 스타바스Natalie Stavas는 발이 부러진 채 달린 끝에 보스턴 마라톤 결승선을 목전에 둔 상태였다. 그녀는 부상 때문에 자신이 근무하는 아동 병원의 기금 모금에 차질이 생기도록 내버려두지 않겠다고 굳게 마음먹었다. 결승선에 가까워지자 스타바스는 뭔가 폭발하는 듯한 소리를 들었다. 그러고 나서 사람들이 소리를 지르며 그녀 곁으로 떼 지어 몰려들었다.

2013년 4월 15일의 일이었다. 그리고 그날 감히 생각지도 못했던 사건이 벌어졌다. 스타바스는 나란히 마라톤을 했던 아버지에게 돌아가서 이렇게 외쳤다.

"아빠, 저리로 가서 사람들을 도와야 해요!"

그러고는 경주를 위해 쳐둔 높이 1미터 남짓한 방어벽을 뛰어넘어 좁은 길을 서둘러 내려갔다. 얼마 지나지 않아 두 번째 폭탄이 폭발한 장소인 애틀랜틱피시Atlantic Fish 건물 밖에 도달했다. 사방이 피투성이였다. 피 냄새가 대기 중에 어찌나 진하게 배어 있는지 혀끝에 맛이 느껴질 정도였다. 스타바스는 현재 위치를 파악하려고 노력하면서 현장을 조사했다. 주인 없는 유모차가 굴러다녔고 누군가의 다리에서 분리된 발 한쪽이 덩그러니 놓여 있었다. 곧바로 땅 바닥 위에 누워있는 젊은 여성이 눈에 들어왔다. 스타바스는 맥박을 확인하고 흉부 압박을 시행했다.

스타바스는 폭발 현장에서 다섯 사람을 치료했고 그 가운데 네 명이 목숨을 건졌다. 그녀는 경찰에게 억지로 끌려 나갈 때까지 구조의 손길을 멈추지 않았다. 폭탄이 터지고 나서 서둘러 행동에 나선 사람은 스타바스 외에도 제법 많았다. 마라톤 결승선을 막 통과한 선수들은 매사추세츠 종합병원으로 달려가 헌혈을 했다. 이렇게 타인을 보살피는 행동은 며칠 또는 몇 주 뒤에 사람들이 비극을 이해하려고 안간힘을 쓰는 동안 일어난 것이 아니다. 뭔가를 하고 싶은 충동은 본능적으로 생긴다.

보스턴에서 도움의 손길이 쏟아져 나온 것은 무척 감동적이지만 그리 특별한 일은 아니다. 시련은 타인을 돕고 싶다는 인간의 기본 욕구를 자극하기 때문에 어려운 상황은 친절한 행동을 유발시킨다. 연구에 따르면 어떤 종류든 정신적 외상을 초래하는 사건을 겪고 나면 대부분의 사람들은 전보다 한층 이타적인 사람이 된다. 그들은 친구들과 가족들을 돌보는 일은 물론 비영리 조직과 단체의 자원봉사 활동에 더 많은 시간을 할애한다.[18] 중요한 것은 이런 이타주의가 그들의 상황 대처에 도움이 된다는 점이다. 외상 생존자들은 남을 돕는 데 더 많은 시간을 쏟아부을수록 더욱 행복해지고 자신의 삶에서 더 많은 의미를 발견한다.

여러분 자신이 극한 어려움에 몸부림칠 때 타인을 도우려고 하는 본능은 '고통에서 탄생한 이타주의altruism born of suffering'라고 불려왔다. 이 명칭은 매사추세츠대학교 애머스트 캠퍼스 심리학 교수 에르빈 스타우브Ervin Staub가 지었다. 젊은 시절 스타우브는 나치주의와 공산주의를 차례로 겪은 후 조국인 헝가리에서 탈출했다. 연구원으로서 그는 폭력과 인간성 말살을 초래하는 상황에 대해 연구할 작정이었지만 연구 과정에서 타인을 도와준 사람들의 이야기에 계속 등장하자 여기에 매료됐다.[19] 가령 홀로코스트 생존자의 82퍼센트는 강제 수용소에서 극심한 굶주림에 시달리면서도 얼마 되지 않은 음식을 나눠 먹어가며 다른 사람들을 돕기 위해 비상한 노력을 기울였다고 말했다.

스타우브는 자연재해, 테러 공격, 전쟁처럼 지역사회 전체가 정신적 외상을 입은 후에 이타주의가 증가한 현상을 기록했다. 그런 비극을 겪은 뒤에 나타나는 이타주의에는 한 가지 눈에 띄는 특징이 있다. 가장 많이 고통을 당한 사람들이 남을 가장 많이 도와준다는 점이다. 1989년에 허리케인 휴고가 미국 동남부를 강타한 이후 최악의 피해를 입은 사람들은 상대적으로 태풍의 영향을 덜 받은 지역민들에 비해 다른 피해자들을 더 많이 도왔다. 9.11 사태 이후 가장 많은 고통을 토로한 미국인들도 테러 공격의 희생자들을 돕는 데 가장 많은 시간과 돈을 기부했다. 보다 개괄적으로 말하면 스타우브는 살아오면서 외상성 사건을 많이 겪은 사람들이 자연재해 이후에 자원봉사를 하거나 돈을 기부할 가능성이 더 크다는 사실을 발견했다.[20]

이타주의가 자신이 가진 자원을 고갈시키는 것이라고 생각하는 사람이라면 이 현상이 당황스러울 듯하다. 이런 관점에서 보면 개인적 손실은 우리가 에너지를 보존하고 어떤 자원이 남아 있든 그것을 지키도록 동기를 부여해야 한다. 왜 고통은 누군가에게 도움을 주고 싶은 간절한 마음이 들도록 만들까?

그 해답은 우리가 이미 고려한 내용인 '배려가 어떻게 용기와 희망을 만들어내는가'에 담겨 있는 것 같다. 이미 살펴봤듯이 남을 돕는 행위는 공포를 용기로, 무력감을 낙천주의로 전환시킬 수 있다. 인생이 그 어느 때보다 스트레스로 가득하다면 배려와 친교에서 얻는 혜택은 우리의 생존에 한층 더 결정적이다. 우리 자신이 힘겨운 상황에서 발버둥 칠 때 남을 돕고 싶어 하는 본능은 '좌절 반응defeat response'을 방지하는 데 중요한 역할을 한다. 좌절 반응은 피해를 반복적으로 입을 때 나타나는 생물학적으로 내재된 반응으로, 식욕 부진과 사회적 고립감 및 우울증을 야기하며 심지어 자살을 유발하기도 한다. 그 주된 효과는 사람을 움츠러들게 만드는 것이다. 의욕, 희망, 타인과 관계를 맺고 싶은 열망을 잃게 한다. 그러다 보면 삶의 의미를 알아보지 못하거나 상황을 개선할 만한 어떤 조치도 취할 수 없다고 생각하게 된다.

그렇다고 해서 모든 상실이나 정신적 외상이 좌절 반응으로 이어지는 것은 아니다. 이 반응이 일어나는 경우는 오로지 주변 환경에 패배했거나 자신이 속한 공동체에 거부당했다고 느낄 때뿐이다. 달리 말하면 여러분이 할 수 있는 일이 아무것도 남아 있지 않고 세상 누구도 자신에게 관심이 없다고 생각할 때다.[21] 끔찍하게 들릴지 모르겠지만 좌절 반응은 여러분이 공동 자원을 고갈시키지 않도록 여러분을 그 상황에서 제거하는 자연의 섭리다.

투쟁-도피 반응과 배려-친교 반응처럼 좌절 반응도 사회생활을 하는 모든 종에서 발견된다. 그렇지만 진화적 관점에서 보면 좌절 반응은 정말 최후의 수단이다. 그러므로 우리가 체념하기 시작할 때면 일종의 역본능이 필요하다. 주변 상황이 절망적으로 보일 때조차 삶에 지속적으로 헌신할 수 있도록 말이다. 이 본능은 배려-친교 반응이거나, 아니면 에르빈 스타우브의 표현처럼 고통에서 탄생한 이타주의다. 자신이 한창 괴로울 때 다른 누군가를 도와준다면 여러분은 절망의 하향 곡선을 저지할 수 있다. 9.11 테러 공격이 벌어지고 난 뒤 국제무역센터의 근로자들을 구조하기 위해 음식을 나른 한 여성은 이렇게 말했다.

"무엇이라도 도움을 줄 수 있어서 뿌듯했습니다. 하지만 정말 기묘한 경험이었어요. 그러니까 뭐든 하고 싶어서 못 견디겠더라고요. 다른 사람을 돕는 게 나 자신을 돕는 일처럼 느껴졌습니다."[22]

　　조사에는 개인적인 위기 이후에 남을 도움으로써 어떻게 절망감이 줄어들었는지를 보여주는 사례들이 아주 많다. 그 사례들 가운데 몇 가지를 살펴보자.

- 자연재해가 닥친 뒤 자원봉사에 나선 사람들은 삶의 스트레스로 인해 낙천성과 활력이 높아지고 불안감과 분노 및 위압감은 줄어든다고 말한다.[23]
- 배우자와 사별한 사람이 다른 사람들을 보살피면 우울증이 줄어든다.[24]
- 자연재해의 생존자들이 다른 사람들을 도와주면 그 사건의 직접적인 여파로 외상 후 스트레스 장애에 걸릴 가능성이 적다.[25]
- 만성 통증에 시달리는 사람이 같은 증상을 가진 다른 사람을 상담해주면 고통과 신체장애 및 우울증이 감소하고 목적의식이 증가한다.[26]
- 테러 공격의 희생자들이 다른 사람들을 도와줄 방법을 찾게 되면 생존자 죄책감이 줄어들고 삶의 의미를 더 많이 발견하게 된다.[27]
- 생명을 위협하는 건강 위기를 견딘 뒤에 자원봉사를 시작한 사람들은 희망이 커지고 절망감이 줄어들며 목적의식이 강해진다.[28]

　　남을 돕는 행동은 고통의 심리적 영향만을 전환시키는 게 아니라 심각한 삶의 스트레스가 미치는 악영향으로부터 신체 건강을 지켜주기도 한다. 사실상 남을 돕는 행동은 외상성 사건이 건강과 장수에 미치는 영향력을 제거하는 것처럼 보인다.

　　뉴욕주립대학교 버펄로 캠퍼스의 연구원들은 18세 이상 89세 이하의 미국인 1,000명을 3년 동안 추적 조사했다.[29] 해마다 연구원들은 참가자들에게 스트레스성 생활 사건에 대해 물어봤다. 가령 가정 위기, 재정적 문제, 사랑하는 사람의 죽음처럼 그해에 일어났던 커다란 스트레스 요인들에 흥미를 가졌던 것이다. 또한 연구원들은 참가자들이 공동체에 얼마만큼의 시간을 할애하는지 물었다. 지역 공동체의 일원으로 활동했는가? 공원을 관리하거나 헌혈 운동에 자원하는 등 지역 환경을 개선하기 위한 활동을 펼쳤는가? 또한 그들은 참가자들의 건강에 대해서도 질문했다. 무엇이든 새로운 건강 문제로 진단을 받은 적이 있는가? 여기서 건강 문제란 감기처럼 사소한 질병이 아니라 요통, 심혈관 질환, 암, 당뇨병처럼 심각한 질병을 말한다.

어떤 식으로든 공동체를 위해 봉사한 적이 없는 사람들은 이혼이나 실직 같은 스트레스성 생활 사건으로 인해 새로운 건강 문제가 생길 위험이 증가했다. 하지만 사회 환원에 규칙적으로 시간을 투자하는 사람들은 그런 위험이 없었다. 이들에게 스트레스성 생활 사건과 건강 사이에는 아무런 상관관계도 존재하지 않았다.

이 과학자들은 한 가지 실험을 더 진행했고 이번에는 남을 돕는 행동이 장수에 미치는 영향을 살펴봤다. 연구원들은 디트로이트 지역에 거주하는 남녀 846명을 5년 동안 추적 조사했다.[30] 연구를 시작한 초반에는 참가자들이 주요 부정적인 생활 사건을 과거에 얼마나 많이 경험했는지 물었다. 그리고 참가자들이 친구, 이웃, 같은 집에 거주하지 않는 가족들을 위해 얼마나 많은 시간을 할애하는지도 물었다. 그런 다음 연구원들은 이후 5년 동안 누가 사망했는지 알아내기 위해 부고 정보 및 공식 사망 기록을 확인했다.

다시금 강조하지만 배려는 회복력을 만들어낸다. 일상적으로 남을 돕지 않는 사람들은 중대한 스트레스성 생활 사건을 겪으면 사망 위험이 30퍼센트 증가했다. 하지만 남을 돕기 위해 비상한 노력을 기울인 참가자들은 스트레스와 관련해 사망 위험이 증가한 경우가 전혀 없었다. 심지어 외상성 사건을 몇 가지 경험했을 때에도 그들은 주요 스트레스성 생활 사건을 전혀 경험하지 않은 사람들과 사망 위험이 비슷했다. 마치 스트레스의 해로운 영향으로부터 완벽하게 보호받은 것처럼 보였다.

그렇다고 해서 남을 배려하는 사람들 중에 사망하거나 질병에 걸린 사람이 아무도 없다는 뜻은 아니다. 남을 돕는다고 영원한 생명을 얻는 것도 모든 것으로부터 자신을 보호하는 것도 아니다. 하지만 자신을 보호할 수 있는 한 가지 대상이 바로 스트레스다. 타인을 배려해서 얻는 이점은 인종과 민족을 막론하고 평생토록 남녀 모두에게 적용됐다. 스트레스가 질병과 사망의 위험을 증가시킨다는 일반적인 추측은 일생을 배려-친교의 태도로 살아가는 사람들에게는 적용되지 않는 듯 보인다.

이미 자원봉사 활동을 정기적으로 실천하고 사회 환원에서 커다란 기쁨을 느끼는 사람이라면 이 연구 결과가 모두 자연스럽게 들릴 것이다. 하지만 스트레스를 받는 상황에서 여러분의 본능이 그다지 이타적이지 않다면 어떻게 될까? 지금까지 살펴봤듯이 사람들은 저마다 다른 방식으로 스트레스에 반응하는 경향이 있다. 만약 배려-친교 성향을 타고난 사람이 아니어도 남을 도움으로써 이익이 생길까?

대답은 분명히도 "그렇다"이다. 뉴욕주립대 버펄로 캠퍼스의 한 연구는 참가자들의 DNA 샘플을 수집함으로써 이 질문을 직접적으로 다뤘다.[31] 연구원들은 배려-친교 반응을 촉진하는 신경 호르몬인 옥시토신 민감성에 영향을 주는 유전자의 차이를 살펴봤다. 처음에는 옥시토신에 보다 민감한 사람들이 공동체 환원 활동을 통해 가장 큰 이익을 받을 것이라고 추측했지만 결과는 정반대로 나타났다. 유전적으로 배려–친교 반응을 보이지 않는 성향을 지닌 참가자들은 친사회적 행동을 통해 건강상 가장 큰 혜택을 입었다.

과학자들은 비록 배려–친교 반응이 일어나기 어려운 유전적 소인을 지닌 사람이라 해도 다른 사람들을 배려하는 행동을 통해 옥시토신 체계가 활성화될 수 있다고 추측했다. 이는 살아가면서 우리가 하는 행동이 기본 스트레스 반응의 특성을 변화시킨다는 생각과 일치한다. 자원봉사를 하든 단순히 공익적인 목표들과 결부시키든 간에 남을 돕는 행동은 회복력의 생물학적 가능성을 열어준다.

일상 속 작은 영웅들

배려와 회복력의 상관성은 심각한 스트레스나 정신적 외상을 경험한 사람들을 돕는 방법에 대해 흥미로운 가능성을 제시한다. 종종 "위험에 처해 있다"고 평가되는 이 사람들을 돕는 최선의 방법은 그들을 희생자에서 영웅으로 변화시키고 그들이 다른 사람들을 돕도록 도와주는 것이다.

이런 접근법을 차용한 프로그램이 캘리포니아 앨러미다 카운티Alameda County의 응급구조단EMS Corps으로서, 이곳에서는 가난한 젊은이들이 각자의 지역사회에서 응급구조대원으로 활약할 수 있도록 훈련시킨다. 대다수의 훈련생들은 고등학교 중퇴 비율이 60퍼센트에 달하는 극빈 지역에서 살고 있으며 일부 훈련생들은 노숙자 생활을 해오고 있다. 그들은 각자의 공동체에서 위협적인 존재로 취급당하는 데 익숙하다. 그들이 거리를 걸어가거나 가게에 들어갈 때면 이웃을 괴롭히는 폭력단의 일원으로 범죄와 폭력에 가담할 것이라고 사람들은 지레짐작하곤 한다. 기회의 부족과 자기가 속한 공동체에서 환영받지 못하는 감정이 서로 더해지면서 어쩔 수 없이 이 젊은이들은 좌절 반응을 쉽사리 나타내게 된다. 결국 이 중 일부는 다른 사람들의 기존 시선과 조금도 다를 바 없는 공동체의 문제아가 된다.

앨러미다 카운티 보건소의 소장 알렉스 브리스코Alex Briscoe는 이 젊은이들을 다른 시선으로 바라봤다. 그는 이렇게 말했다.

"우리 사회에 아무 기여도 하지 않는 구성원이라고 비난받아온 이 젊은이들은 사실상 문젯거리가 아닙니다. 그들은 해결책입니다."[32]

"공동체에서 나왔으니 공동체에 기여할 준비가 돼 있다"는 슬로건을 부르짖는 이들 응급구조단은 공동체가 이 젊은이들을 바라보는 시선과 젊은이들이 자신을 바라보는 태도를 변화시키도록 만들어졌다. 이 젊은이들은 응급 치료 방법에 대해 배울 뿐 아니라 공중 보건 개선도 담당하게 된다. 예를 들어 부모들에게 유아용 자동차 보조의자 안전 점검 서비스를 제공하고, 가정방문을 통해 혈압을 측정해주며, 심혈관 건강 증진에 관한 교육을 실시한다. 한 젊은 응급구조대원은 이렇게 말했다.

"주민들에게 조언을 건네면 기분이 정말 좋아요."

멘토링이 결합된 직업 훈련은 다른 사람들을 돕는 것을 기반으로 해서 젊은이들이 자신의 정체성을 개발할 수 있도록 돕기 위해 고안됐다. 이 훈련의 핵심은 그들에게 위기에 처한 사람을 어떻게 대해야 하는지 가르치는 것뿐 아니라, 그 역할을 이용해 용기를 기르고 인격을 발전시키며 헌신적 태도를 함양하는 것이기도 하다. 집단 멘토링 시간에 참여한 어느 훈련생은 이렇게 설명했다.

"내가 가진 잠재력을 배웠습니다. 내가 실제로 어떤 사람이며 앞으로 어떤 사람이 될 수 있는지도 배웠습니다."

이 프로그램의 2013년 졸업생 중 한 사람은 그 훈련이 자신의 인생에 어떤 영향을 미쳤는지 회상하면서 이렇게 말했다.

"나에게도 현실에서 영웅이 될 기회가 있습니다."

다른 졸업생들도 성공적으로 활동하고 있다. 졸업생의 75퍼센트는 응급 구조 분야에서 활약하고 있으며 상당수는 대학에 진학했다. 청년 실업률이 70퍼센트에 달하는 현실에서 매우 인상적인 성과를 거둔 셈이다.

연구에 따르면 위기에 처한 사람들이 타인을 돕도록 도와주는 종류의 중재는 가난과 만성 스트레스가 건강에 미치는 부정적인 영향을 감소시키기도 한다. 한 연구에서는 캐나다 브리티시 컬럼비아 주의 어느 도시 공립 고등학교 학생들에게 1주일에 1시간씩 초등학교에서 자원봉사를 하라는 임무를 무작위로 배정했다.[33] 이 10대 학생들은 대부분 가정에서 엄청나게 많은 스트레스를 받는 가난한 소수 집단의 학생들이었다. 그들의 자원봉사 활동에는 초등학생들의 숙제나 운동, 미술, 과학, 요리를 도와주는 일이 포함됐다. 10주가 지난 뒤 자원봉사 활동을 했던 학생들은 콜레스테롤 수치가 감소하고 염증 표지인 인터류킨-6interleukin-6과 C-반응성 단백질c-reactive protein의 수준이 감소하는 등 심혈관계 건강이 개선됐다. 이에 비해 통제 집단은 아무 변화도 보이지 않았다.

연구원들은 심리적 변화를 통해 생물학적 변화를 설명할 수 있는지도 살펴봤다. 공감 능력과 다른 사람들을 돕고 싶은 욕망이 가장 크게 증가했다고 보고한 학생들은 콜레스테롤과 염증도 가장 크게 감소했다. 자원봉사 활동은 10대들의 자존감도 향상시켰지만 자존감 증가와 건강 개선은 서로 관련성이 없었다. 자원봉사 활동의 보호 효과는 배려−친교 사고방식에서 비롯됐다.

다른 사람 돌보기를 기반으로 한 프로그램들은 심지어 외상 후 스트레스 장애의 1차 치료법이 됐다. 예를 들어 메릴랜드 브룩빌Brookeville의 재향 군인 봉사견 연결소에서는 외상 후 스트레스 장애를 앓거나 외상성 뇌손상을 입은 군인들을 모집해 다른 재향 군인들을 위한 봉사견을 훈련시키도록 한다. 군인들은 개들과 유대감을 형성하는 한편 부상을 입은 동료 병사들을 돕는 더 중요한 임무를 수행하기도 한다. 이 프로그램에 참여한 재향 군인들은 끔찍한 기억이 불현듯 떠오르는 침입성 기억, 약물이나 알코올을 남용하는 자가치료, 우울증 등이 줄어들고 목적의식과 소속감이 강화된다.[34]

사회적 · 경제적 혜택을 받지 못하는 사람들이나 만성적 또는 외상성 스트레스 생존자들은 지난 경험으로 손상을 입어 남에게 제공할 것이 거의 남아 있지 않은 피해자로만 여겨지는 경우가 너무 많다. 얄궂게도 이런 관점을 강화시키는 중재로 인해 참가자들이 충분한 권리를 누리지 못하는 공동체의 약자처럼 느끼게 된다면 이는 백해무익한 것인지도 모른다. 생존자들의 능력을 인정하고 이 자원들이 일할 수 있도록 만드는 중재는 언제나 도움이 필요한 사람이라는 심리적 부담에 맞서 균형을 잡아주는 바람직한 평행추를 제공하는 셈이다. 다음의 사례도 살펴보자.

나는 그의 손을 잡고 그를 위해 기도를 드린 뒤 이렇게 말했다.

"이 고통과 괴로움은 곧 끝날 것입니다."

그러고는 그에게 모자를 씌워주고 몸에 담요를 둘러주었다. 그가 언제나 스포츠를 좋아했으므로 나는 텔레비전을 켜고 ESPN 채널을 틀어주었다. 그리고 그의 이마에 입을 맞춘 다음 자리를 떴다.[35]

이 환자를 보살핀 순간을 묘사한 사람은 친척도 아니고 간호사나 호스피스 간호사도 아니다. 그는 펜실베이니아주립교도소의 수감자로 죽어가는 동료 수감자를 보살피는 중이다. 이 이야기는 펜실베이니아주립대학교에서 교도소의 시한부 환자 간호에 대해 연구하는 수전 로엡Susan Loeb이 들어온 수많은 사례 중 하나일 뿐이다.

배려−친교 반응을 가장 찾아보기 힘들 것 같은 장소가 어디냐고 사람들에게 물어보면 교도소라는 응답이 가장 많이 나올 것이다. 교도소에서 생활하기 위해서는 생존 사고방식이 반드시 필요하다. 대다수의 수감자들은 이타주의보다 자기방어를 더 인정해주는 험난한 환경에서 성장했다. 그들은 꾸준한 보살핌을 받아본 적도 없고 동정심을 배울 만한 역할 모델도 없었을 것이다.

그러나 로엡이 기록한 것처럼 수감자들에게 남을 배려할 기회를 제공하는 교도소에서 동정심이 널리 피어날 수도 있다.[36] 로엡은 주립교도소에서 임종을 앞둔 재소자에게 치료를 제공하는 35세부터 74세 사이의 남성 수감자들과 만나 이야기를 나눴다. 이 재소자 간병인들 대다수는 침대 정리부터 성인 기저귀 교체에 이르기까지 여러 가지 임무를 수행하며 매일 밤낮없이 대기 중이다. 그들은 이야기를 나누고 기도를 하고 손을 잡아주며 재소자들의 가족 방문 준비를 거드는 식으로 정서적인 도움을 준다. 또한 이 간병인들은 다른 재소자들에게 학대받지 않도록 죽어가는 재소자들을 보호해주고 교도관들과의 관계에서 중재자 역할을 수행한다. 간병인들은 죽어가는 재소자들이 마지막 순간까지 편안하게 살 수 있도록 도와주고 밤샘 간호를 하며 의료진의 사후 간호를 돕는다.

그들이 이 일에 관여하는 이유는 교도소가 아닌 곳에서 마주치는 이유만큼이나 숭고하다. 즉, 뭔가 좋은 일을 할 수 있는 기회를 원하고 있으며 변화를 만들어내고 싶은 것이다. 그들은 자신들이 죽어가는 재소자들과 같은 처지에 놓일 수도 있음을 이해한다. 어느 재소자 간병인은 교도소 간호사가 죽어가는 재소자에게 한 말을 기억하며 크게 자극을 받았다.

"이제 사탄을 만날 준비나 하세요."

수감자들은 모든 죄수가 마지막 순간에 반드시 위엄 있고 친절한 대접을 받도록 하고 싶어 한다. 재소자 간병인들은 일에 대한 보수도 거의 받지 못하고 특별한 혜택을 받지도 못한다. 이런 상황으로 인해 그들이 이 활동에 참여하려는 마음이 줄어들 거라고 추측하기 쉽겠지만 오히려 결과는 정반대다. 추가 특전이 없어도 재소자들은 진심으로 자신을 인정 많은 간병인이라고 생각할 수 있다. 익명의 조사에서 한 참가자가 적은 글처럼 "칭찬을 받거나 증명서를 받고 싶은 욕구 없이 내 시간을 주는 것, 그저 옳은 일이기 때문에 다른 사람들을 사랑하는 것"은 그에게 중요한 일이었다.[37] 재소자 호스피스 자원봉사자에게 "교도소 호스피스 시설과 여러분들의 자원봉사 업무에 관해 사람들이 알아두고 이해해야 할 가장 중요한 점은 무엇입니까?"라고 물어보면 가장 많이 나오는 대답은 "진심으로 관심이 있기 때문에 남을 돕고 있다는 사실을 사람들이 알아줬으면 좋겠다"는 것이었다.[38] 대다수의 재소자들은 남을 보살핀 덕분에 자신의 진면목을 표현할 수 있다고 말한다. 어느 재소자는 로엡에게 이렇게 말했다.

"예전에 저는 약탈자였습니다. 하지만 이제는 보호자입니다."

다른 재소자는 이렇게 말했다.

"잃어버렸다고 생각한 내면의 뭔가를 발견했습니다. 나는 쓸모없는 낙오자가 아닙니다. 내게도 뭔가 기여할 만한 점이 있습니다."

보살핌과 배려는 재소자들의 수감생활에 대한 생각과 느낌도 전환시킨다. 비록 이 재소자들 자신은 동정심을 베풀고 있는 입장이지만 동료 수감자들이 동정심을 받아들이는 모습을 목격하기도 한다. 이 경험은 교도소 제도에 대한 그들의 인식을 바꿔놓는다. 인간성을 완전히 말살하는 장소에서 적어도 한 가지 면에서는 그들의 인간성을 존중하는 장소로 탈바꿈한다는 것이다. 그들의 공헌은 결국 자신들이 생활하는 교도소에 대한 생각과 느낌을 변화시킨다. 이런 관점에서 재소자들은 자신들이 제공하는 보살핌의 수혜자들이 된다.

수전 로엡은 나에게 이렇게 말한 바 있다.

"재소자들이 누군가를 보살핀다는 이야기를 들으면 사람들은 '여기서는 못 할 거야, 효과가 없을 테니까' 하고 말합니다."

나 또한 이런 식의 추측을 들어봤다. 교도소가 아니라 동료들이나 학생들 또는 다른 집단의 사람들을 돌보는 데는 관심이 없을 거라고 말하는 사람들에게서 말이다. 그러나 배려-친교 반응을 취해서 얻는 혜택은 전통적으로 동정심이 연상되는 장소와 사람들에게만 국한되는 것은 아니다. 어려운 환경에 처한 사람들은 남을 도울 기회가 주어지면 이를 재빨리 포착하는 경우가 많다.

이 모든 연구와 이야기에서 우리가 이해한 점이 한 가지 있다면 남을 돕는 본능이야말로 인간의 본질에 속한다는 것이다. 동정심은 편하게 살아가는 사람들만을 위해 남겨진 사치도 아니고 성자와 순교자의 본분만도 아니다. 배려는 회복력을 만들어낼 수도 있고 전혀 생각지 못했던 곳에 희망을 제공할 수도 있다.

나만 고통스럽다고 느낄 때

몇 년 전 나는 슈퍼마켓에서 나와 집으로 걸어가다가 누군가 내 이름을 부르는 소리를 들었다. 고개를 돌려보니 내 강의를 수강했던 스탠퍼드대 대학원생 한 명이 손을 흔들며 이쪽으로 뛰어오고 있었다. 당시 그녀는 교실 뒤쪽에 앉아 주로 혼자 지내는 편이어서 나는 그녀를 잘 알지 못했다. 그래서 그냥 간단히 인사만 건네고 가던 길을 갈 작정이었다. 그런데 그녀가 내게 다가오더니 와락 울음을 터뜨렸다. 나는 깜짝 놀라서 본능적으로 그녀를 끌어안으며 괜찮으냐고 물었다.

"너무 외로워요."

그녀가 대답했다. 그러고는 다시 말을 이었다.

"하지만 선생님은 항상 행복해 보이셨어요. 어떻게 그렇게 지내시는지 모르겠어요."

그녀는 나를 단 한 가지 맥락 안에서 파악한 듯했다. 선생이라는 직업 말이다. 그 역할을 수행할 때면 나 자신의 고통은 잘 보이지 않는다. 그러나 그녀가 그렇듯 나도 당연히 외로움이 어떤 것인지 잘 안다. 나도 학생이었을 때 더 행복해지고 싶지만 그 방법을 알지 못해 눈물 쏟던 시절이 분명히 있었다.

실제로 나는 스탠퍼드에서 맞은 첫 번째 추수감사절을 기억한다. 공부하느라 얼마나 바빴는지 대학 생활을 시작한 지 석 달이 지났지만 친구가 없었다. 추수감사절 당일 캠퍼스는 거의 텅 비어 있었다. 나는 하릴없이 마을로 산책을 나갔다. 커피를 마시거나 음식을 먹을 만한 가게는 한 곳도 문을 열지 않았다. 거리에는 어둠이 내려앉았고 결국 나는 캠퍼스 기숙사로 되돌아갔다. 학생회관 옆을 지나갈 무렵 학생들 여럿이서 탁자에 둘러앉아 추수감사절 잔치를 벌이고 있었다. 기억컨대 그 창문 안쪽이 놀랍도록 또렷이 보였고 그날 캠퍼스에 외롭게 홀로 있는 사람은 오직 나뿐이라는 기분이 들었다.

이제 되돌아보니 사실은 그렇지 않았다는 것을 알겠다. 하지만 주변에 힘이 될 만한 사람이 별로 없을 때면 힘겹게 버둥거리는 사람이 나 혼자뿐이라고 느끼기가 쉽다.

혼자 고통스러워한다는 느낌은 스트레스 전환의 가장 큰 걸림돌이다. 외따로 고립됐다고 느낀다면 뭔가 조치를 취하거나 자신의 상황에서 좋은 점을 발견하기가 무척 어렵다. 그뿐만 아니라 다른 사람에게 손을 내밀지 못하기 때문에 필요한 도움을 얻지도 못하고 다른 사람을 도움으로써 혜택을 입지도 못한다. 역설적이게도 스트레스보다 더 보편적인 경험은 아무것도 하지 못한다. 세상에 신체적 고통, 질병, 실망, 분노, 상실 등을 경험하지 않고 살아가는 사람은 아무도 없다. 구체적인 정황은 저마다 다르겠지만 그 근본적인 경험은 인간이면 누구나 겪는 것이다. 여기서 어려운 점은 자신이 고통스러운 시기에 이 사실을 기억해내는 것이다.

아래의 두 쌍의 진술을 살펴보고 어느 쪽이 자신에게 더 사실처럼 느껴지는지 생각해보자.[39]

- 기분이 울적할 때면 다른 사람들은 대부분 나보다 더 행복할 거라고 생각하는 편이다.
- 어떤 일로 정말로 고군분투할 때면 다른 사람들은 더 쉽게 해냈을 거라고 생각하는 편이다.

....

- 기분이 울적할 때면 세상에는 나하고 비슷한 기분을 느끼는 사람들이 많다는 사실을 떠올린다.
- 상황이 갈수록 악화될 때면 이런 어려움은 누구나 겪는 삶의 일부라고 생각한다.

위 진술은 심리학자들이 말하는 '공통된 인간성common humanity', 즉 자신의 어려움을 인간 조건의 일부로 바라보는 정도를 평가하는 척도에서 발췌한 것이다. 첫 번째 두 항목은 고립의 사고방식을 반영하는 반면, 두 번째 두 항목은 최악의 순간에서조차 다른 사람들과 유대감을 느낄 줄 아는 능력을 입증한다. 중요한 것은 이 두 가지 사고방식이 전혀 다른 결과를 낳는다는 점이다. 스트레스를 받을 때 혼자라고 느끼는 사람들은 우울증에 빠지고, 현실 부정, 목표 포기, 스트레스 경험 회피를 비롯한 회피성 대처 전략에 의존할 가능성이 더 크다.[40] 이들은 다른 사람들에게 자신의 스트레스와 고통에 대해 털어놓을 가능성이 적고 자신에게 필요한 도움을 받아들일 가능성도 적다. 결과적으로 자신이 혼자서 어려움을 겪고 있다고 한층 더 확신하게 된다.

이와 대조적으로 고통이 모든 사람의 삶에 자리한다는 사실을 이해하는 사람들은 더 행복하고 회복력이 더 크며 삶에 더 만족할 줄 안다. 이들은 자신이 겪는 어려움을 한층 솔직하게 털어놓고 다른 사람들의 도움을 잘 받아들일 가능성이 크다.[41] 또한 역경에서 의미를 발견할 가능성이 크며 직장에서 심신이 완전히 지칠 가능성이 적다.[42] 그러나 공통된 인간성을 인정함으로써 얻는 혜택에도 불구하고 사람들은 다른 사람들의 인생에 도사린 스트레스를 과소평가하고 다른 사람들의 행복을 과대평가하는 경우가 많다.[43] 이는 낯선 사람들에게만 해당되는 것이 아니라, 우리의 이웃들과 동료들은 물론이고 심지어 우리가 잘 알고 있는 친구들과 가족들에게도 해당된다.『불안감을 치유하는 마음 챙김The Mindful Way Through Anxiety』이라는 책에서 심리학자 수전 오실로Susan Orsillo와 리자베스 로머Lizabeth Roemer는 이 근본적인 혼동에 관해 이렇게 설명한다.

우리는 속속들이 잘 알고 있는 자신의 내면을 판단할 때 다른 사람들의 외면을 기준으로 삼는 경우가 많다. 눈에 보이는 것이라고는 그것밖에 없기 때문이다. 직장 동료가 자살 생각으로 힘들어하고 있거나, 이웃이 알코올 의존증을 겪고 있거나, 길 아래쪽에 사는 다정한 부부가 가정 폭력에 휘말렸다는 사실을 알게 돼서 소스라치게 놀라는 일도 많다. 우리와 엘리베이터에 같이 탄 사람들이나 식료품점에 줄을 서서 의례적인 인사를 주고받는 사람들은 차분하고 평정을 유지하는 것처럼 보일지도 모른다. 외면의 모습이 내면의 치열한 노력을 늘 반영하는 것은 아니다.[44]

다른 사람들의 고통이 우리 눈에 잘 보이지 않기 때문에 우리는 세상을 내다보며 자기 혼자 고통받는다는 결론에 도달할 때가 많다.[45] 한 연구에 따르면 현대적인 형태의 의사소통은 우리에게 삶의 긍정적인 모습을 제시하도록 권장함으로써 이런 오해를 유발한다. 사람들은 소셜 미디어에 좋은 소식과 행복한 사진, 긍정적인 사건을 게시하는 것을 더 좋아하거나 그래야 한다는 부담감을 느낀다.

대부분의 사람들은 자신에게 이런 경향이 있음을 인식하면서도 다른 사람들이 마치 잘 살고 있는 것처럼 얼마나 과장하고 있는지는 과소평가해버린다.[46] 그래서 여러분은 친구들과 가족들이 올린 즐거운 게시물을 계속 스크롤하면서 자신의 삶은 다른 사람들의 삶보다 왜 훨씬 더 혼란스럽거나 실망스럽거나 어려울까 고심한다. 이런 오해는 더 큰 고립감과 삶의 불만족으로 이어진다. 여러 가지 연구로 입증된 바에 따르면 페이스북을 비롯한 소셜 미디어에 시간을 투자하면 외로움이 커지고 삶의 만족도가 떨어질 수 있다.[47] 자신의 삶이 타인의 삶보다 행복하지 못하다고 생각하는 경향이 그 한 가지 이유다.

그렇다면 자신의 문제로 인해 평소 고립감을 느끼는 사람은 공통된 인간성의 사고방식을 어떻게 발견할 수 있을까? 이는 사고방식 중재를 개발하는 연구에서 내가 계속 탐구하고 분석해오던 문제다.[48] 나는 스트레스를 받을 때 외로움을 덜 느끼기 위해서는 두 가지 태도가 도움이 된다는 사실을 알아냈다. 첫 번째는 다른 사람들의 고통을 더 많이 인식하는 것이고 두 번째는 자신의 고통에 대해 보다 솔직해지는 것이다.

인생은 누구에게나 어렵다

내가 공통된 인간성의 사고방식을 길러주기 위해 실험 참가자들에게 사용하는 훈련 중 하나는 '보이지 않는 것을 보이게 만들기'라는 방법이다. 나는 모든 참가자들에게 예전부터 고민해왔고 지금도 자신에게 계속 영향을 끼치지만, 겉으로만 봐서는 아무도 알아차리지 못하는 문제를 익명으로 종이에 적으라고 요구한다.

사람들이 각자의 문제를 적고 난 뒤에 나는 종이를 걷어서 가방 안에 넣고 뒤섞는다. 그리고 나서 원을 그리고 서서 가방을 옆으로 돌린다. 한 사람씩 가방 속에서 익명의 쪽지를 뽑아 마치 자신의 이야기인 양 큰 소리로 읽는다.

"나는 지금 몸이 너무 아파서 이곳에 계속 있기가 힘듭니다."

"외동딸이 10년 전에 세상을 떴어요."

"혹시 내가 이곳에 안 어울리지나 않을까, 내가 소리 내어 말하면 모든 사람들이 그 사실을 알아차리지나 않을까 걱정이 됩니다."

"나는 알코올 중독에서 회복하는 중입니다. 그러나 아직도 날마다 술을 마시고 싶습니다."

이 훈련을 경험하는 것은 여러모로 깊은 뜻이 있다.

첫째, 쪽지는 익명으로 기재됐으므로 어느 진술이 누구의 것인지 알 수가 없다. 그리고 한 사람씩 무작위로 뽑은 진술은 어김없이 그 사람이 직접 경험한 사실인 것처럼 보인다.

둘째, 이 경험은 예전에 보이지 않았던 고통의 대부분을 눈에 보이도록 만든다. 이 고통은 이미 존재하고 있었지만 입 밖으로 표현되지 않았기 때문에 인식되지 못했다. 그 불가시성 속에서 각자의 개인적 고통은 고립감처럼 느껴지기도 하지만, 일단 드러나게 되면 공통된 인간성을 상기시키는 계기가 된다. 무엇이든 특정한 고민에 빠져 혼자라는 기분이 들 때마다 나는 이 원을 그리며 모여든 사람들 속에 서 있던 기분과, 예전에는 보이지 않았던 다른 사람들의 고통과 정신력이 눈앞에 보이게 됐을 때 생겨난 경외심을 떠올려보려고 노력한다.

이 방법 뒤에 숨겨진 개념으로부터 이익을 얻기 위해 어느 무리에 속해 정식 훈련을 받을 필요는 없다. 사람들 속에 섞일 때마다 여러분은 보이지 않는 것에 대해 그저 생각하기만 하면 된다. 최근에 나는 캐런 올리베토Karen Oliveto 목사의 설교를 들었다. 그분은 나와 똑같은 충고를 들려주면서 신자들에게 이렇게 말했다.

"인생은 어느 누구에게나 어렵습니다. 만약 신자석에 나란히 앉은 다른 사람의 인생을 대신 살고 싶다는 생각이 들었다면 여러분은 그 사람의 인생에 대해 아무것도 모르는 것입니다. 왜냐하면 솔직히 말해 그 사람은 여러분이 도저히 상상할 수도 없는 큰 짐을 지고 있기 때문입니다. 우리는 그저 다른 선택을 내릴 수도 없고 원점으로 되돌아갈 수도 없는 상황에서, 저마다 은밀한 고통을 마음에 담고 자기만의 악마에게 괴롭힘을 받으며 우리 시대의 요구에 압도당하고 있습니다."

내가 이 진실을 기억하기 위해 스스로에게 들려주는 표현이 하나 있다.

"나와 똑같이 이 사람도 고통이 무엇인지 잘 알고 있어."

'이 사람'이 누구인지는 중요한 문제가 아니다. 길 가는 사람을 아무나 붙잡고 물어도, 아무 사무실이나 가정에 들어가서 물어도, 그 어떤 사람과 마주치든 관계없이 그 말은 사실일 것이다. 내가 그렇듯이 이 사람도 자신의 인생에서 어려움을 겪어왔다. 내가 그렇듯이 이 사람도 고통을 안다. 내가 그렇듯이 이 사람도 이 세상에서 쓸모 있는 존재가 되고 싶지만, 실패하는 것이 어떤 기분인지도 잘 알고 있다. 이 생각이 맞는지 굳이 그들에게 물어볼 필요는 없다. 그들이 사람이라면 이 생각이 맞을 테니까. 우리가 취할 행동이라고는 그 사실을 이해하겠다고 선택하는 것뿐이다.

신시아Cynthia는 일상적인 수술을 받기 위해 병원에 입원했다. 수술을 받기 전날 밤 그녀는 잠을 이룰 수가 없었다. 모두 그 수술이 순조롭게 진행될 거라고 예상했지만 전신마취는 반드시 필요했다. 신시아는 마취에 대해 불안해하면서 자신이 통제할 수 없는 모든 것들이 걱정스러워졌다. 그녀에게는 자녀가 있기에 최악의 경우들도 머릿속을 비집고 들어왔다. 하지만 이런 걱정은 전혀 도움이 되지 않았기 때문에 그녀는 애써 사람이라면 누구나 갖고 있는 공통된 인간성에 대해 생각하기로 마음먹었다.

우선 그녀는 수술 자체와 수술 상황을 통제하지 못하기 때문에 느끼는 불안감에 대해 생각해봤다. 그란 다음 자신처럼 불안한 기분이 드는 의료 수술을 눈앞에 둔 다른 사람들을 떠올려봤다. 내일 항암 치료를 시작해야만 하는 사람들, 의료 검사를 받고 결과를 기다리는 사람들, 치료를 받을 수 있을지조차 알지 못하는 사람들, 장기 이식 대기자 명단에 올랐거나 임상 실험 대상자로 뽑힌 사람들…. 그녀는 그 모든 불안감에 대해, 그리고 얼마나 많은 사람들이 자신과 같은 입장에 처해 있는지에 대해 생각해봤다. 그러자 그들과 연대감이 느껴졌다. 심지어 이름도 모르고 얼굴도 모르는 공동체가 자신과 같은 감정을 나누고 있다고 인식하자 마음이 놓였다.

그런 다음 신시아는 걱정으로 잠을 이루지 못하는 자신의 현재 경험에 대해 생각했다. 바로 그 순간 공포에 떨거나 최악의 상황을 상상하느라 불면의 밤을 보내고 있는 사람들이 자기 말고도 얼마나 많을지 생각했다. 원하지 않는 일을 위해 다음 날 아침 일어나야 하는 사람들이 얼마나 많을까?

비단 수술만이 아니라 어떤 고민이든 마찬가지다. 시험도 좋고 어려운 대화도 가능하다. 사랑하는 사람을 땅에 묻어야 할 수도 있다. 그녀가 느낀 외로움만큼이나 잠 못 이룬 채 누워 있다는 경험은 같은 체험을 하는 무수히 많은 사람들과 그녀를 연결시켜주었다. 신시아는 다른 모든 사람들이 정말로 용감하다는 생각이 불현듯 들었고 나아가 자신의 용기를 느꼈다. 그녀는 자신을 비롯해 다른 모든 사람들에게 이 문구를 들려주기로 결심했다.

"우리 모두가 자신이 가진 힘을 알게 되기를 빕니다."

다음 날 아침에 자리에서 일어난 그녀는 자신이 수많은 사람들 가운데 한 사람일 뿐이며, 그날의 도전에 직면하겠다고 선택하는 무리의 일부라는 기분이 들었다.

:: 스트레스 사용법: 나의 고통은 모든 인간이 느끼는 고통이다 ::

고통받고 있을 때 고립감을 느끼거나 혼자라는 기분이 들면 공통된 인간성의 진실을 받아들이려고 노력하자.

자신이 처한 상황을 생각할 때 어떤 생각과 감정이 들든지 간에 그것을 느끼겠다고 마음먹어보자. 잠재적인 고통이 무엇이든 그것을 인정한다. 예컨대 불안감, 신체적 고통, 분노, 실망감, 자기불신, 슬픔 등이다.

그러고 나서 이 고통의 원천이 인간의 보편적 경험에 속할 가능성을 고려하자. 여러분과 마찬가지로 수없이 많은 사람들도 이런 고통, 후회, 슬픔, 부당함, 분노 또는 공포를 느끼는 것이 어떤 기분인지 잘 알고 있다. 이렇게 생각하면 구체적인 사례, 즉 자신의 상황과 정확히 일치하지는 않지만 엇비슷한 고통이나 스트레스가 따라오는 상황을 마음속에 떠올리는 데 도움이 된다. 이 사람들에게 자연스레 공감해보자. 그들이 각자의 상황에서 어떤 기분을 느꼈을지 이해해보는 것이다.

"우리 모두가 평화를 찾게 되기를 빕니다."

"우리 모두가 이 고통을 통해 도움을 받았으면 좋겠습니다."

"누구도 혼자가 아니라는 사실을 모두 알게 되기를 빕니다."

이런 식으로 여러분도 유대감을 통해 희망과 용기를 얻을 수 있다.

고통은 공유하면 반이 된다

레넌 플라워스Lennon Flowers가 스물한 살 되던 해 어머니가 폐암으로 세상을 떠났다. 어머니와의 사별은 그녀의 인생을 송두리째 바꿔놓았다. 하지만 대학을 졸업하고 캘리포니아로 이사했을 때 그녀는 그 경험에 대해 이야기하기 어렵다는 사실을 깨달았다. 그녀의 어머니에 대해 알고 있는 사람들은 모두 미국 동부에 있었다. 어머니가 돌아가셨다는 사실을 언급하는 순간 플라워스는 두 가지 형태의 반응을 얻었다. 대부분의 사람들은 어떻게든 구실을 만들어 자리를 떴고 나머지 사람들은 안됐다는 표정을 지었다. 입술을 오므리고 눈썹을 늘어뜨리고 고개를 살짝 기울인 채 언제나 판에 박힌 세 마디 말을 했다.

"이런, 정말 안됐네."

이런 반응은 하나같이 그녀로 하여금 고립감을 느끼게 했다. 그녀가 다른 사람들에게 짐이 돼서 마음을 불편하게 만들었거나 동정의 대상이 됐기 때문이다. 그래서 그녀는 자기 모습의 중요한 부분을 감추는 듯한 기분이 들었으면서도 이 이야기를 혼자서 간직하는 법을 배우게 됐다.

스물다섯 살이 된 어느 날 플라워스는 몇 달 동안 함께 일하면서 친구로 지내온 칼라 페르난데즈Carla Fernandez라는 여성과 아파트를 찾아다니고 있었다. 그러던 중 페르난데즈가 아버지를 여의었다는 이야기를 무심결에 꺼냈다. 이 사실은 두 여성을 이어주는 커다란 연결고리였지만 플라워스와 페르난데즈는 그동안 그 화제를 어찌나 능숙하게 감췄는지 몇 달이나 지나서야 두 사람 모두 부모와 사별한 경험이 있음을 깨닫게 됐다.

이 순간은 두 여성 모두에게 깨달음을 안겨주었다. 이들은 슬픔에 잠긴 채 외로움을 느끼면서도 그 이야기를 털어놓지 않으려고 조심했다. 페르난데즈는 친분이 있는 젊은 여성들 가운데 부모를 잃은 사람들을 위해 모임을 주최하기로 결심했다. 네 사람에게 초대장이 보내졌고 모두 수락됐다. 페르난데즈는 스페인 사람인 아버지를 기리기 위해 집안 대대로 내려오는 요리법으로 파에야Paella를 만들었다. 모임에 참여한 여성들은 페르난데스의 집 테라스에 앉아 음식을 먹고 새벽 2시까지 수다를 떨었다.

이때가 2010년이었고 나중에 디너 파티Dinner Party라고 알려지게 된 모임이 처음으로 열렸다. 이제 디너 파티는 미국 전역에서 열리고 있고 각각의 모임은 사랑하는 사람과 사별한 사람이 주최하고 있으며 사별 후의 삶에 대해 이야기를 나눠도 될 안전한 장소를 원하는 사람이라면 누구나 참여할 수 있다. 플라워스와 페르난데스는 디너 파티라는 단체를 만들어 사별로 고립감을 느끼는 사람들이 자기들만의 공동체를 설립하도록 도왔다.[49] 웹사이트를 통해 모임 주최자와 초청받은 사람들을 이어주는 가교 역할을 하고, 모임 주최자들이 기탄없는 대화를 위해 안전하고 힘이 되는 환경을 만들 수 있도록 기본 지침을 제공한다.

디너 파티는 언제나 최대 정원 열 사람이 각자 음식을 준비해서 나눠 먹는 형식으로 운영되는데 참가자 대부분은 여기서 처음으로 만나는 사람들이다. 손님들은 사별한 사람에 대한 이야기의 물꼬를 터줄 음식을 각자 가져오라는 요청을 받는다. 가령 언니가 좋아하던 라자냐lasagna, 해마다 결혼기념일이면 아내가 구워주던 케이크, 몸이 아플 때면 아버지가 만들어주곤 하던 수프 식이다. 모임 개최자는 저녁을 먹으면서 대화를 부드럽게 주도해 손님들이 이야기하고 싶은 주제라면 어떤 것이라도 깊이 생각해볼 수 있는 분위기를 조성한다. 이 모임에는 웃음도 있고 눈물도 있으며 침묵도 있다. 디너 파티는 손님들이 그날의 대화와 공동체에 대해 깨달은 바를 한 사람씩 곰곰이 생각하고 이야기하면서 마무리된다.

보다 최근에 이 단체는 사별을 경험한 사람들 그리고 그들에게 더 나은 도움을 제공하고 싶어 하는 사람들을 한자리에 모아 디너 파티를 개최하기 시작했다. 이 모임에서 손님들은 사별을 경험한 뒤에 자신에게 진정으로 도움이 됐던 사람들의 행동에 관해 각자의 경험을 털어놓는다.

"아버지의 죽음에 대해서만이 아니라 아버지께서 어떤 삶을 살았는지도 물어주셔서 고마웠습니다."

"먼저 간 남편에 대해 회상하면 다른 분들도 아무 거리낌 없이 그의 이름을 불러주셔서 좋았습니다."

이후 온라인에서도 회자되고 있는 이 이야기들은 남을 돕고 싶지만 방법을 알지 못하는 사람들에게 유용한 자료가 됐다. 플라워스는 디너 파티를 설립하면서 예상치 않은 방식으로 도움을 받았다. 그녀는 내게 이렇게 설명했다.

"사별을 겪으면 몸이 완전히 마비되는 듯한 느낌이 들어요. 사람은 타인에게 소중한 존재가 되는 것에서 가치를 찾습니다. 세상에 표류하는 듯한 기분이 드는 장소를 벗어나 디너 파티를 통해 그 목적이 회복됐음을 알게 된 것이 내게는 정말 감사한 일이었어요."

누군가와 더 굳건히 연결되고 누군가에게 더 많은 지지를 받으며 누군가의 관심을 더 많이 받고 싶은 사람들은, 다른 누군가가 다가와 이런 것들을 먼저 베풀어주기만을 기다려야 한다고 흔히들 믿는다. 우리가 이룰 수 있는 대단히 유용한 사고방식 전환이란 자신이 어떤 지원을 받고 싶든 그 원천이 바로 자기 자신이라고 생각하는 것이다. 디너 파티는 지원 공동체의 출발점이 무엇을 의미하는지 잘 보여주는 사례다. 플라워스와 페르난데즈는 사별의 경험으로 고립감을 느꼈다. 사별에 대해 좀 더 쉽게 이야기할 수 있기를 바랐으며, 다른 사람들이 자신들과 함께 그 문제에 대해 보다 솔직하게 이야기하기를 원했다. 그래서 그들은 대화를 시작했고 자신들과 다른 사람들을 위해 이 개방적인 공동체를 창조했다.

비록 첫걸음을 떼기가 두렵게 느껴지기도 하겠지만 자신이 원하는 것의 시작점이 되겠다는 결심이야말로 스스로 추구하는 지원 공동체를 만드는 최선의 방법이다. 어떤 연구에 따르면 다른 사람들을 돕는 방향으로 자신의 초점을 의도적으로 변화시키면 결국 더 많은 지원을 받게 된다. 감사한 마음을 표현하려고 노력한다면 결국 다른 사람들에게 더 많은 감사 인사를 받게 된다. 다른 사람들에게 소속감을 반드시 알려주기 위해 비상한 노력을 한다면 결국 중요하고 소중한 공동체의 일원이 된다.

내 강의의 수강생 중 에어리얼Ariel은 자신의 힘겨운 노력에 대해 솔직하게 이야기할 용기를 냄으로써 더 많은 지원 공동체를 발견하게 됐다고 말했다. 12년 전 당시 열세 살이 된 딸이 엄마인 그녀에게 자기가 남자라고 털어놓았다. 아이의 그 말은 마치 폭탄처럼 그녀의 현실감을 파괴시켜버렸다. 에어리얼과 남편이 그날의 사건을 그저 이해하기 시작하는 데만 몇 달이 걸렸다. 한동안은 남에게 알리지 않고 그 문제를 처리하려고 노력했다. 하지만 자신을 남자로 인식하는 딸의 성 정체성 전환을 지지하기로 결심하고 나자 에어리얼과 남편은 성전환 문제에 대하여 스스로 배워야 한다는 사실을 깨달았다.

에어리얼은 성전환 자녀를 둔 부모들의 공동체에 가입하게 되면서 토론단의 일원으로 초청받기 시작했다. 얼마 지나지 않아 자신도 모르는 사이에 다른 부모들을 도와주는 입장에도 서게 됐다. 이는 개인의 위기를 다른 사람들과 연대할 기회로 전환시킨 훌륭한 사례다. 그런데 더욱 인상적인 부분은 에어리얼이 자신의 이야기를 기꺼이 공개하기로 마음먹으면서 얻은 예기치 못한 결과에 대해 이야기한 대목이었다. 이내 도시 전역의 부모들이 예전에는 부끄러운 마음과 고립감에 꼭꼭 숨겨두기만 했던 각자의 가정사를 털어놓기 시작한 것이다. 에어리얼이 말했다.

"사람들이 마음을 열고 온갖 종류의 불편한 비밀들을 털어놓았고, 자신들이 어떻게 대처해왔는지 이야기하기 시작했지요. 용기는 전염성이 있는 게 분명해요!"

스트레스를 받거나 고통에 시달리며 고립감을 느끼고 있다면 여러분이 가장 갈구하는 게 무엇인지 생각해보자. 만약 경험하고 싶은 뭔가가 있거나 가입하고 싶은 공동체가 있다면 어떻게 그 시작점이 돼서 다른 사람들을 위해 그것을 만들어낼 수 있을까? 자신의 취약점을 용기 있게 인정하는 사람들은, 다시 말해 다른 사람들을 도와줄 방법을 먼저 알아보고 자신의 고통을 상대와의 연결점으로 활용하는 사람들은 결국 더 많은 사회적 지원을 받게 된다.

디너 파티의 공동 설립자인 플라워스 그리고 다른 사람들이 각자의 어려움을 고백할 기회를 마련해준 에어리얼처럼, 이런 사람들은 타인에게 주려고 의도한 혜택을 결국 본인들이 받게 된다.[50] 말하자면 힘겨운 노력을 하는 동안 외로움을 덜 느끼고 자신이 지원 공동체의 중심이라는 기분이 드는 것이다.

언젠가 나는 매사추세츠 케임브리지Cambridge에서 육상 선수들이 8킬로미터 경주의 결승선을 통과하는 모습을 지켜보고 있었다. 햇살이 밝고 바람이 부는 4월의 어느 아침이었다.

10대 청소년 한 무리가 '솔 트레인Sole Train'이라는 팀 이름이 쓰인 감청색 티셔츠를 맞춰 입고 도로 건너편에 서 있었다. 이들과 같은 티셔츠를 입은 주자가 결승선에 가까워질 때마다 그들은 환호하며 열광했다.

"힘을 내!"

이들은 앞서 경주를 끝냈지만 솔 트레인 팀의 동료 주자들을 응원하기 위해 자리를 뜨지 않았던 것이다. 이들 중 가장 빠른 선수는 35분 22초에 결승선을 통과했다. 1시간 9분 9초에 마지막 주자 한 사람이 나타나 비록 느리지만 현재 속도를 유지하며 뛰려고 노력했다. 양옆에는 감청색 셔츠를 입은 두 명의 주자가 나란히 뛰며 그녀의 등을 한 손으로 밀어주고 있었다.

나는 그 두 사람의 주자가 솔 트레인 팀의 일원으로 가장 먼저 결승선을 통과한 젊은이들임을 알아차렸다. 그들은 힘겨워하는 동료를 발견하고 되돌아가서 말 그대로 등을 밀어주며 그녀를 도와주고 있었다. 그녀가 마침내 결승선을 통과하자 길가에 늘어선 군중은 마치 그녀가 경주의 우승자라도 된 양 환호를 보냈다.

그들을 지켜보면서 나는 기쁨으로 충만해졌고 그날만큼은 단순한 방관자가 아니라 그 공동체의 일원이기를 나도 모르게 소망했다. 솔 트레인은 보스턴 젊은이들의 멘토링 프로그램으로서 트리니티 보스턴 재단Trinity Boston Foundation의 후원을 받고 있다.[51] 보스턴 마라톤 테러 사건 당시 수많은 생명을 구한 의사 나탈리 스타바스를 통해 이 단체를 소개받았다. 8킬로미터 경주를 구경할 때만 해도 이 프로그램에 대해 자세히 알지 못했지만, 엄청난 역경 속에서 회복하도록 돕기 위해 배려−친교 문화를 어떻게 창조해야 하는지 잘 보여주는 훌륭한 사례여서 이 프로그램을 금세 좋아하게 됐다.

2009년에 이 프로그램을 시작한 솔 트레인의 코치 제시카 레플러Jessica Leffler는 그 전에 트리니티 보스턴 재단의 상담사와 미술 치료사로서 위기에 처한 젊은이들을 도와준 경험이 있었다. 그녀는 2007년 시카고 마라톤 대회에 참가했을 때 처음으로 솔 트레인을 구상했다. 그날은 기온이 너무 높아서 주자의 절반 정도가 경주를 취소했다. 경찰들이 마라톤 주자들에게 이렇게 소리 질렀다.

"그만 뛰십시오!"

하지만 레플러는 멈추지 않았다. 말할 수 없이 힘들었지만 자신의 능력을 깨닫는 놀라운 경험이기도 했다. 그녀는 마라톤을 하면서 그동안 상담 작업을 함께 진행해온 아이들에 대해 생각했다. 아이들은 기회가 거의 주어지지 않는 가난한 환경에서 살고 있었다. 레플러는 이것이, 마라톤 훈련을 받고 예전에는 할 수 있다고 생각해본 적 없는 일을 하는 것이 그 아이들에게 어떤 경험이 될지 궁금했다.

1년 반 뒤 그녀는 10대 청소년 몇 명에게 자기와 함께 하프 마라톤 훈련을 받자고 말했다. 즉흥적인 결정에서 시작한 것이 그 이후에 완전한 조건을 갖춘 본격적인 프로그램으로 변모해 지역 학교 및 봉사 활동 단체에서 모집된 '영 솔즈(Young Soles, 젊은 발바닥들)'라 불리는 150명의 청년들과, 자원해서 이들을 훈련시키는 40명의 성인 멘토들인 '올드 솔즈(Old Soles, 늙은 발바닥들)'로 구성됐다. 이 프로그램의 모토는 '불가능을 뒤엎기'다. 레플러는 자신이 상담했던 청소년들이 폭력에서 벗어나는 것에서부터 대학 졸업에 이르기까지 얼마나 많은 일들을 불가능하다고 여기는지 지켜봤다. 그녀는 이렇게 말했다.

"예전에는 불가능하다고 생각했던 일을 성취하고 나면 모든 일에 대한 가능성이 열리게 됩니다."

솔 트레인의 가장 두드러진 면모는 아이들이 불가능해 보이는 일을 어떤 식으로 성취할 것인가를 두고 취한 접근 방법이다. 모든 것이 공동체와 상호 지원을 중심으로 돌아갔다. 모든 주자의 목표는 자신이 완주하는 것만이 아니라 솔 트레인의 모든 회원들이 결승점을 통과하도록 돕는 것이기도 하다. 레플러는 이렇게 덧붙였다.

"자기 자신과 경쟁하고 싶다면 그건 좋습니다. 목표를 세우면 됩니다. 하지만 다른 사람과 맞서서 경쟁하는 것은 결코 안 됩니다."

주요 목표에서 경쟁을 제거함으로써 이 훈련 과정은 공익적인 목표를 강화시키기 위한 사고방식 중재가 된다. 경주가 시작되기 전 달리기 시합을 주관하는 주민자치센터 안에 솔 트레인 주자들이 둥글게 둘러섰다. 그리고 여기서 나는 이 사고방식이 실행되는 모습을 지켜봤다. 한 명 나서더니 나머지 주자들에게 몇 가지 요가 동작을 취하도록 유도했다.

스트레칭이 끝나자 다른 한 명이 원 안으로 걸어 들어가고는 나머지 주자들과 하이파이브를 했다. 도로로 나가야 할 시간이 되자 이들은 더욱 가까이 모여서는 서로 어깨동무를 했다. 레플러는 경기 전에 기억해야 할 몇 가지 중요한 사항을 전했다. 그러고 나서 모든 주자들이 팀에 가져다주고 싶은 것 한 가지와 팀에 바라는 것 한 가지를 돌아가면서 이야기했다. 한 주자가 이렇게 말했다.

"모든 사람들에게 내 결단력을 나눠주고 싶습니다. 그리고 내게 필요한 것은 느리지만 꾸준히 나와 함께 뛰어줄 사람입니다."

다른 주자는 자신의 커다랗고 열렬한 환호 소리를 나눠주고 싶으며, 자신이 지쳤을 때 포기하지 않도록 도와줄 유머 감각이 있는 사람을 원한다고 말했다. 또 다른 주자는 빠른 속도를 나눠주고 싶기 때문에 자기는 팀원들이 결승선에 도달하기 전에 거쳐가고 싶은 사람이 될 수 있다고 했다.

젊은 발바닥들은 서로를 돕기도 하지만 성인 멘토들, 즉 늙은 발바닥들도 도와준다. 멘토들 중 상당수는 달리기 경험이 전혀 없으며 당연히 젊은 주자들에 비해 몸 상태도 좋지 않다. 훈련을 받거나 경주를 뛰는 동안에는 젊은 선수들만큼이나 격려가 많이 필요하다. 멘토 가운데 한 명인 네이트 해리스Nate Harris는 "누가 누구의 멘토인지 모호한 게 솔 트레인의 중요한 부분"이라고 말했다.

"그들은 상대에게 줄 만한 것이 자신에게 있다고 느낍니다."

거물급 변호사들과 의사들도 젊은이들과 나란히 달린다. 운동화와 반바지 차림으로 거리에 나선 선수들은 모두 한 걸음 한 걸음 걸어가야 하는 인간에 지나지 않는다. 레플러는 프로그램의 이 부분, 위기에 빠진 젊은이들을 지역사회의 리더들과 동등하게 만드는 방식이야말로 그녀가 본 중재 가운데 치료 효과가 가장 크다고 말했다.

솔 트레인이 선택한 접근법, 다시 말해 유대감의 사고방식을 강화함으로써 자신에게 가능성이 있다는 생각을 불어넣는 방식은 여러 연구를 통해 뒷받침되고 있다. 남들의 도움을 받고 있으며 자기보다 큰 집단의 일원이라고 느끼는 학생들은 성실한 노력과 타인에게 받는 도움을 통해 자신의 능력을 향상시킬 가능성도 더 크다.

결국 이로 인해 그들은 포기하지 않고 보다 적극적인 자세로 도전에 임한다. 솔 트레인은 대다수의 어린 회원들에게 잠재력이 있다는 증거를 제공한다. 한 청소년은 침실 칠판에 자신의 등 번호판을 모두 붙여두고 매일 아침 잠자리에서 일어날 때마다 거기에서 영감을 얻는다.

　　주자들이 8킬로미터 경주를 한 사람도 빠짐없이 무사히 끝마치자 레플러는 이들 전원을 불러다가 동그랗게 둘러 세웠다. 8킬로미터를 달린 터라 온몸이 땀으로 범벅이 된 상태였지만 다시 어깨동무를 하고 섰다. 주자들은 한 번에 한 사람씩 나와서 자신의 감정을 털어놓았다.

　　"힘들어요. 하지만 지금 이 기분이 무척 좋아요."

　　젊은 발바닥 중 한 사람이 이렇게 말하자 다른 팀원이 그 말을 받았다.

　　"내가 완주를 하다니 기뻐요. 아니, 우리 팀 모두가 완주해서 너무 기뻐요."

　　그러자 늙은 발바닥 한 명이 이렇게 말했다.

　　"이처럼 대단한 팀의 일원이라니 정말 축복받은 기분입니다."

　　감사의 인사가 차례로 이어지는 동안 팀원들이 하는 말에는 유대감의 사고방식이 계속 반영됐다. 경기가 끝난 뒤에 이어진 선수들의 회합은 레플러의 칭찬으로 마무리됐다. 그녀는 팀원들에게 이렇게 말했다.

　　"이제 여러분이 어떤 능력을 갖고 있는지, 그리고 그처럼 놀라운 팀의 도움을 받으면 어떤 일이 가능해지는지 알았으면 좋겠어요."

　　아침 내내 이들을 지켜보면서 가장 인상적이었던 점은 냉소적인 사고방식이 전혀 없다는 것이었다. 이들은 공동체가 만드는 의식을 진심으로 받아들이는 듯했다. 그리고 이들을 보면서 내가 스탠퍼드에서 가르친 최고의 학생들이 얼마나 많이 떠올랐는지 모른다. 이들은 리더십과 친절함 그리고 자기

절제를 보여주었을 뿐만 아니라 성인 멘토들과 교류하는 방법에도 자신이 있었다. 나는 이들과 더 많은 시간을 보내며 개인적으로 더 깊이 알고 싶었다.

정말 놀라운 점은 솔 트레인 주자들의 상당수가 '마지막 희망'의 장소라고 불리는 보스턴의 한 학교에 다닌다는 점이었다. 이 학교는 재학생의 90퍼센트가 외상 후 스트레스 장애 진단을 받는다. 솔 트레인에 입단하기 전에 이들 중 일부는 맨정신으로 등교하는 것도 힘겨워했다. 지금은 아침 7시 달리기를 위해 일찌감치 만난다. 자신들의 장점을 인정받고 필요로 하는 환경에서 오늘도 활짝 피어나고 있다.

강조하지만 스트레스는 혼자만의 전유물이 돼서는 안 된다. 이는 단순히 내 스트레스를 널리 퍼뜨리라는 맥락의 이야기는 아니다. 어느 날 나는 '새로운 스트레스 과학' 수업에 들어갔다가 교탁 위에 놓인 신문을 발견했다. 한 학생이 지역 신문 한 곳에 실린 "스트레스, 전염성 강해"라는 제목의 기사를 가져다 놓은 것이었다.[52]

이 기사는 스트레스가 "공기 중의 여느 병원균만큼이나 전염성이 강하다"고 주장하면서 그 유독성을 간접흡연과 비교했다. 한 전문가가 연구를 통해 입증한 바에 따르면 다른 사람들이 고통받는 모습을 수동적으로 지켜보는 사람들은 스트레스 반응을 보인다. 즉, 스트레스에 전염된다. 그 전문가는 이렇게 말했다.

"스트레스가 얼마나 쉽게 전염되는지 정말 놀라웠다."

이후 나는 인터넷에서 이와 같은 연구 결과를 설명하는 또 다른 기사를 발견했다. 이 기사는 "간접 스트레스가 어떻게 우리의 목숨을 위협하는가?"라는 도발적인 표제로 시작하고 있었다.

나는 이 기사들이 "스트레스가 유해하다"는 사고방식을 강화시킬 뿐 아니라 새로운 단계의 위협을 더하고 있어서 호기심이 동했다. 스트레스를 받는 사람들 주변에 있는 것만으로도 우리는 스트레스를 받을 수 있고 우리의 스트레스가 주변의 모든 사람에게 해를 끼치고 있다는 것이다. 이 기사의 일부를 수강생들에게 읽어주면서 요점이 무엇이냐고 물었더니 다음과 같은 대답이 나왔다.

"자신을 고립시키라는 것 같은데요."

"스트레스를 느낀다면 그걸 혼자만 간직하라는 얘기네요."

"자기 걱정거리를 남들과 공유하지 말라는 뜻 아닌가요?"

이 기사가 전달하고자 하는 메시지는 모두 동일했다. 다름 아닌 고통받고 있는 사람들을 계속 멀리하라는 것이다. 스트레스를 받는 사람들 주변에 있음으로써 스트레스에 감염되지 말고, 자신의 스트레스를 주변 사람들과 공유함으로써 그들에게 짐이 되지 말라는 얘기다.

지금까지 언론에서 확인한 "스트레스는 해롭다"는 이야기 중에서 이번 주장이 나를 가장 우울하게 만들었다. 만약 이들 기사에서 요약한 전략을 따른다면 여러분은 가장 중요한 회복력의 두 가지 원천으로부터 스스로를 단절시키게 된다. 여러분 혼자서만 고통받지 않는다는 사실을 이해하는 것 그리고 다른 사람들을 도울 줄 알게 되는 것 말이다.

스트레스의 사회적 특성은 전혀 두려워할 대상이 아니다. 여러분이 배려-친교 접근법을 취한다면 심지어 전염성이 강한 스트레스조차 여러분에게 힘을 줄 것이다. 지금까지 살펴봤듯이 이타주의가 우리를 고통으로부터 구해내기 위한 반응이든 타인의 고통에 대한 자연스러운 반응에 불과하든 간에 배려는 회복력을 만들어낸다. 다른 사람의 고통에 동정적인 스트레스 반응은 공감을 유발하고 남을 돕고 싶은 동기를 부여함으로써 결국 우리 자신의 행복을 향상시킨다.[53]

더욱이 우리가 힘들게 노력하고 있다는 진실을 다른 사람들이 볼까 두려워해서는 안 된다. 우리가 그들의 도움을 필요로 할 때에는 특히 더 그렇다. 속이 훤히 들여다보이는 우리의 투명한 태도는 축복이다. 다른 사람들을 덜 외롭게 만들고 그들에게 배려와 친교의 혜택을 경험할 기회를 제공한다.

제6장

성장하기

역경은 어떻게 나를 강하게 만드는가

잠시 시간을 들여 여러분의 인생에서 중요한 '개인적 성장'을 이룬 시기, 즉 긍정적인 변화나 새로운 목표 정립으로 이어진 전환점을 확인해보자. 그동안의 삶에서 어떤 구체적인 시기를 염두에 두고 다음 사항에 대해 생각해보자. 그 시기도 스트레스가 많았다고 묘사하겠는가?

내가 이 질문을 던지면 거의 대부분의 사람들은 손을 들어 동의한다. 개인적 성장으로 이어진 시기 역시 대단히 스트레스가 많았다는 것이다. 이 지점에서 스트레스의 역설이 적나라하게 드러난다. 다시 말해 비록 인생을 살아가면서 스트레스를 적게 느끼는 편이 더 좋기는 하지만, 결국 성장을 일궈내는 것은 '어려운 시기'라는 것이다.

우리가 역경을 통해 성장한다는 생각은 그리 새롭지 않다. 이 생각은 대부분의 종교와 수많은 철학의 가르침을 통해 형성돼왔다. 오늘날 "죽을 만큼의 역경은 사람을 더욱 강하게 만든다"라는 격언은 진부한 표현이 됐다. 최신의 과학 연구도 이 견해를 뒷받침한다. 예를 들어 인생에서 가장 큰 스트레스의 원천에 어떻게 대응하고 있느냐는 질문을 받으면 응답자의 82퍼센트는 과거의 스트레스 경험을 통해 기른 정신력에 의존하고 있다고 대답한다.[1] 가장 달갑지 않은 경험이 긍정적인 변화로 이어지기도 한다. 역경은 회복력을 만들어낼 수 있으며, 정신적 이상은 종종 개인적 성장을 촉진시킨다.

중요한 점은 스트레스의 이런 측면을 보기로 결정하면 우리가 배우고 성장하는 데 도움이 된다는 사실이 연구를 통해 입증됐다는 사실이다. 스트레스를 통해 성장할 용기를 발견하기 위해서는 뭔가 좋은 결과가 고통에서 비롯될 수 있다고 믿어야 한다. 또한 경험을 통해 성장해가면서 자신이 긍정적으로 변화하는 모습을 보고 기뻐할 줄 알아야 한다. 그러나 "죽을 만큼의 역경은 사람을 더욱 강하게 만든다"라는 말이 나올 정도로 어려운 상황을 실제로 겪을 때에는 그 상황의 장점을 볼 마음이 내키지 않을 것이다.

이번 장에서 제시할 과학적 연구와 이야기 및 훈련 방법은 여러분이 성장의 사고방식, 다시 말해 스트레스를 받는 동안 성장할 수 있는 인간의 타고난 능력을 인정하는 태도를 함양하도록 도울 것이다. 심지어 희망을 가장 찾아보기 힘든 상황 속에서 이런 관점을 찾아내는 방법에 대해서도 탐구하기로 한다. 그리고 여기에 등장하는 이야기들은 이 과정에서 중요한 역할을 한다. 앞으로 듣게 될 이야기와 스스로 털어놓는 이야기가 여러분이 고통 속에서 의미를 발견하는 데 어떻게 도움이 되는지 함께 생각해볼 것이기 때문이다.

그러는 동안 우리는 중요한 주제를 몇 번이고 반복해서 살펴볼 것이다.

즉, 어려운 상황에서 비롯된 장점이나 혜택은 스트레스성 사건이나 외상성 사건 그 자체로 인해 생기지 않는다는 것이다. 이는 여러분에게서 비롯됐다. 역경을 통해 깨어난 정신력과 고통을 의미로 전환시키는 인간의 타고난 능력을 통해 만들어졌다는 말이다. "스트레스를 받아들인다"라는 말 속에는 고통스럽고 미래가 불확실할 때조차 이 능력을 신뢰한다는 의미도 담겨 있다.

역경은 왜 삶을 살찌게 하는가

뉴욕주립대학교 버펄로 캠퍼스 심리학 교수 마크 시어리Mark Seery는 아이오와Iowa 출신의 화가 그랜트 우드Grant Wood의 1931년 작 〈어린 옥수수 Young Corn〉가 그려진 32센트짜리 우표를 액자에 넣어 연구실에 보관하고 있다. 비록 10년 동안 버펄로에서 살아오면서 그곳을 고향으로 삼았지만, 그림 속의 경사진 언덕과 옥수수 밭이 고향을 떠올려주기 때문에 그는 이 그림을 보이는 곳에 걸어뒀다.

한 사람의 과거가 지닌 중요성은 시어리의 연구에서 핵심적인 역할을 수행한다. 그는 2010년에 발표한 논쟁적인 논문으로 잘 알려져 있다. 「우리를 죽이지 않는 모든 것 Whatever Does Dot Kill Us」에서 그는 외상성 사건이 우울증과 불안감 및 질병의 위험을 항상 증가시킨다는 널리 알려진 믿음에 도전했다. 부정적인 생활 사건을 경험하면 이런 결과를 실제로 막을 수 있다고 입증한 것이다. 그의 주장에 따르면 역경은 회복력을 만들어낸다.[2]

이 놀라운 결과는 미국인 2,000명 이상을 4년 동안 추적 조사한 어느 연구에서 비롯됐다. 이는 전국 대표 표본이었으므로 참가자들의 연령, 성별, 인종, 민족, 사회경제적 지위를 비롯해 다른 인구통계학적 세부 사항들이 미국 전역의 인구를 잘 반영했다는 의미이기도 하다. 이 연구의 일환으로 연구원들은 참가자들에게 37가지의 부정적인 생활 사건을 경험한 적이 있는지 물었다. 예컨대 심각한 질병이나 부상, 친구나 연인의 죽음, 심각한 재정적 어려움, 이혼, 위험한 생활환경, 신체적 폭력 또는 성폭력 피해, 화재나 홍수 같은 자연재해에서 생존한 경험 등에 대해 질문했다. 과거에 겪은 모든 역경을 광범위하게 감안해 참가자들은 각 유형별 사건을 한 번 이상은 경험했다고 응답했다. 평균적으로는 이런 사건을 여덟 번 정도 겪은 것으로 보고됐다. 참가자의 8퍼센트는 이런 사건 중 아무것도 경험한 적이 없었으며, 가장 많이 겪었다고 보고된 횟수는 일흔한 번이었다.

시어리는 역경이 미치는 장기적인 영향을 시험하기로 마음먹고, 사람들이 겪은 외상성 사건의 숫자를 통해 4년의 연구 기간 동안 그들의 행복을 예측할 수 있는지 살폈다. 한 가지 가능성은 둘 사이에 직접적이고 부정적인 상관관계가 있다는 것이었다. 즉, 역경을 더 많이 겪을수록 그 사람의 행복은 감소한다는 얘기다. 그 대신 시어리는 가운데에 있는 사람이 가장 좋은 결과를 맞는다는 U자형 곡선을 발견했다. 중간 수준의 역경을 경험한 사람들은 우울증에 걸릴 위험이 가장 낮았고 신체적 건강 문제도 가장 적었으며 삶의 만족감도 가장 높았다. 양극단에 있는 사람들, 다시 말해 가장 낮은 수준과 가장 높은 수준의 역경을 경험한 사람들은 더 우울했고 건강 문제도 더 많았으며 삶에 대한 만족감도 떨어졌다. 비록 많은 사람들이 역경 없는 인생을 이상적이라고 생각하지만, 실제로 그런 삶을 사는 사람들은 시련을 직면한 사람들에 비해 행복하지도 건강하지도 않았다. 사실상 과거에 정신적 외상을 겪지 않은 사람들은 평균적인 숫자의 외상성 사건을 경험한 사람들에 비해 삶에 대한 만족감이 현저히 떨어졌다.

수년 동안 실시된 후속 조사에서 참가자들은 최근의 스트레스에는 어떻게 대처하고 있느냐는 질문도 받았다. 지난 조사 이후로 심각한 역경을 새로 경험했는가? 만약 그렇다면 그 사건들은 자신의 행복에 어떤 영향을 미쳤는가? 새로운 외상성 사건의 결과는 한 사람의 과거에 따라 달라졌다. 과거에 역경을 경험한 참가자들은 역경을 별로 경험하지 않은 사람들에 비해 새로운 질병에 걸리거나 우울증에 빠질 가능성이 적었다.

이 모든 결과로 비춰보건대 역경의 보호 효과는 남녀노소, 민족, 인종을 가리지 않고 모두에게 적용됐다. 더욱이 이 효과는 교육 수준, 소득, 고용, 결혼 유무, 다른 사회적 요인의 차이로는 설명되지 않았다. 한 개인의 삶에서 가장 힘겨운 경험이 무엇이든 그것은 그 사람을 더욱 강하게 만들 가능성이 크다.

고통의 이면

시어리가 이 연구 결과를 제시하고 받은 피드백은 대부분 긍정적이었다. 그중에는 과거의 힘겨운 노력이 자신을 더욱 강하게 만들었다고 믿는 사람들이 보내온 수많은 감사 편지들도 포함됐다. 시어리의 연구 덕분에 그들은 자신의 모습에서 목격한 것을 다른 사람들에게 설명할 방법이 생겼다며 고마

위했다.

그러나 시어리의 연구는 불쾌감을 줄 가능성도 있었다. 그가 이 논문을 과학 학술지에 출판하려고 처음 제출했을 때 한 심사위원은 이를 거부하며 시어리가 아동 학대를 지지한다고 주장했다. 그 심사위원은 이렇게 말했다.

"여러분은 이 부정적인 사건들이 괜찮다고 주장하는데 그 생각은 위험합니다."

나도 시어리의 연구 결과를 다른 사람에게 간단히 설명하면서 이와 비슷한 경험을 했다. 정신적 외상 생존자들과 작업하는 사람들을 위한 컨퍼런스에서 동료 발표자가 나를 공개적으로 비판했던 것이다. 회복력에 관한 발표문에서 내가 시어리의 작업 내용에 대해 언급했기 때문이었다. 그의 추측에 따르면 나는 강간이나 학대 피해자 또는 다른 방면의 희생자들이 자신을 성장시켜준 그 기회에 대해 감사해야 한다고 은근히 주장했다는 것이다.

내가 그런 반발을 받았다고 이야기하자 시어리는 내 생각에 공감하면서도 그 해석에는 동의하지 않았다. 그가 나에게 말했다.

"나는 그 문제를 전혀 다르게 봅니다."

그의 설명에 따르면 이 부정적인 사건은 발생 당시에는 너무도 명백하게 나쁜 일이어서 누구도 그것을 부인할 수 없다. 고통 속에서는 부정적인 면을 보기가 쉽다. 그는 이렇게 덧붙였다.

"어려운 부분은 그 이외의 다른 면을 보는 것이지요."

시어리는 정신적 외상을 찬성하지 않는다. 단지 역경이 인간의 경험에서 담당하는 역할을 밝혀내고 싶을 뿐이다. 그는 외상성 경험을 다시 되돌리고 싶어 하는 것이 인지상정임을 이해한다. 그리고 사람들이 회복력을 키울 기회를 늘리기 위해 고통을 막으려고 노력해서는 안 된다고 주장하지도 않는다. 하지만 우리가 고통과 괴로움을 피하고 싶어 하는 만큼 정신적 외상이나 상실 또는 심각한 역경을 경험하지 않고 인생을 살아가는 것은 거의 불가능하다. 만약 고통을 피하는 게 불가능하다면 그 경험에 대해 어떻게 생각하는 것이 최선일까? 시어리는 이렇게 묻는다.

"역경이 이미 일어났다고 가정하면 여러분의 인생이 망했다는 뜻인가?"

그는 자신의 연구가 분명한 해답을 제시한다고 믿는다.

"우리는 역경 때문에 파멸할 운명을 타고나지 않았다."

2010년 이 논쟁적인 논문을 발표한 뒤에 시어리는 이 연구를 실험실로 가져갔다. 만약 역경으로 인해 사람들이 미래의 스트레스에서 더 빨리 회복할 수 있다면 스트레스가 많은 상황에서 이 회복력이 작동하는 모습을 관찰할 수 있을 거라고 생각했다. 힘겨운 과거를 가진 사람들은 고통이나 심리적 압박감에 어떻게 반응하는가? 그리고 그들의 반응은 비교적 고통을 적게 겪은 사람들의 반응과 어떻게 다른가?

여러분이 만약 시어리의 회복력 연구에 참가한다면 피험자로서 이런 경험을 하게 된다. 여러분이 실험실에 걸어 들어가면 의사의 진료실을 떠올리게 하는 플라스틱 의자에 앉으라고 요청받는다. 여러분의 옆에 놓인 탁자에는 섭씨 1도의 차가운 물이 채워진 커다란 플라스틱 용기가 놓여 있다. 이 물은 얼마나 차가운가? 인간의 조직이 섭씨 10도에서 얼기 시작한다는 사실을 고려해보자. 5도 이하로 내려가면 물은 고통스러울 정도로 차가워져서 마치 피부에 화상을 입는 듯한 느낌이 든다. 만약 이 차가운 물에 여러분의 온몸을 담근다면 1분도 지나지 않아 목숨을 잃을 것이다.

실험자는 여러분에게 손을 물속에 담그고 용기 바닥에 대문자 X 모양으로 손바닥을 놓으라고 요구한다. 이미 여러분의 손과 발은 고통스러워진다. 그러자 실험자는 이렇게 말한다.

"버틸 수 있을 만큼 오랫동안 손을 물속에 담그고 계시면 됩니다. 하지만 언제 그만둘지는 본인이 결정하면 됩니다. 손을 물속에 담그고 있기가 더 이상 어렵거든 그대로 빼세요. 허락을 구할 필요는 없습니다. 그만둔다고 해도 아무 문제는 없습니다."

일단 여러분이 손을 물속에 담그고 나면 실험자는 30초마다 두 가지 질문을 던진다. 그 정도를 1부터 10까지로 표현한다면 고통이 얼마나 심한가요? 그 정도를 1부터 10까지로 표현한다면 고통이 얼마나 불쾌한가요? 이 실험은 여러분이 물에서 손을 빼거나 5분 동안 버티면(이보다 더 오랫동안 버티면 영구적인 손상을 초래할 수 있다) 끝난다.

이 연구에서 시어리는 회복력의 두 가지 측면에 관심을 가졌다. 여러분은 고통을 얼마나 오랫동안 참을 수 있고 고통으로 인해 기분이 얼마나 많이 상할 수 있는가? 다시 말하지만 그는 역경이 우리의 회복력을 증가시킨다는 증거를 찾아냈다. 역경에 익숙하지 않은 참가자들은 이 추위를 가장 고통스럽고 불쾌하다고 생각했으며 손을 가장 빨리 빼냈다. 반면에 역경을 가장 많이 접해본 사람들은 손을 가장 오랫동안 담그고 있었다.

그뿐만 아니라 시어리는 참가자들에게 고통을 느끼는 동안 무슨 생각을 했는지도 물었다. 역경을 가장 적게 경험한 사람들은 다음과 같이 생각할 가능성이 더 컸다.

'고통이 끝나기만을 계속 빌었다.'

'고통에 굴복할지도 모른다고 생각했다.'

'더 이상 참을 수 없는 기분이었다.'

'얼마나 고통스러운지에 대한 생각을 멈출 수가 없었다.'

심리학자들이 '파국화catastrophizing'라고 부르는 이런 식의 생각은 어려운 경험을 더욱 비참하게 만들 뿐 아니라 포기할 가능성을 더욱 키워주기도 한다. 이 연구에서 파국적 생각은 개인이 과거에 겪은 역경과 그가 고통을 견디는 능력 사이의 상관성을 설명해준다. 어려운 경험을 겪고 나면 여러분은 파국을 상상할 가능성이 적어지고 그 덕분에 더 강한 정신력이 생긴다.

비록 이 실험은 참가자들이 스트레스에 반응하는 방식을 단편적으로밖에 입증하지 못하지만 그 영향은 실제 세계에서 조금씩 늘어난다. 가령 만성적인 요통에 시달리는 성인 가운데 과거 중간 수준의 역경을 경험했던 사람들은 신체장애가 비교적 적고 처방 진통제에 대한 의존도가 낮으며 의사를 찾는 횟수가 적고 장애로 인해 실직할 가능성이 낮다.[3]

이들은 신체적 고통에 더 잘 대처하고 고통으로 인해 삶이 무너질 가능성이 적다. 외상성 사건을 한 번 이상 경험한 뒤에 경찰관이 된 사람들은 치명적인 자동차 사고를 목격하거나 동료 경관의 죽음을 경험하는 등 근무 중 외상성 사건을 겪고 나서 훨씬 뛰어난 회복력을 보인다.[4]

이들은 외상 후 스트레스 증상도 적게 나타나고 생명에 대한 고마움을 크게 느끼는 등 정신적 외상으로 인해 긍정적인 결과를 얻을 가능성도 크다. 인생을 살면서 정신력을 시험하는 경험을 하고 나면 여러분은 그 다음번 도전에 잘 대처할 수 있을뿐더러 과거의 경험이 시련에 대처하기 위한 자원이기도 한다는 사실을 알게 될 가능성이 크다.

나는 호기심으로 이 연구 결과에서 내가 어디쯤 해당되는지 확인하기 위해 평생 누적 역경 수치를 측정했다. 내가 가르친 제자들과 건강심리전문가로서 내가 상담한 사람들이 대부분 그렇듯, 시어리의 분석에 비춰볼 때 나는 이상적인 정도보다 부정적인 사건을 더 많이 경험했다. 그의 연구 결과에 따르면 나는 그런 생활 사건과 상실 경험 가운데 일부를 겪지 않았더라면 더 행복하거나 건강했을 것이다.

하지만 그가 통계 자료를 바탕으로 설정한 이상적인 회복력 구간에 해당되지 못하면서도 나는 여전히 이 연구가 고무적이라고 생각한다. 모든 역경이 나를 무력하게 만들었다는 믿음은 이 경험의 일부가 나를 무력하게 만들었다는 인식과 크게 다르다. 특별히 힘든 시간을 겪고 있을 때 나는 과거의 경험이 현재의 위기를 헤쳐나가도록 도와주는 자원이라는 관점을 대단히 유용하다고 본다.

이는 시어리의 연구를 보고 추려낸 한 가지 요점이다. 그러나 때때로 사람들은 그의 연구 결과를 보고 U자형 커브의 맨 오른쪽 끝에 초점을 두기도 한다. 여기는 사람들이 과거에 가장 많은 외상성 사건을 경험했고 현재 가장 많은 고민에 시달리고 있는 구간이다. 과거에 가장 높은 수준의 역경을 경험한 사람들은 고통을 비교적 적게 경험한 사람들에 비해 우울증에 빠지거나 건강 문제가 생길 가능성이 높다.

시어리의 연구를 우연히 접한 일부 사람들은 도표의 이 부분이 일종의 한계점을 가리킨다고 해석한다. 마치 일정량의 역경을 경험하고 나면 망가진 인간이 된다는 것이다. 나는 시어리에게 데이터를 이런 식으로 해석하는 것에 대해 어떻게 생각하는지 물어봤다. 그는 이 해석에 동의했을까? 그는 자신의 연구를 중요한 한계의 증거로 생각했을까? 즉, 약간의 역경은 우리에게 도움이 되지만 일단 한계점을 넘어서고 나면 엉망이 되는 걸까?

그의 대답은 나를 깜짝 놀라게 만들었다. 우선 그는 이 한계에 대한 해석 그리고 삶의 부정적인 경험의 바람직한 횟수가 정해져 있다는 사실을 자신의 연구 결과가 입증하는 것은 아니라고 말했다.

"그 부분은 당시에 무조건 부정적이었던 것이 계속 해로운 것은 아니라는 증거일 뿐입니다. 누구든 이 척도의 어느 지점에 속해도 아무 상관이 없다는 점에서 희망의 메시지가 있을 뿐입니다."

시어리는 자신의 모델이 가장 많은 역경을 경험한 사람들의 미래를 예측하지 못한다는 말도 덧붙였다. 정신적 외상에 대해 말하자면 이 사람들은 문자 그대로 도표의 측정 수준을 벗어났기 때문이다. 이들이 통계적인 평균에서 너무도 멀리 떨어져 있고 어떤 연구에서도 그런 사람들의 숫자는 극히 적기 때문에, 그처럼 많은 역경을 경험하면 어떤 영향을 받는지 자신 있게 측정하기란 불가능하다. 그는 그 사람들을 개별적으로 살펴봤더니 그 사람들이 연구 참가자들 가운데 반드시 최악의 상황에 처한 것은 아니라고 말했다. 그중 일부는 유난히 행복하게 잘 지내고 있다. 그는 이렇게 설명했다.

"비록 누군가가 수많은 역경을 경험했다고 하더라도 이에 굴하지 않고 심각한 피해를 입지도 않을 가능성은 상당히 많이 남아 있습니다. 이런 현상이 흔히 벌어지는 일인지는 분명히 대답해드릴 수 없지만 가능한 일이라는 것만큼은 확신합니다."

작은 좌절은 큰 수확의 징조

이민 1세대 대학생 열세 명이 내 앞에 소파와 의자를 밀어놓고 그 위에 앉았다.[5] 우리는 샌프란시스코의 스포츠 용품 판매점의 지하실에 있었다. 여름이 끝나가는 무렵이었고 학생들은 대학 생활을 시작하기 위해 미국 각지의 캠퍼스를 향해 막 떠나갈 참이었다. 이들 열셋은 모두 스칼라매치ScholarMatch라고 불리는 단체의 일원이었다. 이 단체는 샌프란시스코 만 지역의 전도유망한 학생들에게 대학 진학 상담, 장학금 지원, 개인 교습 프로그램 등을 제공한다.

나는 성공적인 대학 생활 워크숍을 진행하기 위해 그곳에 갔다. 그날 오후에 학생들은 개인 재무부터 교수들과의 교류에 이르기까지 모든 문제에 관해 실용적인 충고를 얻고 싶어 했다. 고작 한두 해 전에는 그들과 같은 입장이었던 다른 대학생들은 실생활에 도움이 되는 지혜를 기꺼이 나눠주려고 했다. 하지만 무엇보다 나는 그날의 일과를 성장의 사고방식 워크숍으로 시작했다.

나는 스칼라매치의 학생들에게 내가 좋아하는 스탠퍼드 학부생들에 대한 이야기를 들려줬다. 신입생들의 인기 강의인 심리학 개론 수업을 몇 해 동안 공동으로 강의해왔기 때문에 나는 스탠퍼드 신입생들을 몇백 명 알게 됐다. 그 모든 수강생들을 통틀어 가장 눈에 띄는 학생은 루이스Luis다. 그가 눈에 들어온 계기는 첫 번째 시험에서 낙제했기 때문이다.

학생이 한 과목의 시험에서 낙제를 할 때면 나는 항상 이메일을 보내 근무 시간에 나를 만나러 오라고 권유했다. 그런 뒤 그들에게 나 또는 조교, 또래 교사를 비롯해 활용할 수 있는 자원들을 알려줬다. 하지만 대부분의 학생들은 어떻게든 낙제를 모면하겠다고 약속할 뿐 별다른 반응을 보이지 않았다. 상당수의 학생들은 해명이나 변명의 답장을 보내왔지만, 내가 도움을 제안하는 것일 뿐 훈계하는 것은 아님을 알아차리지 못한 듯했다.

당시 루이스는 크게 당황해 즉시 답장을 보내왔다. 그동안 열심히 공부했으므로 왜 낙제를 했는지 이해하지 못했다. 그는 교재와 노트를 들고 내 근무 시간에 찾아와서 자신이 무엇을 놓쳤는지 확인하기 위해 시험 문제를 검토해보고 싶어 했다. 우리는 그의 강의 노트를 점검한 후 강의에 보다 효율적으로 참여하고 필기를 더 잘 하는 방법에 대해 이야기를 나눴다. 그리고 교재로 공부하는 전략에 대해서도 논의했다. 그가 나를 찾아온 것은 한 번으로 끝나지 않았다. 루이스는 1주일에 한 번씩 나를 계속 만나러 왔다. 때때로 우리는 다른 문제에 대해서도 이야기했다. 일테면 그가 수강하는 다른 수업, 스탠퍼드에 적응하는 과정, 집에서 가족들을 어떤 식으로 실망시키고 싶지 않았는지 등이었다.

결국 루이스는 이 과목에서 B학점을 받았다. 내가 강단에 선 이래로 첫 번째 시험에서 낙제한 학생이 성적을 이렇게 크게 회복시킨 경우는 이번이 유일했다. 내가 스칼라매치 학생들에게 더욱 중요하다고 강조한 내용은 내가 그에게 신뢰를 줬다는 것이다. 그가 기숙사에 거주하면서 학생들의 생활을 도와주는 일종의 보조사감에 지원하기 위해 추천서가 필요했을 때 나는 기쁜 마음으로 서류를 작성해줬다. 그가 여름 학기 장학금을 받기 위해 추천서가 필요했을 때도 나는 망설이지 않고 도와줬다. 말하자면 나는 그의 공식적인 옹호자였다.

내가 이렇게 행동한 이유는 그가 내 과목에서 결국 좋은 학점을 받았기 때문이 아니었다. 그가 역경을 기회로 바꿨기 때문이었다. 그는 F학점을 촉매제로 삼아 자신을 스탠퍼드에 합격시킨 자기만의 장점을 활용했고, 여기서 성공하기 위해 필요한 기술과 인간관계를 개발했다. 나는 스칼라매치 학생들에게 그와 입장을 바꿔보라고 요구했다. 대학에 들어와 첫 번째 시험에서 낙제한 일이 결국 자신에게 일어난 최고의 경험 가운데 하나가 된다고 상상할 수 있겠는가?

내가 워크숍을 시작하면서 이 이야기부터 먼저 꺼낸 이유는, 수많은 젊은이들에게 실패에 대한 사고방식을 가르치는 것이 워크숍과 어울리지 않기 때문이다. 그들은 실패란 어떤 대가를 치르더라도 피해야 할 대상이라고 생각한다. 실패를 하면 자신이 그리 영리하지 않거나 재능이 없다는 방증이 되기 때문이다.

우리가 자신의 현재 능력을 넘어서는 목표나 변화를 추구하는 데 성장이 주춤하는 조짐을 보일 때마다 이런 사고방식이 슬금슬금 생겨나기 시작한다. 우리는 좌절을 멈춰야 하는 신호로 인식하는 경우가 너무 많다. 좌절이란 우리 또는 우리의 목표에 뭔가 문제가 있다는 뜻이라고 생각하는 것이다. 이런 생각은 자기불신과 포기의 악순환을 야기한다. 내가 스칼라매치 학생들을 대상으로 이 워크숍을 진행하려고 이곳에 왔을 때에도 직원들은 최근에 한 학생이 작은 좌절을 겪고 보인 반응에 여전히 놀란 상태였다.

그 학생은 한 사립대에 장학금을 받고 입학하기로 돼 있었다. 그러나 여름 오리엔테이션에 참가하기 위해 이동하는 도중 갈아탈 비행기를 놓쳐버렸다. 그의 잘못도 아니었고 이겨낼 수 없는 문제도 아니었던 이 한 가지 좌절은 그에게 어떤 신호처럼 보였다. 비행기를 놓쳤다는 것은 자신이 4년제 대학에 입학해서는 안 된다는 뜻이라고 확신했다. 그는 공항에서 몹시 당황한 상태로 스칼라매치의 사무실로 전화를 걸었다. 장학금을 포기하고 캘리포니아에 머물면서 커뮤니티 대학에 입학하고 싶다고 말했다. 스칼라매치의 상담사들은 그의 결정에 대해 조언했고 그는 결국 4년제 대학을 다니기로 결심했다. 하지만 상담사들이 따로 격려해주지 않았더라면 어떤 일이 벌어졌을까?

그러므로 예비 신입생들을 대상으로 한 강의 시간에 나는 그들이 성장의 사고방식을 받아들이도록 돕고 싶었다. 좌절을 피할 수 없는 일로 받아들이도록, 걸림돌에 부닥치면 자신의 자원을 활용할 때가 됐다고 생각하도록 만들고 싶었다. 루이스의 사례를 학생들에게 들려주고 난 뒤 나는 좌절과 실패가 어떻게 성장의 촉매가 될 수 있는지 알려줬다. 대학에서 좌절이나 도전에 직면하게 된다는 사실이 아니라 그런 일이 일어나면 어떻게 행동할 것인지를 설명했다. 숙제를 내고 비판적인 피드백을 받거나 시험에서 나쁜 성적을 거두는 등 대부분의 학생들이 염려하는 경험은 이상하게도 앞으로 고대되는 순간이다.

루이스가 그랬듯이 이런 경험은 캠퍼스에서 자원을 쌓기 시작하라는 권유다. 그가 도움을 청하고 한층 더 노력했을 때 그는 자신에게 투자했고 나는 그에게 투자했다. 결국 그는 좋은 성적을 받았을 뿐 아니라 그를 진심으로 걱정하고 그가 성공할 수 있도록 특별히 노력해줄 사람도 얻었다.

그런 다음 나는 이야기하기 훈련을 소개했다. 그리고 스칼라매치 학생들에게 좌절이나 시련을 경험하고도 꾸준히 노력했던 시절에 대해 생각해보라고 요청했다. 어쩌면 학생들은 어떤 과목 성적이 좋지 못했지만 스스로 자랑스러워할 만한 방법으로 끝까지 노력했는지도 모른다. 어쩌면 부당한 대우를 받았지만 그로 인해 좌절하지 않았던 때가 있었는지도 모른다. 그것도 아니면 소중히 여기는 사람과 싸웠지만 관계를 잘 회복시켰는지도 모른다. 그런 뒤 나는 살아오면서 직접 경험한 한 가지 사례를 들려주었다. 하마터면 내가 대학원을 그만둘 뻔한 사건에 얽힌 이야기였다.

스탠퍼드의 첫해가 끝나갈 무렵 나는 실험실에서 한 해 동안 수집해온 데이터 세트를 분석하고 있었다. 그때 실험실 조교가 와서 파일에 비일관성이 있다고 지적했다. 우리가 분석하던 파일을 데이터 원본과 비교하다가 나는 두 달도 더 전에 기술상의 오류를 저질렀음을 깨달았다. 데이터의 몇 가지 소스를 합쳐버린 것이다. 나의 이 실수는 실험실에서 그동안 분석해오던 데이터 파일의 정확성을 손상시킴으로서 우리가 관찰했다고 생각한 연구 결과를 모두 정확하지 않게 만들었다. 손상된 데이터 세트의 산물이었기 때문이다.

나는 이 실수에 크게 충격을 받았고 내가 박사과정에 적합하지 않은 사람이라고 생각했다. 이 공포가 새삼스러운 것은 아니었다. 그해 내내 나는 언젠가 한계를 드러내게 될까 걱정해왔다. 스탠퍼드 로고가 새겨진 티셔츠를 자랑스럽게 입은 채 강의실과 캠퍼스를 누비는 대다수의 학생들과 달리 나는 학교 로고가 새겨진 물건은 단 하나도 소유하지 않았다. 그 대신 내가 실패해서 대학을 떠나야 할 때 느낄 수치심을 미리 예상하고 있었다.

지도 교수님께 이 실수를 털어놓는 것은 내가 지금까지 해본 가장 어려운 일 가운데 하나였다. 실제로 나는 박사과정을 그만두고 종적을 감추는 편이 더 쉽겠다고 생각했다. 하지만 애써 나는 숨어버리거나 자취를 감추는 대신 자리에 앉아 무슨 일이 벌어졌는지 설명했다. 존경스럽게도 지도 교수님은 그 실수에 대해 나를 책망하지 않으셨다. 그분은 오히려 자신이 초창기에 연구를 하다가 저지른 이런 종류의 끔찍한 실수에 대해 들려주셨다. 그리고 내가 파일을 고치도록 도우셨고 프로젝트를 다시 정상 궤도로 돌려놓으셨다. 사실 실험실 전체가 힘을 모아 나의 첫해 프로젝트가 무사히 완성되도록 도와주었다. 내 예상과 달리 나는 비판이 아니라 공감을 더 많이 받은 것이다.

이 이야기를 들려주고 난 뒤에 나는 스칼라매치 학생들에게 잠시 시간을 내어 직접 경험한 좌절에 대해 글을 써보라고 요청했다. 어떤 일이 벌어졌는지, 왜 그 사건이 자신에게 중요했는지. 어려움에 굴하지 않고 끝까지 밀고 나간 원동력은 무엇이었는지. 예컨대 어떤 신념이나 태도 또는 힘에 의지했는지(내 경우에는 정직과 용기라는 가치관에 의존했다). 그리고 마지막으로 내가 지도 교수와 실험실 동료들의 도움을 받았듯이 다른 사람들이 제공한 어떤 도움이나 자원을 활용했는지 물었다.

모든 학생들이 글쓰기를 마치고 나서 소규모 그룹으로 나눈 다음 한 사람씩 돌아가며 각자가 겪은 이야기를 털어놓게 했다. 경험담을 토로하는 시간이 이어지는 동안 나는 인종 차별과 학업 실패, 가정적 어려움, 불편한 교우 관계에도 불구하고 끝까지 노력했다는 이야기들을 들었다.

학생들의 개별 순서가 모두 끝나자 각 집단별로 어떤 주제가 등장했는지를 참가한 학생 전원에게 다시 들려줬다. 한 그룹은 공통된 인간성에 대한 인식이 가장 눈에 띄는 주제였다고 말했다. 비록 저마다 다른 사연을 품고 있었지만 그 집단의 구성원들은 하나같이 실패와 실망 및 좌절을 경험했다. 다른 그룹은 기꺼이 도움을 청하려는 의향이 자신들을 성공으로 이끈 가장 중요한 요인이었다고 말했다. 또 다른 그룹은 역경이 실제로 그들의 긍정적인 의욕을 북돋아줬으며 더 열심히 노력하고 싶도록 만들었음을 깨달았다고 이야기했다.

워크숍이 끝난 후 몇 달 뒤 나는 스칼라매치의 어느 신입생에게서 한 통의 이메일을 받았다. 그 여학생은 비록 대학 생활이 고단하고 자신의 예상보다 훨씬 더 힘들기는 하지만, 도움을 요청해도 괜찮다는 교훈을 배웠기 때문에 끈질기게 노력하는 중이라고 말했다.

내가 스칼라매치 학생들을 대상으로 진행한 종류의 워크숍은 학생들이 학교에서 겪는 어려움에 보다 효율적으로 반응하도록 도와준다고 입증됐다. 가령 뉴욕 시와 근교 공립학교를 대상으로 컬럼비아대학교의 데이비드 예거와 공동 연구자들이 이와 유사한 중재를 실시한 뒤 그곳 학생들은 성적을 올리기 위해 과제를 수정하고 교사의 피드백을 받아들이는 경향이 커졌다. 이 덕분에 학생들의 성적은 향상됐다.[6]

성장의 사고방식은 회복력을 보다 광범위하게 만들어낼 수도 있다. 무엇보다 초년에 역경과 맞닥뜨렸던 사람들이라면 특히 그렇다. 노스웨스턴대학교의 심리학자 이디스 첸Edith Chen은 빈곤하거나 안전하지 못한 환경에서 성장할 때 수반되기 쉬운 전형적인 건강의 위험으로부터 사람들을 보호해주는 것처럼 보이는 전환−관철의 대처 양식을 발견해냈다.[7] '전환shifting'이란 스트레스 수용과 스트레스의 근원에 대한 사고방식의 변화가 복합된 것이다. 이는 사람들에게 다음과 같은 진술에 얼마나 동의하는지 물어봄으로써 측정되는 경우가 많다.

"나는 어떤 상황에서 배울 수 있는 것들 또는 그 상황에서 비롯되는 고무적인 것에 대해 생각한다."

'관철persisting'이란 심지어 역경에 직면했을 때조차 의미를 추구하기 위해 필요한 낙천주의를 유지하는 것이다. 이는 다음과 같은 진술을 통해 측정된다.

"나는 장차 상황이 더 좋아질 것이라고 생각한다."

"내 인생은 목적의식이 있는 것 같다."

전환과 관철을 통해 역경에 대처하는 사람들은 어렵거나 혜택받지 못한 어린 시절의 유해한 효과에 영향을 받지 않는 것처럼 보인다. 첸은 미국 전역을 대상으로 심리학자들이 소위 위험한 환경이라 부르는 곳에서 성장한 어린이들과 청소년들로부터 중장년층에 이르기까지 폭넓은 연령층을 대상으로 연구를 진행했다. 모든 연령 집단에서 스트레스에 대해 전환—관철의 접근방식을 취한다고 말하는 사람들은 더 건강한 것으로 나타났다. 첸은 신체에 축적된 스트레스의 유독성을 반영한다고 여겨지는 다양한 생물학적 측정법을 활용했다. 일테면 혈압, 콜레스테롤, 비만, 염증 등이다. 비록 어려운 어린 시절을 보내면 이 요인들이 건강에 더 해로운 수준을 보인다고 예측되기도 하지만, 스트레스에서 의미를 발견하며 스트레스를 통해 배우고 성장할 줄 아는 자신의 능력을 믿는 사람들은 여기에 해당되지 않는다. 이들은 훨씬 유복하고 편안한 어린 시절을 보낸 사람들만큼 건강하거나 그보다 더 건강해 보인다.

어떤 사람이 스트레스에 대처하기 위해 전환—관철 전략을 사용하는지 여부에 영향을 미치는 요인은 매우 다양하다. 여기에는 그 아이가 성장의 사고방식을 정립한 성인들과 함께 성장했는지 여부도 포함된다. 하지만 자신이 어떻게 역경을 딛고 성장해왔는지 인정하겠다고 선택한다면 이 사고방식은 인생의 어떤 단계에서도 함양될 수 있는 것이다.

:: 스트레스 사용법: 역경을 자원으로 전환시킨다 ::

어려움에도 불구하고 끝까지 밀어붙였거나 중요한 교훈을 배웠던 과거의 스트레스 경험에 대해 떠올려보자. 그 경험으로 인해 자신의 힘과 스트레스 대처 방법에 대해 무엇을 배웠는지 생각해보기 바란다. 그러고 나서 타이머를 15분으로 맞추고 다음 질문들의 일부 또는 전부를 언급하며 그 경험에 대해 써보자.

• 스트레스 경험을 끝까지 견디는 데 도움이 됐던 어떤 행동을 취했는가? 어떤 개인적 자원에 의존했으며 어떤 장점을 활용했는가? 정보, 충고, 또는 다른 종류의 도움을 구했는가?

• 이 경험을 통해 역경 대처 방법에 관해 무엇을 배웠는가?

• 이 경험은 어떻게 여러분을 더 강인하게 만들었는가?

이제 여러분이 헤쳐나가려고 힘겹게 노력하는 현재의 상황에 대해 생각해보자.

• 이 상황에서는 어떤 능력과 자원에 의존할 수 있겠는가?

• 여러분이 개발하고 싶은 어떤 대처 기술이나 능력이 있는가? 만약 그렇다면 이 상황을 성장의 기회로 활용하면서 어떻게 그 기술이나 능력을 개발하기 시작할 수 있겠는가?

외상 후 성장

최근 '새로운 스트레스 과학' 강의를 진행하는 동안 카산드라 넬슨_{Cassandra Nelson}이라는 수강생이 남편과 함께 과거에 자신이 겪었던 유난히 혹독한 경험에 대해 들려줬다. 그녀의 허락을 받아 이 사연을 그녀가 기술한 그대로 여기에 소개한다.

둘째 아이를 임신한 지 41주가 지나고 나서 나는 아이의 태동이 멈췄다는 것을 알아차렸습니다. 그 즉시 우리 부부는 산부인과 병동으로 가서 딸아이의 심장이 더 이상 뛰지 않는다고 알렸습니다. 불과 하루 전까지만 해도 어떤 브랜드의 기저귀를 사용할지 고민하고 있었는데 이제는 부검을 받고 싶은지, 아이의 시신을 화장할 것인지 정하는 것으로 우리가 결정해야 할 내용이 완전히 달라져버렸습니다.

나는 제왕절개 수술을 받았고 약 3.86킬로그램의, 건강해야 할 딸아이가 생명이 꺼진 채 세상으로 나왔습니다. 아기는 평범하기 그지없는 담요에 싸여 우리 부부의 품에 안겼습니다. 우리는 아이의 이름을 마고라고 지었습니다. 마고는 언니와 꼭 닮아서 붉은 머리에 통통한 뺨을 갖고 있었습니다. 어찌나 평화로워 보였던지 그냥 잠을 자고 있는 것만 같았습니다. 혼란스럽고 감당하기 힘든 감정들이 홍수처럼 밀려들었습니다. 우리는 아기의 자그마한 이목구비를 내려다보며 다정하게 속삭였습니다. 남편은 계속해서 이렇게 말했습니다.

"아직도 이렇게 예쁜데…."

간호사는 남편과 마고를 휠체어에 앉혀 문밖으로 데려가서 절개 부위 봉합이 끝날 때까지 나를 기다리게 했습니다.

집으로 돌아온 뒤로 우리는 긴장 상태와 분노에 휩싸여 흐느끼는 혼란 상태 사이를 오락가락했습니다. 그러다가 겨우 몸을 일으켜 지역 비영리 재단인 반도의 손HAND of the Peninsula, Helping After Neonatal Death에서 제공한 슬픔 나눔 모임에 참석했습니다. 다른 부부들의 경험에 귀 기울이면서 우리는 딸아이의 기억을 생생하게 간직하는 동시에 앞으로 나아가는 방법들을 찾아냈습니다. 여기에서 사람들과 맺은 유대감은 우리가 미래에 대한 공포감을 가라앉히고 희망이 있다는 생각을 하도록 도와주었습니다. 인생이 예기치 못한 새로운 방향으로 전환되면서 우리에게 필요한 에너지가 충전되는 기분이 들었습니다.

남편과 나는 아이를 잃고 나서 삶의 커다란 변화를 경험했습니다. 우리에게 유해한 우정은 끝나기 시작했고 장기간의 건강한 우정은 더욱 강건해졌으며 놀라운 우정이 새로 탄생했습니다. 우리의 가치관은 더욱 분명해졌습니다. 나는 아이의 생명을 유지시키지 못한 내 몸을 용서하는 법을 배웠습니다. 요가와 그림 그리기를 통해 내 몸을 다시 사랑하는 법도 배웠습니다. 남편은 영양 섭취와 운동을 통해 자신의 몸을 돌보기 시작했습니다. 이제 마흔을 넘긴 나이지만 남편의 몸은 20대 이후 그 어느 때보다 더 탄탄해졌습니다. 직장에서 나는 더 고된 자리를 받아들였습니다. 아이를 잃기 전에는 생각조차 하지 않았을 직책이었습니다. 그뿐만 아니라 내 영혼에 대해서도 마음을 쓰기 시작했습니다. 그래서 공부를 시작했고 유태교로 개종했습니다.

공포감과 출산 문제가 계속해서 추악한 고개를 쳐들고 있었지만 우리는 용기를 내어 아이를 한 명 더 낳기로 했습니다. 마침내 임신에 성공했고 임신 상태를 잘 유지해 건강한 아들을 낳았습니다.

남편과 나는 공감 능력이 확장됐음을 깨달았습니다. 아들이 태어난 뒤로 우리는 사산아를 낳거나 출산 후 아이를 잃은 다른 부모들을 위해 슬픔 나눔 모임을 더 원활하게 만들기 시작했습니다. 우리가 그랬듯이 고통에 시달리는 다른 사람들을 돕고 싶었기 때문입니다. 또한 서로에 대해 더 많은 공감을 느끼기 시작했습니다. 우리의 관계는 한층 깊어졌습니다. 우리는 서로의 생각을 나누는 데 더 많은 에너지를 투자했습니다. 그리고 두려움, 분노, 짜증을 유발하곤 했던 사소한 문제들을 신경 쓰지 않고 내버려두기 시작했습니다. 그 어느 때보다 지금 우리는 삶의 축복들에 대해 더 깊이 감사하고 기뻐하며 두 사람이 함께 지내는 시간을 진심으로 즐겁게 보냅니다.

나는 딸아이를 잃은 경험을 통해 얼마나 많이 성장했는가에 대해 수없이 많이 생각해봤습니다. 때로는 아이가 죽은 뒤에 내 인생이 이토록 풍요로워진 것에 대해 죄책감을 느끼기도 합니다. 이런 기분이 들고 나면 대체로 우주로부터 작은 긍정의 표시를 받습니다. 언제나 딸의 영혼이 나와 함께하며, 어디를 가든 나를 응원한다고 말입니다. 이 감정은 내가 한 걸음 더 나아가 한층 적극적인 삶을 살고 인생의 도전들을 받아들이도록 만들었습니다. 삶에 적극적으로 뛰어들면 마치 나의 에너지가 딸의 추억을 기리는 것 같은 기분이 듭니다. 비록 아이의 생명은 세상에 태어나기도 전에 사그라졌지만, 내 안에 불을 붙여 영원히 환하게 빛나고 있습니다.

지금 넬슨은 법의학자로서 캘리포니아 샌마테오San Mateo에 위치한 반도의 손에서 계속 자원봉사 활동을 하고 있다. 넬슨의 이 너무나 애통한 이야기는 정신적 외상이나 상실을 경험한 수많은 사람들의 이야기를 잘 반영하고 있다. 이 경험은 엄청난 고통을 만들어내지만 그와 동시에 긍정적인 변화를 촉진하기도 한다.

심리학자들은 이 현상을 '외상 후 성장'이라고 부른다.[8] 외상 후 성장은 상상할 수 있는 거의 모든 신체적·심리적 외상을 겪은 생존자들에 의해 보고돼왔다. 여기에는 폭력, 학대, 사고, 자연재해, 테러 공격, 생명을 위협하는 질병, 심지어 장기적인 우주 비행도 포함된다.

이 현상은 발달장애아의 보육, 척수 외상의 적응, 외상 처치자로서 근무, 만성 질병의 감수 같은 지속적인 스트레스에 시달리며 살아가는 사람들에게 나타난다. 그리고 강간 피해자들과 전쟁 포로들을 포함해 가장 끔찍한 정신적 외상을 경험한 사람들에게도 나타난다. 외상 후 성장은 미국, 캐나다, 호주, 영국, 노르웨이, 독일, 프랑스, 이탈리아, 스페인, 터키, 러시아, 인도, 이스라엘, 이라크, 중국, 일본, 말레이시아, 태국, 대만, 칠레, 페루, 베네수엘라를 비롯한 전 세계 여러 국가의 어린이와 어른들에게 두루 나타나는 현상이다. 학자들은 외상성 사건을 통해 어떻게 성장했는지 설명할 때 넬슨 부부가 경험한 것과 동일한 변화를 겪는다고 설명한다. 다음은 가장 보편적인 외상 후 성장 형태 중 일부다.

- 다른 사람들에게 친밀감과 공감을 더 많이 느낀다.
- 생각보다 자신이 더 강하다는 사실을 발견한다.
- 자신의 인생에서 가치 있는 것들을 전보다 더 잘 이해한다.

- 종교적 신념이 한층 강해진다.

- 새로운 인생 경로를 확립한다.

외상 후 성장이 확산되는지 판단하기는 쉽지 않다. 그러나 기이한 현상은 결코 아니다.[9] 테러 공격에 노출된 이스라엘 젊은이들의 74퍼센트는 외상 후 성장을 경험했다고 말한다. HIV/AIDS를 앓는 여성의 83퍼센트는 진단과 질병에 관련한 성장을 겪었다고 고백한다. 비상구급대원의 99퍼센트는 근무 중 노출되는 정신적 외상의 결과로 성장했다고 말한다. 외상 후 성장 연구에 관한 2013년의 한 보고서에 따르면 이는 특별한 사람들만이 경험하는 진귀한 현상이 아니다.[10]

외상 후 성장이란 사람들이 정신적 외상으로 인해 아무 손상도 입지 않은 채 역경에서 회복했다는 뜻이 아니다. 자기 자신이나 자기의 인생에서 긍정적인 변화를 볼 줄 안다는 이유만으로 그들이 고통에서 벗어났다는 뜻도 아니다. 사람들은 동일한 외상성 사건으로 인해 성장과 손상을 모두 경험했다고 판에 박힌 듯 이야기한다.[11] 외상 후 성장 연구에 대한 한 분석에 따르면 외상 후 스트레스 장애를 얼마나 심각하게 앓았는가에 따라 외상 후 성장의 정도가 예측된다.[12] 이 분석 때문에 수많은 연구원들은 외상 후 스트레스 장애와 외상 후 성장이 서로 관련이 없는 별개의 현상이 아니라고 믿게 됐다. 그 대신 외상 후 스트레스 장애가 외상 후 성장의 엔진이라고 주장하고 있다. 이 현상은 긍정적인 변화를 일으키는 심리 작용을 점화시킨다.[13]

바로 이 경우에 해당하는 사례가 배우 제니퍼 화이트Jennifer White다.[14] 2011년 7월 어머니 조애니Joanie가 자살로 생을 마감할 때 그녀는 스물세 살에 불과했다. 어머니가 사망한 지 2년 뒤 그녀는 극심한 슬픔에서 헤어 나오지 못했다. 어머니의 유골을 텍사스의 한 연못에 흩뿌리고는 심리 치료도 받았고 지원 단체에도 가입했으며 자살에 대한 인식을 고취시키기 위한 걷기 대회에도 참가했다. 그런데도 그녀는 여전히 화가 났고 마음이 아팠다. 자신이 어머니의 죽음을 막을 수 있지는 않았을까 고심하느라 지쳐버렸다. 그리고 어떻게든 어머니와 다시 연결되고 싶은 마음이 간절했다.

그러던 어느 날 그녀는 당시 거주하던 LA의 한 초등학교에서 페인트칠 작업을 도와줄 자원봉사자들을 모집한다는 광고를 봤다. 이 모집 광고를 읽다가 문득 부모님이 텍사스 갤버스턴Galveston의 존실리병원John Sealy Hospital에서 처음 만났다는 이야기가 떠올랐다. 그녀의 어머니는 간호사였고 아버지는 외과 레지던트 과정이 끝나가던 참이었다. 두 사람은 어머니가 소아과 병동 벽에 유아용 TV 프로그램 〈세서미 스트리트Sesame Street〉 캐릭터들을 그리는 작업에 자원한 날 처음으로 만났다. 어머니와 한층 가까워지는 기분을 느끼기 위해 제니퍼 화이트는 초등학교 페인트 작업에 참여하겠다고 자원했다. 그런데 막상 학교에 도착하자 그녀에게는 가장 흥미가 떨어지는 작업이 할당됐다. 건물 옆면 절반을 차지하고 있는 쇠창살의 낡은 페인트를 벗겨내는 일이었다. 다른 사람들이 점심 먹으러 자리를 떴을 때에도 그녀는 작은 도구를 이용해 몇 시간 동안 페인트를 긁어냈다. 작업이 끝나자 쇠창살을 밝은 푸른색으로 다시 칠하는 작업을 도왔다.

그 시간 동안 그녀는 어머니가 돌아가신 이후 그 어떤 순간보다 어머니와 가까워진 기분이 들었다. 그녀는 이렇게 말했다.

"어머니가 거기 있는 것처럼 느껴졌어요. 둘이서 같이할 법한 일이었거든요."

어머니를 잃고도 어머니와 관계를 계속 이어갈 수 있다는 희망이 든 것은 이때가 처음이었다. 그날은 그녀에게 인생의 전환점이 됐다. 얼마 지나지 않아 그녀는 호프 애프터 프로젝트Hope After Project라는 작은 단체를 설립해 사람들이 사랑하는 이의 삶을 기념하는 공공사업 계획을 돕게 된다. 그리고 나서 뉴욕 이스트할렘East Harlem의 지역 공원 프로젝트, LA의 고양이 구호소 Kitten Rescue에서 길고양이 털을 다듬고 먹이를 주는 방문 행사, 군대에 복무 하는 남녀에게 생필품 꾸러미를 만들어 보내는 이벤트, 캔자스에 위치한 미 국암학회 희망의 집American Cancer Society's Hope Lodge에 거주하는 암 환자들을 위한 청소와 요리의 날을 기획했다. 그녀는 이 공공사업 비용을 위한 기금 조성을 돕고 있으며 그 생애를 기념할 인물들의 친구들과 가족들에게 참가 를 독려하고 있다. 그녀의 설명에 따르면 호프 애프터 프로젝트를 운영하는 현재의 삶은 LA에서 배우 생활을 할 때와는 완전히 다르다.

그녀는 이 변화와 자신이 삶에서 발견한 새로운 의미를 높이 평가하면서 도, 그렇다고 해서 어머니의 죽음으로 인해 받은 고통이 없던 일이 되지는 않는다고 지적했다. 그리고 이렇게 말했다.

"어머니가 돌아가시기 전보다 지금의 내 모습이 더 좋아요. 하지만 어머니 가 여기 계시지 않기를 바란다는 뜻은 아니에요."

그녀는 매우 조심스러운 태도로 이렇게 덧붙였다.

"어머니의 죽음은 결코 좋은 일이 아니었어요. 하지만 그 속에서 좋은 점 을 찾아냈답니다."

이는 외상 후 성장의 중대한 특징이자, 역경이 어떻게 우리를 강하게 만드는가에 관해 이해해야 할 가장 중요한 요소다. 외상 후 성장 이론은 고통에 본질적으로 좋은 점이 있다고 주장하지 않는다. 그리고 모든 외상성 사건이 반드시 성장으로 이어진다고 설명하지도 않는다. 고통에서 좋은 점이 조금이라도 생긴다면 그 성장의 원천은 우리 내부에 존재한다. 바로 우리의 힘, 우리의 가치관, 그리고 우리가 역경에 대응하기로 선택한 방식이다. 그것은 정신적 외상에 속하지 않는다.

역경의 뒤편

지금까지 우리는 역경이 회복할 힘을 키워주고 정신적 외상이 성장으로 이어지기도 한다는 사실을 지켜봤다. 더욱이 이런 관점으로 과거의 시련을 바라본다면 현재의 스트레스에 맞서 원하는 바를 관철하는 데 도움이 된다는 것도 알게 됐다. 하지만 지금 여러분이 스트레스 받는 상황에 빠졌다면 어떨까? 스트레스 속에서 한창 허우적대는 와중에 역경이 성장에 도움이 되리라고 믿는다고 해서 조금이라도 혜택이 생길까?

　이 질문에 대답하는 한 가지 방법은 스트레스 상황에 빠진 사람들을 찾아서 그 상황에서 장점을 조금이라도 볼 수 있는지 물어보는 것이다. 만약 그들이 장점을 볼 수 있다면 그 상황은 더 나은 결과로 이어지는가? 대답은 아무래도 "그렇다"인 듯하다. 첫 번째 심장마비에서 우선순위에 변화를 주고 인생에 좀 더 감사할 줄 알며 가족 관계를 개선하는 등의 긍정적인 면을 발견하는 사람들은 두 번째 심장마비를 일으킬 가능성이 적고 8년 뒤에도 여전히 살아 있을 가능성이 크다.[15] HIV 양성 진단을 받은 뒤로 건강을 더 잘 관리하고 약물 사용을 그만두기로 결심하는 등의 긍정적인 결과가 생겼다고 인정하는 여성들은 면역 기능이 더 좋아지고 5년 동안의 후속 치료 기간 동안 AIDS로 사망할 가능성이 적다.[16] 만성 통증이나 질병에 시달리는 남녀가 자신의 고통에서 긍정적인 면을 볼 줄 알면 시간이 흐를수록 신체 기능이 개선된다고 기대할 수 있다.[17] 이 모든 연구의 초반에 연구원들은 참가자들의 건강 상태를 조심스럽게 관리했다. 긍정적인 면을 보는 것은 애초에 몸이 더 건강하기 때문에 발생하는 결과가 아니었다. 처음부터 긍정적인 면을 볼 줄 알면 이 긍정적인 결과들이 발생하는 것처럼 보였다.

스트레스의 장점을 발견할 줄 알면 신체 건강만 향상되는 것이 아니다. 우울증이 예방되고 인간관계가 돈독해지기도 한다. 예를 들어 파킨슨병에 걸린 배우자를 돌보는 일에서 인내심과 수용력이 예전보다 훨씬 커졌다거나 목적의식이 한층 강해졌다거나 하는 식의 장점을 찾아낸 사람들은 결혼 생활에 더 만족했고 그 배우자들도 마찬가지였다.[18] 당뇨병에 걸린 10대 청소년들이 장점을 찾아낼 줄 알면 우울증의 위험이 줄어들 뿐만 아니라 혈당 점검과 식사 제한을 성실히 준수할 가능성이 컸다.[19] 배치받은 부대에서 장점을 발견하고 "이 부대에 배치된 덕분에 내 능력을 더 확신하게 됐다" 또는 "내 용기를 입증할 수 있었다"와 같은 진술에 동의하는 미 육군 병사들은 외상 후 스트레스 장애나 우울증에 걸릴 가능성이 적었다. 이 보호 효과는 전투와 정신적 외상에 가장 많이 노출된 병사들에게 가장 크게 나타났다.[20]

이런 환경에서 장점을 볼 줄 알면 왜 도움이 될까? 그 가장 큰 이유는 역경의 긍정적인 면을 보면 사람들의 대처방식이 달라지기 때문이다. 이것이야말로 사고방식의 대표적인 효과다. 어려움 속에서 장점을 발견하는 사람들은 인생의 목표가 더 많고 미래에 대한 희망이 더 크며 인생의 당면 스트레스에 대처하는 능력을 더 굳게 확신한다.[21] 그러고 나서 그들은 스트레스에 대처하고 사회적 지지를 잘 활용하기 위해 능동적인 조치를 취한다. 게다가 스트레스에서 벗어나기 위해 회피성 전략에 의존할 가능성이 적다.[22] 자신이 처한 어려움에서 장점을 발견할 줄 아는 사람들은 스트레스에 대해 더 건강한 신체 반응을 보이고 더 빨리 회복한다.[23] 이는 마술이 아니다. 이 모든 이유 때문에 장점을 찾을 줄 알면 우울증이 줄어들고 결혼 만족도가 높아지고 심장마비 횟수가 줄어들며 면역 기능이 강화되는 등의 광범위한 결과가 예측된다.

나는 이 연구에 대해 설명하는 동안에도 '장점 찾기benefit finding'라는 용어 때문에 애를 먹고 있다고 인정할 수밖에 없다. 다른 사람들이 외상 후 성장이나 "죽을 만큼의 역경은 사람을 더욱 강하게 만든다"라는 진부한 표현에 반대하는 모습을 지켜봤을 때처럼 나는 이 용어가 마음에 걸린다. 내 귀에는 '장점 찾기'가 고통스러운 현실에서 달아나려고 노력하는 일종의 긍정적인 생각처럼 들린다. 즉, 고통을 느끼거나 상실에 대해 생각할 필요가 없도록 밝은 측면을 찾아보자는 이야기 같다.

하지만 나의 거부 반응에도 불구하고 이 연구는 가장 효율적인 사고방식이 나쁜 점을 모조리 좋은 점으로 변화시키자는 한없이 낙천적인 주장을 하고 있지는 않다. 오히려 어려운 상황에 대처하면서 그 장점을 알아차릴 줄 아는 능력이라고 말한다. 사실상 장점과 단점을 모두 볼 줄 알면 오직 긍정적인 면에만 치중하는 것보다 장기적으로 더 좋은 결과가 나온다. 예를 들어

테러 공격을 받은 뒤에 부정적인 변화와 긍정적인 변화를 모두 보인 사람들은 처음에 긍정적인 변화밖에 보이지 않은, 다시 말해 살아 있다는 것을 더 이상 당연시하지 않게 된 사람들에 비해 외상 후 성장을 지속할 가능성이 크다.[24] 의료 공포도 마찬가지다. 생명을 위협하는 질병의 생존자들과 그 간병인들이 지금 이 순간을 충실히 사는 법을 배우는 등의 혜택도 입고 미래에 대한 공포심이나 피로감을 느끼는 식으로 대가도 치른다면 개인적인 성장과 인간관계의 성장이 지속될 가능성이 크다.[25] 스트레스에서 장점을 찾는 태도는 지금 어떤 고통이 존재하든 그것을 현실적으로 인정할 줄 알 때 가장 유용하다.

다른 사람들에게 어려운 상황에서 장점을 보라고 요청하는 것은 힘든 일이지만 일부 과학자들은 그런 태도가 일상의 평범한 스트레스와 보다 심각한 고통에 대한 경험을 모두 전환시킬 수 있음을 입증하기 시작했다. 마이애미대학교에서 실시한 한 연구에서 참가자들에게 다른 사람이 어떤 식으로든 자신에게 상처를 입혔던 때에 대해 생각해보라고 요청했다. 참가자들은 부정, 거절, 거짓말, 사기, 비판, 실망에 얽힌 흥미롭지만 여전히 고통스러운 이야기들을 떠올렸다. 그러고 나서 연구원들은 참가자들에게 이 경험으로 인해 어떻게 삶이 더 풍요로워졌는지, 그 경험 덕분에 어떻게 더 나은 사람이 됐는지에 대해 20분 동안 서술하라고 요청했다. 이 관점에서 글을 쓰고 난 뒤 참가자들은 그 경험에 대해 속상해하는 마음이 조금 가셨다. 용서하는 마음이 더 생기고 복수하고 싶은 열망이 줄어들었다. 그뿐만 아니라 그 사람 또는 그 경험을 떠올리게 만드는 계기를 회피하고 싶은 마음도 줄어들었다.[26]

다른 연구에 따르면 심지어 이와 비슷한 2분짜리 사고방식 중재를 시행하더라도 가슴 아픈 경험에 대한 사고방식이 전환된다.[27] 호프대학(Hope College, 이름이 정말 완벽하다)이 실시한 이 연구에서 참가자들은 다음과 같이 행동하라는 요청을 받았다.

> 다음 2분 동안 그 경험을 성장하거나 배우거나 더 강인해질 기회라고 생각해보세요. 그 경험을 통해 얻었을지 모를 혜택에 대해 생각해보세요. 가령 자기이해, 통찰력, 인간관계 개선 같은 것들 말입니다. 그 경험으로 어떤 식의 혜택을 입었는지 생각하면서 현재의 생각, 감정, 신체 반응에 적극적으로 집중해보세요.

깊은 생각에 빠진 이 2분 동안 참가자들은 얼굴 근육의 움직임을 측정하는 근전도 검사 기계에 연결돼 있었다. 그 고통스러운 경험에 대해 생각하되 장점을 찾아보지 말라고 요청받은 참가자들과 비교하면, 장점에 대해 생각한 참가자들은 눈썹 부근의 근육이 덜 긴장했고 입꼬리를 들어 올려 미소를 짓게 만드는 뺨 근육인 대광대근이 한층 활성화됐다. 달리 말하면 이들의 얼굴은 행복해 보였다. 심지어 이들의 심혈관계 반응도 달랐다. 긍정적인 면을 찾지 않고 그 경험에 대해 생각하면 전형적인 위협 반응이 나타났다. 심박 수가 올라가고 혈압이 상승했다. 하지만 그 경험의 장점에 대해 곰곰이 생각해본 참가자들은 배려−친교 반응을 보였다. 이는 감사함과 유대감을 느낄 때의 생리적 반응과 일치한다.

사고방식을 재설정하자 기분도 전환됐다. 2분간의 생각을 마친 뒤 참가자들은 분노가 줄어들고 기쁘고 감사하며 용서하려는 마음이 커졌다. 중요한 점은 그들의 통제력도 한층 강화됐다는 것이다. 이는 장점 찾기를 통해 더 나은 대처법을 만들어내는 주된 방법 중 하나일 듯하다. 개별적으로 진행된 몇 가지 연구들은 이 변화가 뇌에서 어떻게 전개되는지 보여준다. 장점 찾기는 긍정적인 동기부여와 적극적인 대처에서 중요한 역할을 하는 뇌 영역인 좌측 전두엽 피질을 크게 활성화시킨다.[28]

다른 사고방식 중재는 장기적인 접근법을 취한다. 일테면 사람들에게 어려운 상황의 장점에 대해 몇 주 동안 날마다 글을 쓰거나 곰곰이 생각해보라고 요청하는 것이다. 낭창과 류머티즘성 관절염 같은 면역 질환을 앓는 성인에게 이런 종류의 중재를 1회 실시하고 나면 참가자들은 피로감과 고통이 줄어들었다고 보고한다. 중재를 받기 전 불안감으로 인해 누구보다 힘겨운 시간을 보낸 사람들은 신체 건강이 크게 개선됐다.[29] 암을 앓았던 경험의 장점에 대해 글을 쓴 여성들은 결국 괴로움이 줄어들었고 향후에 암 관련 문제로 진찰받는 횟수가 적었다. 뚜렷하게 나타난 현상을 한 가지 언급하자면 회피성 대처 전략에 주로 의존해오던 여성들의 괴로움이 가장 많이 줄어들었다.[30]

다른 중재에서는 알츠하이머 환자인 친척을 보살피는 사람들에게 긍정적인 간호 경험에 대한 오디오 일기를 작성하라고 요청했다.[31] 매일 밤 이들은 잠시 시간을 내어 그날 있었던 기분 좋은 간호 경험을 한 가지 이상씩 녹음했다. 이 연구의 초반에 모든 간병인들은 경도와 중증도 사이의 우울증 증세를 나타냈다. 오디오 일기를 몇 주 동안 녹음하고 나자 이들의 우울증은 현저히 감소했다. 간호를 하면서 일상적인 기쁨을 발견하는 행위는 스트레스 조절에 중점을 둔 비교 중재에 비해 우울증을 경감시키는 데 한결 효과적이었다.

이 모든 연구에서 참가자들은 처음에 혼란스러워했다. 심지어 지시사항을 이해하느라 애를 먹기도 했다.

"암에 걸려서 입은 혜택에 대해 소감을 써달라는 말인가요?"

"알츠하이머 질환을 앓는 남편을 돌보는 일의 좋은 점이요?"

그들은 무엇이라도 생각해내려고 기를 썼다. 하지만 각각의 중재에 참여한 사람들은 그 과정을 이해하게 됐다. 가장 많은 혜택을 입은 사람들은 불안감, 회피, 우울증에서 벗어나지 못하던 사람들이었다. 긍정적인 면을 본다고 해서 어려운 상황이 해결되지는 않지만, 괴로움과 희망 사이에 균형을 잡는 데에는 도움이 된다.

장점 찾기가 사람들의 대처 능력을 향상시킨다는 증거에도 불구하고 이 전략은 다른 사람들에게 부담 없이 권할 만한 것은 못 된다. 나는 어느 학생에게서 잊지 못할 말을 들은 적이 있었다. 만약 누군가가 어느 여성에게 남편의 죽음에서 장점을 발견해야 한다고 주장하면 그 즉시 그녀는 이렇게 반응하리라는 말이었다.

"지옥에나 떨어져요!"

충분히 이해할 수 있는 반응이다. 그렇기 때문에 장점 찾기 훈련에서는 내담자가 언급하는 장점에 그저 귀를 기울일 뿐 상대방에게 고통의 장점을 보라고 설득하지 말라고 당부한다. 자유롭게 선택할 수만 있다면 장점 찾기는 상당한 힘이 될 것이다. 만약 장점 찾기를 시도하고 싶다면 역경의 긍정적인 면을 찾는 훈련부터 시작하면 좋다. 이는 순수한 긍정적 사고방식의 훈련이라기보다는 반대의 관점들을 동시에 취하는 연습에 가깝다. 지금 느끼는 어떤 고민도 떨쳐버리겠다고 마음먹을 필요 없고, 지금까지 경험한 어떤 부정적인 결과도 무시할 필요 없다. 그저 잠시 동안만 그 상황 그리고 그 상황에 대처하는 자기 자신의 장점에 집중하겠다고 선택하는 것이다.

나는 모든 스트레스 상황에서 장점을 발견하는 것이 가능한가라는 질문을 자주 받는다. 가령 교통 체증에도 긍정적인 면이 있을까? 어쩌면 있을지도 모른다. 하지만 장점 찾기는 우리가 사소한 좌절을 느낄 때마다 반사적으로 보여야 하는 반응은 아니다. 사소한 사건은 성장과 긍정적인 변화를 기대하기에 적합한 것이 아니다. 만약 그 안에서 장점을 발견하려고 한다면 진정한 대답을 찾기가 어려울 것이다.

이와 마찬가지로 정신적 외상이라고 해서 모두 긍정적인 면이 존재하는 것은 아니다. 그리고 모든 고통에 대해 억지로 긍정적인 해석을 내려서도 안 된다. 장점 찾기는 스트레스 경험이 여러분에게 강한 영향을 미쳤을 때 가장 큰 힘을 발휘한다. 그리고 여러분이 통제하지도 변화시키지도 떠날 수도 없는 상황에서 특히 도움이 된다. 처음에는 장점을 발견하기가 가장 불가능할 것 같은 경험이야말로 성장하고 긍정적으로 변화하려는 자발적인 마음을 통해 전환될 가능성이 가장 큰 그런 경험이다.

스트레스 상황에서 처음으로 장점을 찾기 시작하면 그 일은 어렵게만 느껴질 것이다. 마음가짐이 조금이라도 변화하면 새로운 사고방식과 씨름하는 것이 자연스러워진다. 만약 여러분이 경험한 손해나 고통을 부인하는 것 같은 기분이 든다면 이 훈련은 특별히 어려울 것이다. 만약 그렇게 느껴진다면 잠시 시간을 내서 그 경험을 생각할 때 떠오르는 생각이나 느낌을 적어보길 권한다. 어떤 고통이나 고민도 좋다. 그러고 나서 마음이 내키거든 앞으로 경험하고 싶은 성장이나 긍정적인 변화에 대해 써보자. 미래의 어느 시기에 어떤 변화와 성장이 가능해질까?

: : 스트레스 사용법: 역경의 밝은 이면을 바라본다 : :

자신의 삶에서 지금 겪고 있는 어려운 상황이나 최근의 스트레스 경험을 하나 선택하자. 그 스트레스를 통해 어떤 혜택을 경험했는가? 그 스트레스 덕분에 여러분의 인생은 어떤 면에서 나아졌는가? 그 경험에 대처하려고 노력한 결과 여러분은 조금이나마 긍정적인 방향으로 변화했는가?

아래 목록은 어려움, 상실, 정신적 외상에 대응하면서 경험했다고 흔히 보고되는 긍정적인 변화들이다. 자신에게도 이 혜택들의 징후가 나타난 적이 있는지 생각해보자.

- 그동안 몰랐던 내 능력을 인식했다. 이 경험은 어떻게 여러분의 능력을 드러나게 만들었는가? 이 경험은 여러분 자신과 자신의 능력에 대한 생각을 어떻게 변화시켰는가? 어쩔 수 없이 이 경험에 대처한 결과 여러분은 개인적으로 어떻게 성장했거나 변화했는가? 자신이 상황에 대처할 수 있도록 돕기 위해 어떤 능력을 활용했는가?

- 살아 있다는 사실에 감사하는 마음이 생겼다. 살아 있다는 것을 전보다 더 감사하거나 일상의 경험에 대해 한층 더 즐거워하는가? 소박한 순간들을 음미하는 경향이 커졌는가? 의미 있는 위험이라면 기꺼이 감수할 의향이 강해졌는가? 즐거움을 안겨다 주거나 자신에게 가장 중요한 일들에 더 많은 시간과 에너지를 투자하기 시작했는가?

- 정신적으로 성장했다. 이 경험은 여러분이 정신적으로 성장하도록 어떤 면에서 도움을 제공했는가? 신념을 회복하거나 자신에게 중요한 단체들과 다시 관계를 맺게 됐는가? 종교적 전통에 대한 이해가 깊어졌거나 거기에 의존하려는 마음이 커졌는가? 지혜나 균형감이 생겼다고 생각하는가?

- 사회적 인맥과 다른 사람들과의 인간관계가 강화됐다. 이 경험이 친구나 가족 또는 다른 공동체 구성원과의 관계를 어떻게 강화시켰는가? 이 경험으로 인해 다른 사람들의 힘겨운 노력에 대해 더 공감하게 됐는가? 이로 인해 인간관계를 긍정적으로 변화시키고 싶은 욕구가 생겼는가?

- 새로운 가능성과 삶의 방향을 확인했다. 이 경험의 결과로 인생에서 어떤 긍정적인 변화를 만들어냈는가? 어떤 것이든 새로운 목표를 설정했는가? 예전에는 생각해보지도 않았을 법한 일을 시간을 들여 해냈는가? 새로운 목적의식을 발견했거나 자신의 경험을 투자해 다른 사람들을 도울 수 있게 됐는가?

스트레스를 성장의 촉진제로 활용하는 방법

2002년 《크리스천사이언스모니터Christian Science Monitor》 기자인 매리 윌텐버그Mary Wiltenburg는 수 플라데닉Sue Mladenik과 함께 1주일을 보냈다. 플라데닉은 한 살배기 여자아이를 입양하고자 중국 베이징으로 향하는 길이었고 이미 네 아이를 둔 어머니였다. 그와 동시에 미망인이기도 했다. 남편 제프 플라데닉Jeff Mladenik이 2001년 9월 11일 보스턴에서 LA로 향하는 아메리칸항

공 11편에 탑승해 사고를 당했기 때문이다.

월텐버그는 9.11 테러 희생자 1주기 특집 기사를 쓰기 위해 블라데닉을 만났다. 사고가 발생한 지 1년 뒤 희생자 가족이 어떻게 지내고 있는지 취재하려고 했다. 월텐버그의 기사에 따르면 블라데닉의 고통은 잠시도 멈추지 않고 여전히 고개를 치켜들었다. 그녀는 거의 매일 밤 채 몇 시간도 잠들지 못했다. 식료품 가게에서 제프가 좋아하는 쿠키를 발견하는 등 예기치 않은 상황에서 슬픔이 쓰나미처럼 그녀를 덮쳤다. 그녀는 동물원 같은 곳에 막내딸을 더 이상 데려가지 않는다. 엄마와 아빠가 있는 행복한 가족들이 너무 많이 몰려드는 장소이기 때문이다. 그리고 호의를 표현하고자 사람들이 "남편께서는 더 좋은 곳으로 가셨습니다"와 같은 말을 하면 화가 났고 마음이 불편했다.

9.11 테러 이후 블라데닉이 보낸 첫해에 대해 월텐버그가 쓴 기사는 이렇게 시작된다.

"그녀가 침대에서 일어나기까지 5일, 부부가 함께 잠들던 이불을 세탁하기까지 10개월, 남편이 신었던 양말을 운동 가방에서 꺼내기까지 1년이 걸렸다."[32]

이는 사별을 겪으면서 망가져버린 한 가족에 관한 솔직한 이야기다. 수 블라데닉을 계속 살아가게 하는 유일한 원동력은 남편 제프와 함께 입양 계획을 세웠던 여자아이를 포함한 다섯 아이들이다.

기사를 전송한 뒤 월텐버그는 블라데닉에게 아직도 생생하게 느껴지는 그 압도적인 날것 그대로의 고통에 똑같이 시달렸다. 그 후로도 오랫동안 그녀는 비행기가 충돌하는 악몽을 꿨다. 2011년《크리스천사이언스모니터》의

편집장은 그녀에게 믈라데닉을 다시 만나 취재할 것을 권유했다. 테러가 발생한 지 10년이 지난 현재 믈라데닉과 가족들은 어떻게 지내고 있을지 그녀도 무척 궁금했다.

다시 만난 믈라데닉은 여전히 남편의 죽음을 슬퍼하고 있었지만 앞으로 한 걸음 나아간 상태였다. 그때 이후 믈라데닉은 중국에서 여자아이 두 명을 더 입양했고 손자들도 보게 됐다. 2002년 1주기 때 엄청난 두려움과 슬픔을 느꼈다면 10년이 지난 2011년에는 가족이 모이는 기념일이 돼 있었다. 매년 9월 11일이면 믈라데닉 가족은 한자리에 모여 제프의 생애를 기념했다. 이번 10주기를 맞아 열다섯 명의 믈라데닉 가족은 9.11 희생자들을 애도하는 5킬로미터 단축 마라톤 대회에 참여하기로 했다.

믈라데닉은 윌텐버그에게 2002년에 비하면 분노가 제법 사그라졌다고 말했다. 그녀는 아이들이 아버지를 반드시 기억하게 만들겠다는 목표를 세우고 가족을 중심으로 자신의 인생을 다시 세웠다. 그리고 인생의 목적의식을 새로 발견해 예전에 제프와 함께 후원했던 대의명분을 위해 자신의 시간을 쏟아부었다. 그 고통은 여전히 그 자리에 있었고 슬프고 혼란스러운 순간도 숱하게 많았지만 미래를 마주하겠다는 강한 욕구도 점점 커져갔다.

윌텐버그에게 믈라데닉의 삶에 관한 이 새로운 소식은 가공하지 않은 슬픔과 무분별한 비극으로 구성된 첫 번째 기사에 덧붙일 중요한 후기였다. 그녀는 이 기사를 작성하면서 2002년에 기사를 작성할 때만큼이나 커다란 영향을 받았다. 하지만 이번에는 악몽에 시달리는 것이 아니라 희망으로 가득 차올랐다. 윌텐버그는 이렇게 말했다.

"누구든지, 어쩌면 비교적 사소하고 세간에 알려지지 않은 상실을 경험한

저 같은 사람이라면 특히 더 그들의 이야기에서 교훈을 얻을 수 있습니다. 어떤 면에서는 우리 모두 망가진 사람들이죠. 우리 대부분에게 중요한 질문은 이런 거예요. 그렇게 망가졌으면서도 잘 살아갈 수 있을까? 누구나 그런 아픔을 견디며 살아가는 법을 알아내려고 노력하는 중이겠지요."

윌텐버그가 작성한 플라데닉 가족의 10년 뒤 후속 기사는 새로운 유형의 저널리즘인 '복원 내러티브restorative narrative'의 한 사례다. 복원 내러티브란 사람이나 공동체가 어려운 시절을 경험한 뒤에 재건하고 회복하는 법을 어떻게 배워나가는지 보여주는 이야기로서, 정신적 외상과 비극에 대한 일반적 방식의 보도를 거부한다. 사건의 즉각적인 여파에 대해 가장 끔찍한 세부 사항만을 전달하는 대신 성장과 치유의 이야기를 들려준다.

우리가 언론에서 접촉하는 기사들은 우리의 행복에 실제로 영향을 미친다. 어느 중요한 미국의 연구 조사에서는 뉴스 접촉이 가장 흔히 보고되는 일상적 스트레스의 원천 중 하나라고 결론 내렸다. 스트레스 수준이 높다고 말하는 사람들 가운데 40퍼센트는 뉴스를 시청하거나 읽거나 듣는 것이 자기 삶의 중요한 스트레스 요인이라고 응답했다.

생활에서 발생한 스트레스와 대조적으로 뉴스 때문에 유발된 스트레스는 절망감을 촉발하는 독보적인 능력이 있다.[33] 자연재해나 테러 공격이 발생하고 난 뒤에 텔레비전 뉴스를 시청하면 우울증이나 외상 후 스트레스 장애에 걸릴 위험이 증가한다는 사실이 꾸준히 입증됐다. 어느 충격적인 연구에 따르면 2013년 보스턴 마라톤 폭발 사건에 대해 6시간 이상 뉴스를 시청한 사람들은, 실제로 폭발 현장에 있었고 그 사건에 개인적으로 영향을 입은 사람들에 비해 외상 후 스트레스 증상을 보일 가능성이 더 컸다. 공포감과 절망감을 주입하는 것은 비단 전통적인 뉴스 프로그램만은 아니다. 비극적 사건, 정신적 외상, 위협에 관한 이야기들은 다양한 형태의 대중매체를 장악하고 있다. 미국 성인 남녀를 대상으로 한 2014년 연구에 따르면 사람들의 공포감과 불안감을 좌우하는 최고의 예측변수는 TV 토크쇼 시청 시간이다.[34]

이 같은 연구 결과들 때문에 정신적 외상이나 비극적 사건 등이 뉴스에서 묘사되는 방식을 바꾸는 데 헌신하기 위한 조직 '이미지 앤드 보이스 오브 호프 Images and Voices of Hope', 줄여서 'IVOH'가 출범했다.[35] IVOH는 대중매체 종사자들이 회복력과 복구의 이야기를 들려주도록 훈련시킨다. 이 조직은 미국 전역의 주요 신문사 출신의 기자들 및 사진기자들과 함께 작업해왔다. IVOH가 후원하는 종류의 복원 내러티브는 한 사람 또는 한 공동체의 고통이 끝난 것처럼 가장하는 질 낮은 기사가 아니다. 오히려 이 이야기들은 회복 과정에 초점을 둔다. 재난을 겪은 뒤에 공동체들은 어떻게 재건되는가? 비극을 겪은 뒤에 사람들은 인생을 어떻게 다시 꾸려나가는가? 고통에서 의미는 어떻게 만들어지는가?

IVOH의 이사 맬러리 진 테너 Mallary Jean Tenor에 따르면 복원 내러티브를 듣거나 읽거나 볼 때 사람들은 희망이 부풀어 오르고 용기가 커지며 자신의 삶을 변화시키고 싶은 의욕이 고취된다. 이야기 속에 담긴 회복력은 전염성이 있다. 그리고 복원 저널리즘이 주는 위대한 교훈 한 가지는 우리가 말하는 이야기와 우리가 관심을 쏟는 이야기에는 힘이 있다는 사실이다.

다른 사람들의 이야기를 통해 외상 후 성장을 경험할 수 있다는 생각은 희망사항에 불과한 것이 아니다. 새로운 연구로 입증된 바에 따르면 사람들은 타인의 외상성 경험에서 의미를 찾고 이를 통해 개인적 성장을 경험할 수 있다. 심리학자들은 이런 현상을 '대리 회복력' 또는 '대리 성장'이라고 부른다. 이 현상은 심리 요법 의사들과 다른 정신 건강 의료진들에게서 처음으로 관찰됐다. 이들은 내담자들의 회복력과 복구에 영감을 받았다고 종종 이야기했다. 대리 성장은 커다란 고통을 받은 사람들을 다루는 전문 의료진들이 가장 많이 보고하는 현상이었다.[36] 가령 화상 치료 센터에서 심각한 상처를 입은 어린이를 치료하는 간호사들, 정치적 폭력이나 고문의 피해자와 난민들을 돕는 사회복지사들, 자식을 잃은 부모들을 상담하는 심리학자들이 이에 해당된다. 이들은 희망을 찾았고 자신의 회복 능력에 대한 만족감이 커졌을 뿐 아니라, 인생을 살아가면서 마주치는 도전에 더 잘 대응하게 됐다고 말했다.

대리 성장은 남을 도와주는 직업군에 속한 사람들에게만 국한되는 현상은 아니다. 호주 본드대학교 연구원들이 실시한 연구에서 실험 참가자들에게 지난 2년 동안 다른 사람들이 겪는 모습을 지켜본 결과 가장 충격적이었던 사건에 대해 묘사해달라고 요청했다. 참가자들은 사고 현장에서의 생존, 사랑하는 사람의 죽음, 심각한 질병, 치명적 범죄 같은 사건들을 언급했다. 이 사건들은 친구나 가족 구성원 심지어 전혀 모르는 사람들에게 일어났다. 그중 일부는 뉴스를 통해 알게 된 일이었다. 참가자들은 대리 성장을 이뤘을 뿐 아니라 그 성장 덕분에 자신의 삶에서 의미를 찾아내는 능력이 강화됐다고 말했다.[37]

다른 사람들의 고통에 단지 공감하는 것을 넘어, 어떻게 여기에서 회복력과 성장을 포착해낼 수 있을까? 가장 중요한 요인은 진정한 공감처럼 보인다. 여러분은 그들의 괴로움을 기꺼이 느껴야 하고 그들의 경험을 직접 겪고 있다고 상상해야 한다. 또한 그들의 고통과 더불어 강점도 볼 줄 알아야 한다. 대리 회복의 큰 걸림돌 중 하나는 동정심이다. 누군가를 동정할 때 여러분은 그들의 고통을 안쓰럽게 여기지만, 그들의 강점을 보지는 못하고 그 이야기 속에서 자신을 대입시키지도 못한다. 여러모로 볼 때 동정심은 진정한 공감보다 더 안전한 감정이기는 하다. 이 감정은 여러분이 다른 사람의 고뇌에 너무 밀접하게 관여하지 않도록 스스로를 보호한다. 그런 식으로 여러분은 결코 고통받지 않을 것이라는 환상을 유지할 수 있다.

그러나 동정심이란 그 대상을 폄훼하는 데 그치지 않고 대리 성장을 경험하는 여러분의 능력마저 방해한다. 다른 사람들의 고통을 통해 배우고 성장하는 과정에는 그 고통에 영향을 받는 부분이 반드시 포함되는 것처럼 보인다.[38] 이것은 다른 사람들의 회복을 수동적으로 지켜보는 문제가 아니다. 자신이 그들의 고통과 그들의 능력에 자신이 감화되도록 허락해야 하는 문제다.

고문 생존자들과 작업했던 한 가족 문제 상담사는 대리 회복을 위해서 내담자의 고통을 공감하는 방법에 대한 사고방식을 어떻게 급진적으로 전환해야만 하는지에 대해서 이렇게 말했다.

우리는 대리 외상을 다른 사람이 감염된 방사능처럼 생각할 때가 많다. 그래서 이 외상이 우리에게 유출되면 방벽을 갖춰야 하고 자기 몸을 정화시켜야 한다는 식의 온갖 은유를 떠올린다. 하지만 대리 회복이란 에너지의 흐름에 더 가까운 것이라고 생각해야 한다. 생명력의 진수라고 할 수 있는 사랑, 희망, 순수한 에너지와 같은 것들에서 흘러넘친 것이다. 그래서 우리는 여기에 감염되거나 영향을 받는다.[39]

많은 연구에 따르면 대리 회복의 개념에 관심을 두는 것만으로 그런 반응이 일어날 가능성을 증가시킨다. 마치 사람들에게 외상 후 성장에 대해 이야기하면 그들이 이것을 직접 체험할 가능성이 증가하는 것과 마찬가지다. 이 내용들을 읽었으므로 당장에 여러분은 다른 사람들의 고통과 성장으로 인해 강해질 가능성이 크다. 다른 사람의 고통 속에서 자신을 발견하거든 그들의 고통과 그들의 자원을 모두 목격하려고 노력하자. 그들의 경험에 감화되고 그 회복력에 경외심을 느끼도록 해보자.

회복력을 북돋우는 이야기

테네시 멤피스Memphis에 위치한 세인트 주드 아동 연구 병원St. Jude Children's Research Hospital의 로비를 걸어가면 환자들의 시선을 온통 사로잡는 희망의 벽이 보인다. 이 벽에는 어린 시절 사진을 들고 있는 어른들의 사진이 액자로 나란히 걸려 있다. 이 사람들은 하나같이 소아암이나 생명을 위협하는 다른 질병을 이겨낸 생존자들이다. 어린 시절을 담은 사진은 그들이 세인트 주드 병원에서 치료받던 시절까지 거슬러 올라간다. 사진 속 일부 어린이들은 항암 치료로 인해 머리카락이 없다. 다른 어린이들은 의사나 부모들과 함께 포즈를 취하고 있다. 이 사진을 들고 있는 어른들은 치료가 가능하다는 사실을 보여주는 증거다. 한층 더 놀라운 점은 이들 절반이 현재 세인트 주드 병원에서 의사, 간호사, 연구원으로 근무하고 있다는 사실이다. 이들은 비극을 목적으로 전환시켰고 자신을 도와주었던 단체에 받은 것을 돌려주기 위해 세인트 주드로 되돌아왔다.

회복과 성장에 대한 이야기를 하는 방법은 여러 가지가 있다. 때로는 뉴스 보도를 통해 이야기가 전해지지만 때로는 미술품과 사진 또는 기타 이미지들을 통해 전달되기도 한다. 때로는 웹사이트나 편지, 1 대 1 대화를 통해 이뤄지기도 한다. 어떤 조직이나 공동체도 성장, 연결, 회복의 이야기를 들려주겠다고 선택할 수 있다. 다음 사례에 대해 생각해보자.

- 중학생 자녀를 둔 부모에게 보내는 어느 회보에는 직원들이 유방암과 투쟁하는 교사에게 유급 병가일을 어떻게 기부했는지 적혀 있다. 이와 더불어 그 교사가 이제 차도를 보여 교실로 되돌아왔다는 좋은 소식도 전해준다.
- 어느 기업의 CEO는 결함 상품을 성공작으로 만들어낸 팀을 회사 전체 회의 시간에 소개하기로 결정한다.
- 어느 교회의 지도자는 어느 공동체 구성원에게 자신의 경험담을 신도들과 공유하라고 요청한다. 그녀는 처음에만 해도 음식과 쉼터가 필요해서 교회에 왔지만, 이제는 그 동일한 교회 프로그램에서 다른 사람들을 돕기 위해 자원봉사를 하게 됐다.
- 어느 동네 커피숍에서는 태풍으로 손상된 지역 공원 재건을 돕고 있는 직원들의 사진을 전시하고 있다.
- 한 물리 치료 센터는 사회 복귀 날짜가 얼마 남지 않은 환자들에게 그들의 노력과 성장을 편지에 적어달라고 요청한다. 미래의 환자들에게 용기를 주기 위해서다.

주목할 만한 이야기들을 찾아보기 시작하면서 나는 위 사연들을 눈여겨보게 됐다. 중요한 점은 그런 이야기와 이미지에 노출되면 사람들이 스스로 노력을 기울여 성장하게 될 가능성이 커진다는 것이다. 예를 들어 호주의 퀸즐랜드Queensland에서 246명의 신참 경찰들은 경찰관 회복력 촉진이라는 특별한 프로그램에 무작위로 참여하게 됐다. 이 프로그램은 신참 경찰들에게 역경이 성장으로 이어지기도 한다는 발상을 알려줬다. 이 프로그램의 일부로 신참들은 한 상관이 20년간의 근무 경험에 대해 이야기하는 모습을 동영상으로 감상했다. 그는 성폭력 전담반의 근무 생활이 어땠는지, 그 기간 동안 외상성 경험들을 견뎌낸 결과로 자신의 삶이 어떻게 변화했는지 들려줬다. 그 이야기들은 다양한 측면의 외상 후 성장을 증명하기 위해 신중하게 선택됐다. 여기에는 삶의 고마움을 더 절실히 느끼게 된 계기, 자신의 능력을 인식하게 된 계기, 정신적 성장을 이룬 계기 등이 포함됐다.

연구원들은 신참 경찰들이 근무 중 외상성 사건을 겪게 될 때 오늘 들었던 외상 후 성장의 이야기들이 도움이 되기를 희망했다. 초기 결과에 따르면 이 방법은 효과가 있다고 한다. 그들이 이 프로그램에 참여한 지 6개월 뒤 근무나 일상생활에서 정신적 외상을 경험한 신참 경찰들은 이 프로그램에 참여하지 않은 통제 집단에 비해 현격한 외상 후 성장을 경험했다고 말했다.[40]

우리는 누구나 이야기를 하고, 우리가 말하기로 선택한 이야기들은 회복의 문화를 창조할 수 있다. 여러분은 가족에 관한 이야기를 어떻게 하는가? 공동체에 대해서는? 회사에 대해서는? 자신의 인생에 대해서는? 자기 자신 그리고 자신이 속한 공동체의 힘과 용기, 연민, 회복력을 반영하는 이야기를 위해 어떻게 자리를 마련할 것인지 생각해보기 바란다.

이 책의 서두에서 나는 학생들이 '새로운 스트레스 과학' 강의를 수강하고 나면 다음 진술에 동의하는 경우가 적다고 말했다.

"지금까지 살면서 겪었던 고통스러운 경험들을 마법처럼 모두 날려버릴 수 있다면 그렇게 하겠다."

그뿐만 아니라 수강생들은 다음 진술에 동의하는 경향도 적다.

"내 문제 때문에 내가 소중하게 생각하는 삶을 살기 어렵다."

이제 위 두 가지 진술에 대해 생각하면 어떤 느낌이 드는가? 과거로 되돌아가서 인생의 고통스러운 경험들을 모조리 지울 것 같은가?

이 질문에 여러분이 어떻게 대답하는지는 매우 중요한 문제다. 이 진술에 동의하는 사람들은 현재의 삶에 만족하지 못하고 미래에 대해 더 많이 걱정하며 우울증에 걸릴 가능성도 높다. 이는 한 사람의 고통스러운 경험에 대한 직접적인 결과가 아니다.[41] 오히려 그 경험을 대하는 그들의 태도로 인해 생겨난 결과다. 중요한 점은 자신의 힘겨운 노력을 다른 관점에서 생각하는 법을 배울 수 있다는 것이다. 여러 연구들은 과거의 어려움을 비교적 흔쾌히 받아들이는 태도를 취하면 행복감이 커지고 우울증이 줄어들며 회복력이 증가한다는 사실을 입증했다.

자신의 가장 고통스러운 경험에서 긍정적인 면을 보겠다고 결심하는 것은 우리가 스트레스와의 관계를 변화시키는 방법의 일환이다. 과거의 역경을 수용하는 것은 우리가 현재의 어려움에서 성장의 용기를 발견하는 방법이다. 우리가 스트레스를 포용하고 전환시킬 수 있도록 만드는 것은 다름 아닌 스트레스를 바라보는 관점이다. 이 책에서 나는 역경에 대한 성장의 사고방식을 지지하는 몇 가지 과학적 견해를 소개했지만, 이 관점을 뒷받침하는 증거는 이미 여러분 주변에 존재한다. 찾아보기만 한다면 자신의 인생에서, 여러분이 존경하는 사람들의 인생 속에서, 심지어 낯선 사람들의 이야기 속에서도 그 징후를 발견할 수 있다.

:: 스트레스 사용법: 자신만의 성장과 회복에 관한 이야기를 들려준다 ::

자신의 성장을 알아차리고 소중하게 생각하며 표현하는 방법 가운데 하나는 마치 복원 내러티브를 작성하는 기자가 된 것처럼 자기 인생의 힘든 시기에 대해 깊이 생각해보는 것이다. 이야기꾼이라면 자신이 직면한 도전을 어떻게 묘사할 것 같은가? 훌륭한 관찰자라면 여러분의 이야기에서 무엇을 전환점, 즉 여러분이 인생에 다시 적극적으로 참여하거나 인생에서 의미를 발견할 수 있게 된 순간이라고 볼 것 같은가? 만약 기자가 1주일 동안 여러분을 따라다닌다면 여러분의 힘과 회복력에 대해 그 기자는 어떤 증거를 발견할 것 같은가? 여러분의 성장을 입증하거나 가치관을 표현할 만한 어떤 행동을 하겠는가? 친구, 가족, 동료 또는 여러분의 여정을 지켜본 다른 사람들은 여러분이 변화하거나 성장한 과정을 어떻게 묘사할 것 같은가? 사진가라면 여러분의 집이나 사무실의 어떤 소품을 성장이나 회복의 증거로 촬영하고 싶어 하겠는가?

스트레스를 받기도 했지만 그와 동시에 성장이나 의미의 원천이기도 했던 경험에 대한 자기만의 이야기를 적어보면 어떨까? 글이 아니더라도 그림이나 동영상 등 여러분의 호기심을 자아내는 매개체라면 무엇이든 좋다. 이 훈련은 무척 개인적이므로 이와 관련된 경험을 누구에게 털어놓을 필요는 없다. 하지만 다른 사람들과 공유하는 것도 좋은 훈련이 될 수 있다.

스트레스는
내 삶의 에너지

스트레스 과학의 역사를 살펴보면 대개는 한 가지 질문에 중점을 뒀다.

"스트레스는 해로운가?"

그리고 결국 이 질문은 다음과 같은 질문으로 옮겨갔다.

"스트레스는 얼마나 해로운가?"

이후 스트레스가 해롭다는 생각이 압도적으로 널리 받아들여졌지만, 정작 스트레스 연구는 조금 다른 이야기를 들려준다. 스트레스는 해롭지만 예외 적으로 그렇지 않을 때도 있다는 것이다. 우리가 이 책에서 살펴본 사례들을 생각해보자. 예컨대 스트레스는 건강 문제의 위험성을 증가시키지만, 사람 들이 받은 것을 공동체에 정기적으로 되돌려주는 경우는 예외다.

스트레스는 사망 위험을 증가시키지만, 사람들이 목적의식을 가질 때는 예외다. 스트레스는 우울증 위험을 증가시키지만, 사람들이 자신의 어려움 에서 장점을 볼 때는 예외다. 스트레스는 몸과 마음을 마비시키지만, 사람 들이 자신의 능력을 인식할 때는 예외다. 스트레스는 몸과 마음을 쇠약하게 만들지만, 그로 인해 업무 수행 능력에 도움이 될 때는 예외다. 스트레스는 이기심을 조장하지만, 그로 인해 이타주의가 생길 때는 예외다. 우리가 어떤 해로운 결과를 생각해내더라도 스트레스와 해로움 사이의 예견된 상관성을 상쇄시키고 예기치 않은 혜택으로 종종 대체시켜주는 예외의 경우는 반드시 존재한다.

이 예외 사항들이 그토록 흥미로운 이유는 여기에 전혀 특별한 구석이 없기 때문이다. 우리를 스트레스라는 무서운 위험으로부터 보호하는 방법들은 하나같이 성취 가능한 것들이다. 이 책에서 묘사된 사고방식 훈련과 전략에 대해 떠올려보자. 가령 일상의 스트레스에서 보다 손쉽게 의미를 발견할 수 있도록 여러분의 가장 중요한 가치관을 기억하겠다고 선택하면 된다. 고통받을 때 느끼는 외로움을 줄일 수 있도록 자신의 어려움에 대해 솔직하고 정직한 대화를 나누면 된다. 자신이 압박감을 다스리고 그 도전에서 능력을 발휘할 수 있다고 믿기 위해 신체 스트레스 반응을 하나의 자원으로 간주하면 된다. 그리고 희망과 용기의 생물학에 접근할 수 있도록 다른 사람을 도와주려고 비상한 노력을 기울이면 된다. 이 전략들은 실천하기 쉬울 뿐 아니라 그것을 달성하기 위해 반드시 스트레스를 회피할 필요도 없다. 스트레스 회피를 대부분의 사람들이 반드시 필요한 조치라고 생각하지만, 나중에 알고 보면 불가능하고 자기파괴적인 목표에 불과하다.

"스트레스가 해로운가?" 또는 "스트레스가 유익한가?"를 최종적으로 결정하는 것보다, 지금으로서 나는 스트레스 문제에 대한 우리의 입장을 이해하는 것에 가장 큰 관심이 있다. 스트레스에 대처하려고 노력하는 개인으로서 우리는 다음과 같은 질문을 스스로 던져보는 편이 좋다.

"나는 스트레스를 유익한 것으로 전환할 능력이 있다고 믿고 있는가?"

사고방식이란 세상을 이분법적 논리로 보는 것이 아니다. 증거에 바탕을 둔 것이기도 하고, 우리가 인생에 대해 취하기로 결정한 입장이기도 하다.

과학에서 제기하는 또 하나의 주장은 다음 세 가지 상황에 해당될 때면 스트레스가 새로울 가능성이 가장 크다는 것이다.

1. 자신이 스트레스를 처리하기에 무능하다는 기분이 들 때.
2. 스트레스로 인해 다른 사람들과 고립될 때.
3. 스트레스가 완전히 무의미하고 자신의 의지에 반하는 것일 때.

지금까지 살펴봤듯이 스트레스에 대한 사고방식은 이 세 가지 요인 중 하나에 반영된다. 스트레스를 불가피하게 해로운 것이므로 피해야 할 대상으로 생각한다면 여러분은 다음과 같은 기분을 느낄 가능성이 커진다. 첫째, 현재 직면한 어려움을 해결할 능력이 자신에게 없지나 않을까 의심한다. 둘째, 혼자 고통받고 있다고 생각한다. 셋째, 자신의 어려움에서 의미를 발견할 수가 없다.

이와 대조적으로 스트레스를 받아들이고 포용하면 이 상태가 완전히 다른 경험으로 전환된다. 자기불신은 자신감으로 대체되고 공포는 용기로 바뀌고 고립감은 유대감으로 변화되며 고통은 의미를 만들어낸다. 그리고 이 스트레스를 없애지 않고도 이 모두가 가능하다.

얼마 전 나는 불안감의 수용이 업무 수행 능력을 어떻게 향상시키는지에 관해 연구하는 심리학자 제러미 제이미슨으로부터 한 통의 이메일을 받았다. 그는 최근에 인기가 없는 또 하나의 기분 상태인 피로감에 대해 다시 생각해봤다고 이야기했다. 제이미슨은 슬하에 이제 갓 돌이 지난 아이를 두고 있다. 그는 이렇게 말했다.

"아내와 저는 곰곰이 생각해봤습니다. 하루가 끝날 무렵에 완전히 탈진하는 것은 우리가 모든 것을 쏟아부었다는 신호가 아닐까요?"

이 대목에 이르자 나는 빙그레 미소를 지었다. 그의 스트레스 사고방식이 어떻게 실행되는지 정말 간단명료하게 묘사되고 있었기 때문이다. 그는 어떤 신체 상태가 자신이나 자기 인생에 문제가 있다는 신호라고 생각하지 않았다. 오히려 초보 아빠 노릇이라는 스트레스에서 의미를 발견하도록 도와주는 신호로 봤다. 그의 이메일은 내가 스트레스를 다시 생각하기 시작한 이후 품게 됐던 비슷한 생각들을 떠올리게 했다. 이제 나는 아무 어려움 없이 스트레스를 재평가할 수 있다고 생각한다. 비록 처음에는 습관에 따라 이렇게 불평을 늘어놓더라도 말이다.

"아, 정말 스트레스야!"

스트레스를 포용하는 과정에 몰입했을 때 나는 그것이 나의 일상적인 경험에 어떤 식으로 가장 큰 영향을 미칠지 예상치 못했다. 놀랍게도 나는 무척 스트레스 받는다고 묘사할 법한 상황에서 무한한 감사를 느끼기 시작했다. 사고방식을 의도적으로 전환시킨 것은 아니었다. 감사한 마음이 불쑥 들었을 뿐이다. 아직도 나는 이 부분이 가장 크게 달라진 이유를 완전히 파악하지 못했다. 하지만 내가 스트레스를 포용하기 전의 경험에서 가장 유해한 부분과 관계가 있을 것 같다. 즉, 내가 스트레스 경험을 너무 괴롭다고 생각했기 때문에 스트레스를 야기한 인생의 정황들을 원망하는 버릇 말이다.

내가 관찰해본 결과 스트레스를 포용할 때 나타나는 효과는 이 양식을 따르는 듯하다. 사람이 자신의 삶에서 스트레스와 맺은 관계에서 가장 해로운 부분을 변화시키는 것이다. 수강생들은 두려움이나 외로움이 줄어들기도 하고 인생에 더 열중하게 된다고 말했다. 그들은 자기 인생의 피해자가 된 듯한 기분이 줄어들었고 스트레스 많은 삶을 사는 것에 대한 죄책감이 감소했다. 일부 수강생들은 다른 사람들을 더 신뢰하게 됐고, 또 어떤 학생들은 처음으로 남의 말에 좌우되지 않았다. 다른 수강생들은 과거의 사건에 대한 분노가 줄어들었고 미래에 대한 희망에 한층 부풀었다. 그렇다면 내 가설은 무엇일까? 각각의 경우가 자신의 스트레스 경험을 전환시키기 위해 딱 필요한 일이었다는 것이다.

여러분이 이 책을 덮고 나서도 여기서 제시한 생각들이 어떻게 여러분의 삶에 뿌리내릴지 여전히 이해하지 못할지도 모른다. 그것이 바로 사고방식 중재가 부리는 마법의 일부다. 만약 이 과학이 진실이라면 여러분은 이 책의 주제에 대해 기억조차 나지 않을 것이다. 만약 지금으로부터 1년 뒤에 여러분을 추적 조사해서 이 책에서 가장 좋아하는 부분이 무엇이냐고 묻는다면 셀리에의 쥐 이야기가 기억나겠는가, 아니면 솔 트레인 주자들이 서로를 계속 응원해주었던 부분에 대해 떠올리겠는가? 그때까지도 가쁘게 뛰는 심장에 대해 다시 생각하거나 공익적인 목적들을 기억하려고 노력하겠는가? 그것도 아니면 이 책의 세부 사항 가운데 하나라도 기억하려고 애를 쓰겠는가?

그 정도는 받아들일 만하다. 여러분에게 가장 필요했던 말은 기억에 남을 것이라고 믿는다. 어쩌면 구체적인 연구나 사례를 외우는 방식은 아니겠지만, 새로운 사고방식이 종종 닻을 내리는 방식으로 기억될 것이다. 마음속에서 그 새로운 사고방식들은 여러분에게 용기를 주고 영감을 불어넣으며 자기 자신과 세상을 바라보는 관점을 변화시킬 것이다.

마지막으로 한 가지만 덧붙이고 싶다. 얼마 전에 가까운 친구 한 명이 내게 털어놓기를, 그녀의 가족들은 새해 소원을 비는 대신 그해의 스트레스 목표를 설정하기 시작했다. 해마다 그녀와 남편 그리고 10대 아들은 내년에 어떻게 성장하고 싶은지를 결정한다. 그러고 나서 의미 있으면서도 어려운 개인 프로젝트를 선택한다. 이 가족은 스트레스의 이로움이 무엇일지에 대해 이야기한다. 버거우리라 예상되는 것, 걱정할 법한 것, 그들이 개발하고 싶은 능력에 대해 의견을 교환한다.

나는 이 생각이 정말 마음에 들어서 지체 없이 이를 직접 활용하기로 했다. 새해 결심으로만 이용하는 데 그치지 않고 인생의 방향으로도 이용했다. 사실 이 책을 집필하는 일은 지난 2년 동안 내 중요한 스트레스 목표 중 하나였다. 나는 광범위한 과학적 연구를 공정히 다루기란 쉽지 않은 작업이 될 것임을 이미 알고 있었고, 사람들이 스트레스에 대해 이야기할 때 염두에 두는 놀라울 정도로 다양한 의도들을 제대로 전달할 능력이 나한테 있는지 무척 걱정스러웠다. 내가 반드시 계발해야 할 능력은 사람들에게 스트레스 경험을 솔직하고 진실되게 이야기해달라고 계속 요청하려는 마음자세였다. 그로 인해 이 책을 집필하는 작업이 좀 더 복잡해졌거나, 내가 깔끔하게 대답할 수 없는 질문들을 어쩔 수 없이 수용하게 됐을 때조차 그런 마음자세가 필요했다.

이 책 자체가 일종의 사고방식 중재다. 여러분은 이 이야기가 자기만의 스트레스 목표를 설정하라는 초대이기도 하다는 사실을 이미 간파했는지도 모른다. 새로운 시작이나 과도기는 스스로에게 어떤 식으로 도전하고 싶은지에 대해 생각해볼 수 있는 기회다. 생일, 새해, 새로운 학년의 시작, 일요일 저녁 또는 펼쳐질 하루에 대해 생각하게 되는 매일 아침이 모두 해당된다. 지금 당장 여러분은 스스로에게 이렇게 물을 수도 있다.

"스트레스를 통해 어떻게 성장하고 싶은가?"

내가 한 가지 배운 중요한 사실은, 여러분이 그렇게 만들겠다고 선택하기만 한다면 어느 순간이든 자신의 스트레스 경험 방법을 바꾸는 전환점이 될 수 있다는 점이다.

| 감사의 말 |

고백컨대 이 책을 쓰는 일은 스트레스였다. 물론 좋은 의미로 하는 말이다. 하지만 다른 사람들이 받은 엄청난 스트레스가 없었더라면 나는 이 작업을 완수하지 못했을 것이다. 내가 전하는 감사의 말에는 이 책이 탄생하기까지의 역사가 담겨 있다.

여러분은 2013년 스코틀랜드의 에든버러에서 진행된 내 TED 강연 영상을 봤기 때문에 이 책을 선택했을지도 모른다. 나는 '스트레스를 친구로 만드는 법'이라는 강연을 하기 7년 전에 스트레스에 대한 원고를 쓰기 시작했다. 그러나 TED 강연 경험이 없었더라면 이 책을 출간하겠다는 용기를 내지 못했을 것이다. 그러므로 TED의 창립자 브루노 귀사니Bruno Giussani와 크리스 앤더슨Chris Anderson에게 감사의 인사를 전한다. 이들은 이 세상이 스트레스를 다시 생각할 준비가 돼 있다고 내게 알려주었다. 그리고 내 쌍둥이 언니이자 TED 강연계의 노련한 선배인 제인 맥고니걸Jane McGonigal에게 특별히 고맙다는 인사를 하고 싶다. 언니는 TED 강연을 하면 좋겠다고 나를

308 __ 스트레스의 힘

설득했고, TED 주최자들에게도 나를 강연 무대에 올려야 한다고 설득했다.

에이버리Avery 및 펭귄랜덤하우스Penguin Random House 팀 전체에도 감사드린다. 이 프로젝트는 내가 다음 저서에 적합할 만한 주제 목록을 보내면서 시작됐다. 이들에게 내가 책을 집필하기도 전에 스트레스의 긍정적인 면을 알아봐줘서 고맙다는 말을 하고 싶다. 이 책의 책임편집자 메건 뉴먼Megan Newman에게도 특별히 감사드린다. 그가 이 책의 초고에서 가장 높이 산 점은 내게 가장 의미 있는 요소이자 이 책에서 빼면 안 된다고 확신한 부분이기도 했다. 브라이언 타르트Brian Tart, 윌리엄 신커William Shinker, 리사 존슨Lisa Johnson에게도 정말 감사드린다. 이들은 내가 저자로서 편히 기댈 수 있는 훌륭한 보금자리를 만들어줬으며 일찌감치 이 책에 믿음을 보여줬다. 물론 린지 고든Lindsay Gordon과 케이시 멀로니Casey Maloney가 없었다면 이 책은 결코 세상에 알려지지 않았을 것이다. 두 사람은 미국 출판계의 드림 팀이다.

전작에 실린 감사의 글을 읽은 독자라면 이미 알겠지만, 내게는 세계 최고의 출판 에이전트 테드 와인스타인Ted Weinstein이 있다. 그러므로 여러분이 책을 내고 싶은데 아직 그에게 제안서를 보내지 않았다면 내가 해줄 말은 이것뿐이다.

"지금이라도 당장 보내세요!"

또한 내게는 국제적인 후원 팀이 있다. 그중에서도 특히 일본의 마나미 타마오키Manami Tamaoki와 터틀모리 에이전시Tuttle-Mori Agency에서 일하는 분들에게 감사드리고 싶다. 이들은 나를 지구 반대쪽에 사는 청중에게 이끌었다.

다음으로 이메일, 전화, 스카이프를 이용하거나 나를 직접 만나서 자신들의 연구 내용을 이해시켜주려고 노력한 각 대학의 연구원들에게도 정말 감

사드린다. 특히 미란다 벨처Miranda Beltzer, 스티브 콜Steve Cole, 제니퍼 크로
커, 앨리아 크럼, 제러미 제이미슨, 수전 로엡, 애실리 마틴Ashley Martin, 크
리스털 팍Crystal Park, 마이클 폴린Michael Poulin, 제인 셰익스피어―핀치Jane
Shakespeare-Finch, 마틴 터너, 마크 시어리, 그레그 월튼, 모니카 월린, 데이비
드 예거에게 감사 인사를 드린다. 고통을 경감시키고 다른 사람들의 인생을
더욱 의미 있게 만들어주는 과학 연구에 일생을 바친 것에 대해 더욱 깊이
감사드린다. 만약 이분들의 과학 연구를 더 많은 대중에게 전달하려는 과정
에서 내가 실수한 것이 조금이라도 있다면 기탄없이 지적해주기 바란다.

프로그램 개발자들, 책임자들, 교사들, 그 밖에 최전선에서 힘써주신 다른
분들에게도 감사드린다. 이들의 작업은 수많은 사람들의 인생을 변화시켰
고 이 책을 위해 나와 이야기를 나눠줬다. 그분들은 바로 쿠야호가커뮤니티
대학의 아론 알토스, 모데스토의 지역 봉사 단체에서 일하는 수 코터, 솔 트
레인의 제시카 레플러와 나탈리 스타바스, 스칼라매치의 다이애나 애덤슨
Diana Adamson과 노엘 라미레즈Noel Ramirez, 디너 파티의 레넌 플라워스, 호프
애프터 프로젝트의 제니퍼 화이트, 이미지 앤 보이스 오브 호프의 맬러리 진
테너, 《크리스천사이언스모니터》의 매리 윌텐버그다. 이들의 활동과 이야
기를 독자들에게 전달할 수 있었던 것은 소중한 선물이었다.

스탠퍼드의 수강생들에게도 고마움을 전한다. 특히 '새로운 스트레스 과
학' 강의를 수강해준 분들에게 감사드린다. 이들은 스트레스를 없애겠다는
생각으로 수업에 들어왔다가 그것을 포용하라는 내 말을 듣고서도 수강 신
청을 취소하지 않았다. 그리고 어려운 질문들을 던져준 데 진심으로 고맙다
는 말을 하고 싶다. 이 책을 위해 자신의 사연을 관대한 마음으로 들려준 분

들에게 감사드린다. 여러분의 사고방식 전환은 공인됐다고 생각하셔도 된다.

저자가 원고를 더 이상 미루지 않고 실제로 책을 완성하기 위해서는 동네 방네가 다 나서야 한다. 비록 그 저자가 예전에 의지력에 관한 책을 쓴 적이 있더라도 말이다. 그러므로 세 분의 글쓰기 동료에게 감사드린다. 레아 와이스 엑스트롬Leah Weiss Ekstrom, 마리나 크라코브스키Marina Krakovsky, 제인 맥고니걸은 내가 하는 작업이 마침내 진짜 책으로 만들어질 수 있도록 이따금 내 상태를 확인해줬다. 그리고 코니 헤일Connie Hale에게도 감사드린다. 내 초고를 읽고 유용한 충고를 해준 덕분에 결과물이 상당히 읽을 만한 내용으로 변모했다.

감사하고 싶은 사람이 또 있다. 내 남편인 브라이언 키드Brian Kidd다. 남편은 처음부터 끝까지 집필 과정을 나와 함께했다. 그리고 매번 책을 쓸 때마다 그와 우리 가족이 받는 정신적 충격이 줄어들고 있다고 내게 장담해준다. 바라건대 이번에도 남편이 일종의 대리 외상 후 성장을 경험했으면 좋겠다.

마지막으로 그 누구보다 감사 인사를 드리고 싶은 사람들이 있다. 이 책을 끝까지 읽어주신 여러분이다. 독자 여러분께 진심으로 고맙다는 말씀을 전하고 싶다.

|주|

들어가며 _ 스트레스는 해롭다는 생각에 숨겨진 진실

1. Keller, Abiola, Kristen Litzelman, Lauren E. Wisk, et al. (2011). "Does the Perception That Stress Affects Health Matter? The Association with Health and Mortality." Health Psychology 31, no. 5: 677-84.

2. Levy, Becca R., Martin D. Slade, Suzanne R. Kunkel, and Stanislav V. Kasl. "Longevity Increased by Positive Self-Perceptions of Aging." Journal of Personality and Social Psychology 83, no. 2 (2002): 261-70.

3. Barefoot, John C., Kimberly E. Maynard, Jean C. Beckham, Beverly H. Brummett, Karen Hooker, and Ilene C. Siegler. "Trust, Health, and Longevity." Journal of Behavioral Medicine 21, no. 6 (1998): 517-26.

4. Hansen, Jochim, Susanne Winzeler, and Sascha Topolinski. "When the Death Makes You Smoke: A Terror Management Perspective on the Effectiveness of Cigarette On-Pack Warnings." Journal of Experimental Social Psychology 46, no. 1 (2010): 226-28.

5. Major, Brenda, Jeffrey M. Hunger, Debra P. Bunyan, and Carol T. Miller. "The Ironic Effects of Weight Stigma." Journal of Experimental Social Psychology 51 (2014): 74-80.

6. Peters, Gjalt–Jorn Ygram, Robert A.C. Ruiter, and Gerjo Kok. "Threatening Communication: A Critical Re–Analysis and a Revised Meta–Analytic Test of Fear Appeal Theory." Health Psychology Review7, sup. 1 (2013): S8-S31. Peters, Gjalt–Jorn Y., Robert A.C. Ruiter, and Gerjo Kok. "Threatening Communication: A Qualitative Study of Fear Appeal Effectiveness Beliefs Among Intervention Developers, Policymakers, Politicians, Scientists, and Advertising Professionals." International Journal of Psychology 49, no. 2 (2014): 71-79.

제1장 _ 스트레스에 대한 생각을 바꾸는 방법

1. Crum, Alia J., and Ellen J. Langer. "Mind–Set Matters: Exercise and the Placebo Effect." Psychological Science 18, no. 2 (2007): 165-71.

2. Crum, Alia J., William R. Corbin, Kelly D. Brownell, and Peter Salovey. "Mind over Milkshakes: Mindsets, Not Just Nutrients, Determine Ghrelin Response." Health Psychology 3 0, no. 4 (2011): 424-29.

3. Crum, Alia J., Modupe Akinola, Ashley Martin, and Sean Fath. "Improving Stress Without Reducing Stress: The Benefits of a Stress Is Enhancing Mindset in Both Challenging and Threatening Contexts." Data partially presented at: Martin, A.M., Alia J. Crum, and Modupe A. Akinola. "The Buffering Effects of Stress Mindset on Cognitive Functioning During Stress." 이 포스터는 텍사스 주 오스틴에서 열린 2014년 성격과 심리학 컨퍼런스에 제출된 것이다.

4. Boudarene, M., J.J. Legros, and M. Timsit–Berthier. "[Study of the Stress Response: Role of Anxiety, Cortisol, and DHEAs]." L'Encephale 28, no. 2 (2001): 139-46.

5. Wemm, Stephanie, Tiniza Koone, Eric R. Blough, Steven Mewaldt, and Massimo Bardi. " The Role of DHEA in Relation to Problem Solving and

Academic Performance." Biological Psychology 85, no. 1 (2010): 53-61.

6. Morgan, Charles A., Steve Southwick, Gary Hazlett, Ann Rasmusson, Gary Hoyt, Zoran Zimolo, and Dennis Charney. "Relationships Among Plasma Dehydroepiandrosterone Sulfate and Cortisol Levels, Symptoms of Dissociation, and Objective Performance in Humans Exposed to Acute Stress." Archives of General Psychiatry 61, no. 8 (2004): 819-25. See also Rasmusson, Ann M., Meena Vythilingam, and Charles A. Morgan III. "The Neuroendocrinology of Posttraumatic Stress Disorder: New Directions." CNS Spectrums 8, no. 9 (2003): 651-67.

7. Cicchetti, Dante, and Fred A. Rogosch. "Adaptive Coping Under Conditions of Extreme Stress: Multilevel Influences on the Determinants of Resilience in Maltreated Children." New Directions for Child and Adolescent Development 2009, no. 124 (2009): 47-59. 사고방식의 개념에 대한 훌륭한 개론서를 찾는다면 다음을 참조할 것. Dweck, Carol. Mindset: The New Psychology of Success. Random House LLC, 2006. 예를 들어 노화에 대한 볼티모어종단연구는 다음 논문을 읽어보라. Levy, Becca R., Alan B. Zonderman, Martin D. Slade, and Luigi Ferrucci. "Age Stereotypes Held Earlier in Life Predict Cardiovascular Events in Later Life." Psychological Science 20, no. 3 (2009): 296-98.

8. Levy, Becca R., Martin D. Slade, Jeanine May, and Eugene A. Caracciolo. "Physical Recovery After Acute Myocardial Infarction: Positive Age Self−Stereotypes as a Resource." International Journal of Aging and Human Development 62, no. 4 (2006): 285-301.

9. Levy, Becca R., Martin D. Slade, Terrence E. Murphy, and Thomas M. Gill. "Association Between Positive Age Stereotypes and Recovery from Disability in Older Persons." JAMA 308, no. 19 (2012): 1972-73.

10. 스탠퍼드대학교의 심리학자 로라 카스텐슨(Laura Carstensen)은 노화의 여러 가지

심리적 혜택 가운데 사람들이 나이가 들면서 더 행복해진다는 측면을 입증한다. 예를 들어, 다음 논문을 읽어보라. Carstensen, Laura L., Bulent Turan, Susanne Scheibe, Nilam Ram, Hal Ersner-Hershfield, Gregory R. Samanez-Larkin, Kathryn P. Brooks, and John R. Nesselroade. "Emotional Experience Improves with Age: Evidence Based on Over 10 Years of Experience Sampling." Psychology and Aging 26, no. 1 (2011): 21-33.

11. Wolff, Julia K., Lisa M. Warner, Jochen P. Ziegelmann, and Susanne Wurm. "What Do Targeting Positive Views on Aging Add to a Physical Activity Intervention in Older Adults? Results from a Randomised Controlled Trial." Psychology and Health(2014): 1-18.

12. Wurm, Susanne, Lisa M. Warner, Jochen P. Ziegelmann, Julia K. Wolff, and Benjamin Schüz. "How Do Negative Self-Perceptions of Aging Become a Self-Fulfilling Prophecy?" Psychology and Aging 28, no. 4 (2013): 1088-97.

13. Levy, Becca R., Martin D. Slade, Suzanne R. Kunkel, and Stanislav V. Kasl. "Longevity Increased by Positive Self-Perceptions of Aging." Journal of Personality and Social Psychology 83, no. 2 (2002): 261-70.

14. Levy, Becca, Ori Ashman, and Itiel Dror. "To Be or Not to Be: The Effects of Aging Stereotypes on the Will to Live." OMEGA Journal of Death and Dying 40, no. 3 (2000): 409-20.

15. 이 항목들은 원래 다음 책에 실린 스트레스 사고방식 척도에서 차용한 내용이다. Crum, Alia J., Peter Salovey, and Shawn Achor. "Rethinking Stress: The Role of Mindsets in Determining the Stress Response." Journal of Personality and Social Psychology 104, no. 4 (2013): 716-33. 스트레스 사고방식 척도는 저작권자의 이용 허락을 받고 이 책에 게재했다. Copyright 2013 by the American Psychological Association.

16. 위의 책.

17. NPR, 로버트 우드 존슨 재단, 하버드대 보건대학원이 실시한 미국인의 스트레스 부담에 관한 조사는 2014년 5월 5일에 2,505명의 응답자가 제공한 샘플을 이용해 진행됐다.

18. 미국의 스트레스에 관한 조사는 해리스 인터랙티브(Harris Interactive) 미국심리학 회를 대신해 미국 내에서 진행하는 연례 조사다. 2013년 보고서는 2014년 2월 11 일에 미국심리학회에 의해 발표됐다. 다음 웹사이트를 참조할 것. http://www. apa.org/news/press/releases/stress/2013/stress-report.pdf.

19. NPR, 로버트 우드 존슨 재단, 하버드대 보건대학원이 실시한 미국인의 스트레스 부담에 관한 조사는 2014년 5월 5일에 2,505명의 응답자가 제공한 샘플을 이용해 진행됐다.

20. Crum, Alia. "Rethinking Stress: The Role of Mindsets in Determining the Stress Response." 2012년에 예일대학교에서 수여된 박사학위 논문이다.

21. Michel, Alexandra. "Transcending Socialization: A Nine-Year Ethnography of the Body's Role in Organizational Control and Knowledge Workers'Transformation." Administrative Science Quarterly 56, no. 3 (2012): 325-68.

22. Tsai, Feng-Jen, and Chang-Chuan Chan. "The Impact of the 2008 Financial Crisis on Psychological Work Stress Among Financial Workers and Lawyers." International Archives of Occupational and Environmental Health 84, no. 4 (2011): 445-52.

23. John Aidan Byrne. "The Casualties of Wall Street." WealthManagement. com. June 1, 2009. 다음 웹사이트를 참조할 것. http://wealthmanagement. com/practice-management/casualties-wall-street. (2014년 8월 9일)

24. 2008년 UBS 연례 보고서는 다음 웹사이트에서 확인할 수 있다. http://www. ubs.com/global/en/about_ubs/investor_relations/restatement.html. (2014 년 8월 10일)

25. Crum, Alia, Peter Salovey, and Shawn Achor. "Evaluating a Mindset

Training Program to Unleash the Enhancing Nature of Stress." Academy of Management Proceedings, vol. 2011, no. 1: 1-6.

26. 간단한 사고방식 중재에 관한 개론이 필요하다면 다음 논문을 참조할 것. Walton, Gregory M. "The New Science of Wise Psychological Interventions." Current Directions in Psychological Science 23, no. 1 (2014): 73-82.

27. Walton, Gregory M., and Geoffrey L. Cohen. "A Brief Social-Belonging Intervention Improves Academic and Health Outcomes of Minority Students." Science 331, no. 6023 (2011): 1447-51. 참가자들과 개인 면담은 2014년 2월 20일에 그레그 월튼이 진행했다.

28. Yeager, David S., and Gregory M. Walton. "Social-Psychological Interventions in Education: They're Not Magic." Review of Educational Research 81, no. 2 (2011): 267-301. Yeager, David S., Dave Paunesku, Gregory M. Walton, and Carol S. Dweck. "How Can We Instill Productive Mindsets at Scale? A Review of the Evidence and an Initial R&D Agenda." 이 백서는 2013년 5월 13일에 백악관에서 열린 "교육 수월성: 학습 사고방식의 중요성(Excellence in Education: The Importance of Academic Mindsets)" 회의를 위해 준비한 것이다.

29. Walton, Gregory M., Christine Logel, Jennifer M. Peach, Steven J. Spencer, and Mark P. Zanna. "Two Brief Interventions to Mitigate a 'Chilly Climate' Transform Women's Experience, Relationships, and Achievement in Engineering." (2014)

30. Yeager, David Scott, Rebecca Johnson, Brian James Spitzer, Kali H. Trzesniewski, Joseph Powers, and Carol S. Dweck. "The Far-Reaching Effects of Believing People Can Change: Implicit Theories of Personality Shape Stress, Health, and Achievement During Adolescence." Journal of Personality and Social Psychology 106, no. 6 (2014): 867-81. 다음 논문도 참조할 것. Miu, Adriana Sum, David Scott Yeager, David Sherman, James

Pennebaker, and Kali Trzesniewski. "Preventing Depression by Teaching Adolescents That People Can Change: Nine-Month Effects of a Brief Incremental Theory of Personality Intervention." (2014) 일부 사항들은 2014 년 5월 23일에 데이비드 예거와 진행한 개인 인터뷰에서 발췌한 것이다.

31. Kelley, John M., Ted J. Kaptchuk, Cristina Cusin, Samuel Lipkin, and Maurizio Fava. "Open-Label Placebo for Major Depressive Disorder: A Pilot Randomized Controlled Trial." Psychotherapy and Psychosomatics 81, no. 5 (2012): 312-14. 다음 논문도 함께 참조할 것. Kam-Hansen, Slavenka, Moshe Jakubowski, John M. Kelley, Irving Kirsch, David C. Hoaglin, Ted J. Kaptchuk, and Rami Burstein. "Altered Placebo and Drug Labeling Changes the Outcome of Episodic Migraine Attacks." Science Translational Medicine 6, no. 218 (2014): 218ra5-218ra5.

32. Silverman, Arielle, Christine Logel, and Geoffrey L. Cohen. "Self-Affirmation as a Deliberate Coping Strategy: The Moderating Role of Choice." Journal of Experimental Social Psychology 49, no. 1 (2013): 93-98. Cohen, Geoffrey L., and David K. Sherman. "The Psychology of Change: Self- Affirmation and Social Psychological Intervention." Annual Review of Psychology 65 (2014): 333-71.

제2장 _ 못 이기고 못 피하는 스트레스

1. Delahanty, Douglas L., A. Jay Raimonde, and Eileen Spoonster. "Initial Posttraumatic Urinary Cortisol Levels Predict Subsequent PTSD Symptoms in Motor Vehicle Accident Victims." Biological Psychiatry 48, no. 9 (2000): 940-47. See also Walsh, Kate, Nicole R. Nugent, Amelia Kotte, Ananda B. Amstadter, Sheila Wang, Constance Guille, Ron Acierno, Dean G. Kilpatrick, and Heidi S. Resnick. "Cortisol at the Emergency Room Rape Visit as a Predictor of PTSD and Depression Symptoms over Time."

Psychoneuroendocrinology 38, no. 11 (2013): 2520-28. Delahanty, Douglas L., Crystal Gabert-Quillen, Sarah A. Ostrowski, Nicole R. Nugent, Beth Fischer, Adam Morris, Roger K. Pitman, John Bon, and William Fallon. "The Efficacy of Initial Hydrocortisone Administration at Preventing Posttraumatic Distress in Adult Trauma Patients: A Randomized Trial." CNS Spectrums 18, no. 2 (2013): 103-11. Ehring, Thomas, Anke Ehlers, Anthony J. Cleare, and Edward Glucksman. "Do Acute Psychological and Psychobiological Responses to Trauma Predict Subsequent Symptom Severities of PTSD and Depression?" Psychiatry Research 161, no. 1 (2008): 67-75.

2. de Quervain, Dominique J-F., Dorothée Bentz, Tanja Michael, Olivia C. Bolt, Brenda K. Wiederhold, Jürgen Margraf, and Frank H. Wilhelm. "Glucocorticoids Enhance Extinction-Based Psychotherapy." Proceedings of the National Academy of Sciences 108, no. 16 (2011): 6621-25. de Quervain, Dominique J-F., and Jürgen Margraf. "Glucocorticoids for the Treatment of Post-Traumatic Stress Disorder and Phobias: A Novel Therapeutic Approach." European Journal of Pharmacology 583, no. 2 (2008): 365-71.

3. Aerni, Amanda, Rafael Traber, Christoph Hock, Benno Roozendaal, Gustav Schelling, Andreas Papassotiropoulos, Roger M. Nitsch, Ulrich Schnyder, and J-F. Dominique. "Low-Dose Cortisol for Symptoms of Posttraumatic Stress Disorder." American Journal of Psychiatry 161, no. 8 (2004): 1488-90.

4. Weis, Florian, Erich Kilger, Benno Roozendaal, Dominique J-F. de Quervain, Peter Lamm, Michael Schmidt, Martin Schmölz, Josef Briegel, and Gustav Schelling. "Stress Doses of Hydrocortisone Reduce Chronic Stress Symptoms and Improve Health-Related Quality of Life in High-Risk Patients After Cardiac Surgery: A Randomized Study." Journal of Thoracic

and Cardiovascular Surgery 131, no. 2 (2006): 277-82. Schelling, Gustav, Benno Roozendaal, Till Krauseneck, Martin Schmoelz, Dominique J-F. de Quervain, and Josef Briegel. "Efficacy of Hydrocortisone in Preventing Posttraumatic Stress Disorder Following Critical Illness and Major Surgery." Annals of the New York Academy of Sciences 1071, no. 1 (2006): 46-53.

5. Bentz, Dorothée, Tanja Michael, Dominique J-F. de Quervain, and Frank H. Wilhelm. "Enhancing Exposure Therapy for Anxiety Disorders with Glucocorticoids: From Basic Mechanisms of Emotional Learning to Clinical Applications." Journal of Anxiety Disorders 24, no. 2 (2010): 223-230.

6. Selye, Hans. The Stress of Life. McGraw Hill, 1956. 다음 책도 참조할 것. Selye, Hans. The Stress of My Life: A Scientist's Memoirs. McClelland and Stewart Toronto, 1977. Selye, Hans. Stress Without Distress. Springer U.S., 1976.

7. Petticrew, Mark P., and Kelley Lee. "The 'Father of Stress' Meets 'Big Tobacco': Hans Selye and the Tobacco Industry." American Journal of Public Health 101, no. 3 (2011): 411-18.

8. 셀리에의 인용문은 다음 책에 실린 인터뷰에서 발췌했다. Oates Jr., Robert M. Celebrating the Dawn: Maharishi Mahesh Yogi and the TM Technique. New York: G.P. Putnam's Sons, 1976.

9. NPR, 로버트 우드 존슨 재단, 하버드대 보건대학원이 실시한 미국인의 스트레스 부담에 관한 조사는 2014년 5월 5일에 2,505명의 응답자가 제공한 샘플을 이용해 진행됐다.

10. Schetter, Christine. "Psychological Science on Pregnancy: Stress Processes, Biopsychosocial Models, and Emerging Research Issues." Annual Review of Psychology 62 (2011): 531-58.

11. DiPietro, Janet A., Katie T. Kivlighan, Kathleen A. Costigan, Suzanne E. Rubin, Dorothy E. Shiffler, Janice L. Henderson, and Joseph P. Pillion.

"Prenatal Antecedents of Newborn Neurological Maturation." Child Development 81, no. 1 (2010): 115-30.

12. Watt, Melissa H., Lisa A. Eaton, Karmel W. Choi, Jennifer Velloza, Seth C. Kalichman, Donald Skinner, and Kathleen J. Sikkema. "'It's Better for Me to Drink, at Least the Stress Is Going Away': Perspectives on Alcohol Use During Pregnancy Among South African Women Attending Drinking Establishments." Social Science and Medicine 116 (2014): 119-25.

13. Lyons, David M., Karen J. Parker, and Alan F. Schatzberg. "Animal Models of Early Life Stress: Implications For Understanding Resilience." Developmental Psychobiology 52, no. 7 (2010): 616-24. See also Lyons, David M., and Karen J. Parker. "Stress Inoculation— Induced Indications of Resilience in Monkeys." Journal of Traumatic Stress 20, no. 4 (2007): 423-33. Parker, Karen J., Christine L. Buckmaster, Steven E. Lindley, Alan F. Schatzberg, and David M. Lyons. "Hypothalamic—Pituitary—Adrenal Axis Physiology and Cognitive Control of Behavior in Stress Inoculated Monkeys." International Journal of Behavioral Development 36, no. 1 (2012): 45-52.

14. Cannon, Walter Bradford. Bodily Changes in Pain, Hunger, Fear, and Rage: An Account of Recent Researches into the Function of Emotional Excitement. D. Appleton and Company, 1915. 고양이의 호흡에 관한 내용은 15쪽에 실려 있다.

15. Everly Jr., George S., and Jeffrey M. Lating. "The Anatomy and Physiology of the Human Stress Response." A Clinical Guide to the Treatment of the Human Stress Response, George S. Everly Jr.와 Jeffrey M. Lating 편, 17-51. New York: Springer, 2013.

16. Van den Assem, Martijn J., Dennie Van Dolder, and Richard H. Thaler. "Split or Steal? Cooperative Behavior When the Stakes Are Large."

Management Science 58, no. 1 (2012): 2-20.

17. von Dawans, Bernadette, Urs Fischbacher, Clemens Kirschbaum, Ernst Fehr, and Markus Heinrichs. "The Social Dimension of Stress Reactivity: Acute Stress Increases Prosocial Behavior in Humans." Psychological Science 23, no. 6 (2012): 651-60.

18. Kemeny, Margaret E. "The Psychobiology of Stress." Current Directions in Psychological Science 12, no. 4 (2003): 124-29. 다음 논문도 참조할 것. Dickerson, Sally S., Tara L. Gruenewald, and Margaret E. Kemeny. "When the Social Self Is Threatened: Shame, Physiology, and Health." Journal of Personality 72, no. 6 (2004): 1191-216.

19. Fox News/Associated Press. "Oregon Man Pinned Under 3,000-Pound Tractor Saved by Teen Daughters." April 11, 2013. http://www.foxnews. com/us/2013/04/11/oregon-man-pinned-under-3000-pound-tractor- saved-by-two-teen-daughters.

20. Allison, Amber L., Jeremy C. Peres, Christian Boettger, Uwe Leonbacher, Paul D. Hastings, and Elizabeth A. Shirtcliff. "Fight, Flight, or Fall: Autonomic Nervous System Reactivity During Skydiving." Personality and Individual Differences 53, no. 3 (2012): 218-23.

21. Seery, Mark D. "The Biopsychosocial Model of Challenge and Threat: Using the Heart to Measure the Mind." Social and Personality Psychology Compass 7 , no. 9 (2013): 637-53.

22. Peifer, Corinna. "Psychophysiological Correlates of Flow-Experience." Advances in Flow Research, Stephan Engeser 편, 139-64. New York: Springer, 2012.

23. Taylor, Shelley E. "Tend and Befriend: Biobehavioral Bases of Affiliation Under Stress." Current Directions in Psychological Science 15, no. 6 (2006): 273-77. Buchanan, Tony W., and Stephanie D. Preston. "Stress Leads to

Prosocial Action in Immediate Need Situations." Frontiers in Behavioral Neuroscience 8, no. 5 (2014): 1-6.

24. Moghimian, Maryam, Mahdieh Faghihi, Seyed Morteza Karimian, Alireza Imani, Fariba Houshmand, and Yaser Azizi. "The Role of Central Oxytocin in Stress—Induced Cardioprotection in Ischemic— Reperfused Heart Model." Journal of Cardiology 61, no. 1 (2013): 79-86.

25. Laurent, Heidemarie K., Sean M. Laurent, and Douglas A. Granger. "Salivary Nerve Growth Factor Response to Stress Related to Resilience." Physiology and Behavior 129 (2014): 130-34.

26. Het, Serkan, Daniela Schoofs, Nicolas Rohleder, and Oliver T. Wolf. "Stress—Induced Cortisol Level Elevations Are Associated with Reduced Negative Affect After Stress: Indications for a Mood—Buffering Cortisol Effect." Psychosomatic Medicine 74, no. 1 (2012): 23-32. Walsh, Kate, Nicole R. Nugent, Amelia Kotte, Ananda B. Amstadter, Sheila Wang, Constance Guille, Ron Acierno, Dean G. Kilpatrick, and Heidi S. Resnick. "Cortisol at the Emergency Room Rape Visit as a Predictor of PTSD and Depression Symptoms Over Time." Psychoneuroendocrinology 38, no. 11 (2013): 2520-28.

27. Stout, Jane G., and Nilanjana Dasgupta. "Mastering One's Destiny: Mastery Goals Promote Challenge and Success Despite Social Identity Threat." Personality and Social Psychology Bulletin 39, no. 6 (2013): 748-62.

28. Pierrehumbert, Blaise, Raffaella Torrisi, Daniel Laufer, Oliver Halfon, François Ansermet, and M. Beck Popovic. "Oxytocin Response to an Experimental Psychosocial Challenge in Adults Exposed to Traumatic Experiences During Childhood or Adolescence." Neuroscience 166, no. 1 (2010): 168-77.

29. Belsky, Jay, and Michael Pluess. "Beyond Diathesis Stress: Differential

Susceptibility to Environmental Influences." Psychological Bulletin 135, no. 6 (2009): 885-908. Pluess, Michael, and Jay Belsky. "Vantage Sensitivity: Individual Differences in Response to Positive Experiences." Psychological Bulletin 139, no. 4 (2013): 901-16.

30. Del Giudice, Marco, J. Benjamin Hinnant, Bruce J. Ellis, and Mona El-Sheikh. "Adaptive Patterns of Stress Responsivity: A Preliminary Investigation." Developmental Psychology 48, no. 3 (2012): 775-90. Del Giudice, Marco. "Early Stress and Human Behavioral Development: Emerging Evolutionary Perspectives." Journal of Developmental Origins of Health and Disease 5, no. 5 (2014): 270-80.

제3장 _ 의미 있는 삶은 스트레스 많은 삶

1. Ng, Weiting, Ed Diener, Raksha Aurora, and James Harter. "Affluence, Feelings of Stress, and Well-Being." Social Indicators Research 94, no. 2 (2009): 257-71. Holmqvist, Goran, and Luisa Natali. "Exploring the Late Impact of the Great Recession Using Gallup World Poll Data." Innocenti Working Paper No. 2014-14. UNICEF Office of Research, Florence.

2. Tay, Louis, Ed Diener, Fritz Drasgow, and Jeroen K. Vermunt. "Multilevel Mixed-Measurement IRT Analysis: An Explication and Application to Self-Reported Emotions Across the World." Organizational Research Methods14, no. 1 (2011): 177-207.

3. Baumeister, Roy F., Kathleen D. Vohs, Jennifer L. Aaker, and Emily N. Garbinsky. "Some Key Differences Between a Happy Life and a Meaningful Life." Journal of Positive Psychology 8, no. 6 (2013): 505-16.

4. 미국의 스트레스에 관한 조사는 해리스 인터랙티브 미국심리학회를 대신해 미국 내에서 진행하는 연례 조사다. 2013년 보고서는 2014년 2월 11일에 미국심리학회에 의해 발표됐다.

5. 칼름스 연례 스트레스 보고서(Kalms Annual Stress Report), 영국의 남녀 2,000명을 대상으로 실시한 조사. 이 조사의 결과는 2013년 11월 4일에 발표됐다.

6. Crompton, Susan. "What's Stressing the Stressed? Main Sources of Stress Among Workers ." Canadian Social Trends Component of Statistics Canada Catalogue no. 11–008–X. 20세에서 64세 사이의 성인 1750명을 대상으로 한 연구로, 그 결과는 2011년 10월 13일에 발표됐다.

7. 아동 양육에 과한 데이터는 갤럽–헬스웨이의 행복지수의 일부로 2014년 1월 2일과 2014년 9월 25일에 미국의 성인 131,159명을 대상으로 진행된 인터뷰를 참고했다. 자세한 내용은 다음 웹사이트를 참조할 것. http://www.gallup.com/poll/178631/adults–children–home–greater–joy–stress.aspx. 기업가에 관한 데이터는 2011년 1월 2일과 2012년 9월 30일 사이에 미국의 성인 273,175명을 대상으로 진행한 인터뷰를 참고했다. 자세한 내용은 다음 웹사이트를 참조할 것. http://www.gallup.com/poll/159131/entrepreneurship–comes–stress–optimism.aspx.

8. Hsee, Christopher K., Adelle X. Yang, and Liangyan Wang. "Idleness Aversion and the Need for Justifiable Busyness." Psychological Science 21, no. 7 (2010): 926–30.

9. Sahlgren, Gabriel H. "Work Longer, Live Healthier: The Relationship Between Economic Activity, Health and Government Policy." Institute for Economic Affairs Discussion Paper, May 16, 2013.

10. Britton, Annie, and Martin J. Shipley. "Bored to Death?" International Journal of Epidemiology 39, no. 2 (2010): 370–71.

11. Hill, Patrick L., and Nicholas A. Turiano. "Purpose in Life as a Predictor of Mortalit y Across Adulthood." Psychological Science, no. 25 (2014): 1482–86. See also Boyle, Patricia A., Lisa L. Barnes, Aron S. Buchman, and David A. Bennett. "Purpose in Life Is Associated with Mortality Among Community–Dwelling Older Persons." Psychosomatic Medicine 71, no.

5 (2009): 574-79. Krause, Neal. "Meaning in Life and Mortality." Journals of Gerontology Series B: Psychological Sciences and Social Sciences 64, no. 4 (2009): 517-27.

12. Steptoe, Andrew, Angus Deaton, and Arthur A. Stone. "Subjective Wellbeing, Health, and Ageing." Lancet(2014, in press). doi: 10.1016/S0140-6736(13)61489-0.

13. Aldwin, Carolyn M., Yu-Jin Jeong, Heidi Igarashi, Soyoung Choun, and Avron Spiro. "Do Hassles Mediate Between Life Events and Mortality in Older Men?: Longitudinal Findings from the VA Normative Aging Study." Experimental Gerontology 59 (2014): 74-80.

14. Hazel, Nicholas A., and Benjamin L. Hankin. "A Trait-State-Error Model of Adult Hassles over Two Years: Magnitude, Sources, and Predictors of Stress Continuity." Journal of Social and Clinical Psychology 33, no. 2 (2014): 103-23.

15. Keough, Kelli A., and Hazel Rose Markus. "The Role of the Self in Building the Bridge from Philosophy to Biology." Psychological Inquiry9, no. 1 (1998): 49-53.

16. Cohen, Geoffrey L., and David K. Sherman. "The Psychology of Change: Self-Affirmation and Social Psychological Intervention." Annual Review of Psychology 65 (2014): 333-71.

17. Koole, Sander L., Karianne Smeets, Ad Van Knippenberg, and Ap Dijksterhuis. "The Cessation of Rumination Through SelfAffirmation." Journal of Personality and Social Psychology 77, no. 1 (1999): 111-25.

18. Sherman, David K., Kimberly A. Hartson, Kevin R. Binning, Valerie Purdie-Vaughns, Julio Garcia, Suzanne Taborsky-Barba, Sarah Tomassetti, A. David Nussbaum, and Geoffrey L. Cohen. "Deflecting the Trajectory and Changing the Narrative: How Self-Affirmation Affects

Academic Performance and Motivation Under Identity Threat." Journal of Personality and Social Psychology 104, no. 4 (2013): 591-618. Siegel, Phyllis A., Joanne Scillitoe, and Rochelle Parks—Yancy. "Reducing the Tendency to Self—Handicap: The Effect of Self—Affirmation." Journal of Experimental Social Psychology 41, no. 6 (2005): 589-97.

19. Fotuhi, Omid. "Implicit Processes in Smoking Interventions." 워털루대학교에 제출된 논문은 박사학위 취득의 필수요건을 이수했다. Walton, Gregory M., Christine Logel, Jennifer M. Peach, Steven J. Spencer, and Mark P. Zanna. "Two Brief Interventions to Mitigate a 'Chilly Climate' Transform Women's Experience, Relationships, and Achievement in Engineering." Journal of Educational Psychology(2014, in press).

20. Krasner, Michael S., Ronald M. Epstein, Howard Beckman, Anthony L. Suchman, Benjamin Chapman, Christopher J. Mooney, and Timothy E. Quill. "Association of an Educational Program in Mindful Communication with Burnout, Empathy, and Attitudes Among Primary Care Physicians." JAMA 302, no. 12 (2009): 1284-93. 이 중재에 관한 자세한 사항은 이 프로그램 창시자가 제공한 조력자 훈련 자료에도 실려 있다. 내과 의사의 인용구는 다음 논문에 실린 인터뷰에서 발췌했다. Beckman, Howard B., Melissa Wendland, Christopher Mooney, Michael S. Krasner, Timothy E. Quill, Anthony L. Suchman, and Ronald M. Epstein. "The Impact of a Program in Mindful Communication on Primary Care Physicians." Academic Medicine 87, no. 6 (2012): 815-19.

21. Elliot, Andrew J., Constantine Sedikides, Kou Murayama, Ayumi Tanaka, Todd M. Thrash, and Rachel R. Mapes. "Cross—Cultural Generality and Specificity in Self—Regulation: Avoidance of Personal Goals and Multiple Aspects of Well—Being in the United States and Japan." Emotion 12, no. 5 (2012): 1031-40.

22. 위의 책.

23. Oertig, Daniela, Julia Schüler, Jessica Schnelle, Veronika Brandstätter, Marieke Roskes, and Andrew J. Elliot. "Avoidance of Goal Pursuit Depletes Self-Regulatory Resources." Journal of Personality 81, no. 4 (2013): 365-75.

24. Holahan, Charles J., Rudolf H. Moos, Carole K. Holahan, Penny L. Brennan, and Kathleen K. Schutte. "Stress Generation, Avoidance Coping, and Depressive Symptoms: A 10-year model." Journal of Consulting and Clinical Psychology 73, no. 4 (2005): 658-66.

25. Richard M., Veronika Huta, and Edward L. Deci. "Living Well: A Self-Determination Theory Perspective on Eudaimonia." The Exploration of Happiness, 117-39. Springer Netherlands, 2013.

26. Maddi, Salvatore R. "The Story of Hardiness: Twenty Years of Theorizing, Research, and Practice." Consulting Psychology Journal: Practice and Research 54, no. 3 (2002): 173-85. 이 책에서 인용한 내용은 174쪽에 등장한다.

27. Maddi, Salvatore R. "On Hardiness and Other Pathways to Resilience." American Psychologist 60, no. 3 (2005): 261-62. Maddi, Salvatore R. "The Courage and Strategies of Hardiness as Helpful in Growing Despite Major, Disruptive Stresses." American Psychologist 63, no. 6 (2008): 563-64. Kobasa, Suzanne C., Salvatore R. Maddi, and Stephen Kahn. "Hardiness and Health: A Prospective Study." Journal of Personality and Social Psychology 42, no. 1 (1982): 168-77.

28. Quote originally appeared in Drexer, Madeline. "Life After Death: Helping Former Child Soldiers Become Whole Again." Harvard Public Health Review, Fall 2011: 18-25.

29. 위의 책. Betancourt, Theresa S., Stephanie Simmons, Ivelina Borisova, Stephanie E. Brewer, Uzo Iweala, and Marie de la Soudière. "High Hopes, Grim Reality: Reintegration and the Education of Former Child Soldiers

in Sierra Leone." Comparative Education Review 52, no. 4 (2008): 565-87.
Betancourt, Theresa S., Robert T. Brennan, Julia RubinSmith, Garrett M.
Fitzmaurice, and Stephen E. Gilman. "Sierra Leone's Former Child Soldiers:
A Longitudinal Study of Risk, Protective Factors, and Mental Health."
Journal of the American Academy of Child and Adolescent Psychiatry 49,
no. 6 (2010): 606-15. Betancourt, Theresa Stichick, Sarah Meyers-Ohki,
Sara N. Stulac, Amy Elizabeth Barrera, Christina Mushashi, and William
R. Beardslee. "Nothing Can Defeat Combined Hands (Abashize hamwe
ntakibananira): Protective Processes and Resilience in Rwandan Children
and Families Affected by HIV/AIDS." Social Science and Medicine 73, no.
5 (2011): 693-701.

제4장_ 마주하기: 불안은 어떻게 내 능력을 키우는가

1. Brooks, Alison Wood. "Get Excited: Reappraising Pre-Performance
Anxiety as Excitement." Journal of Experimental Psychology: General 143,
no. 3 (2014): 1144-58.

2. Dienstbier, Richard A. "Arousal and Physiological Toughness: Implications
for Mental and Physical Health." Psychological Review 96, no. 1 (1989):
84-100.

3. Morgan, Charles A., Sheila Wang, Ann Rasmusson, Gary Hazlett, George
Anderson, and Dennis S. Charney. "Relationship Among Plasma Cortisol,
Catecholamines, Neuropeptide Y, and Human Performance During
Exposure to Uncontrollable Stress." Psychosomatic Medicine 63, no. 3 (2001):
412-22.

4. Meyerhoff, James L., William Norris, George A. Saviolakis, Terry
Wollert, Bob Burge, Valerie Atkins, and Charles Spielberger. "Evaluating
Performance of Law Enforcement Personnel During a Stressful Training

Scenario." Annals of the New York Academy of Sciences 1032, no. 1 (2004): 250-53.

5. Jamieson, Jeremy P., Wendy Berry Mendes, Erin Blackstock, and Toni Schmader. "Turning the Knots in Your Stomach into Bows: Reappraising Arousal Improves Performance on the GRE." Journal of Experimental Social Psychology 46, no. 1 (2010): 208-12.

6. Strack, Juliane, and Francisco Esteves. "Exams? Why Worry? The Relationship Between Interpreting Anxiety as Facilitative, Stress Appraisals, Emotional Exhaustion, and Academic Performance." Anxiety, Stress, and Coping: An International Journal(2014): 1-10. doi: 10.1080/10615806.2014.931942.

7. Strack, Juliane, Paulo N. Lopes, and Francisco Esteves. "Will You Thrive Under Pressure or Burn Out? Linking Anxiety Motivation and Emotional Exhaustion." Cognition and Emotion. 2014년 6월 3일에 전자책으로 출판됨. 1-14. doi: 10.1080/02699931.2014.922934.

8. Allison, Amber L., Jeremy C. Peres, Christian Boettger, Uwe Leonbacher, Paul D. Hastings, and Elizabeth A. Shirtcliff. "Fight, Flight, or Fall: Autonomic Nervous System Reactivity During Skydiving." Personality and Individual Differences 53, no. 3 (2012): 218-23.

9. Adelson, Rachel. "Nervous About Numbers: Brain Patterns Reflect Math Anxiety." Association for Psychological Science Observer27, no. 7 (2014): 35-37.

10. McKay, Brad, Rebecca Lewthwaite, and Gabriele Wulf. "Enhanced Expectancies Improve Performance Under Pressure." Frontiers in Psychology 3 (2012): 1-5.

11. 쿠야호가커뮤니티대학의 스트레스 사고방식 중재에 관한 정보는 아론 알토스와 제러미 제이미슨과 한 인터뷰와 사적으로 나눈 대화를 참고했다. 꿈 성

취 교육 네트워크에 관한 더 자세한 정보는 다음 웹사이트를 참조할 것. http://achievingthedream.org. 카네기재단의 교육의 발전과 알파 실험실 연구 네트워크에 관해 더 자세한 정보를 알고 싶다면 다음 웹사이트를 참조할 것. http://commons.carnegiefoundation.org.

12. Yancura, Loriena A., Carolyn M. Aldwin, Michael R. Levenson, and Avron Spiro. "Coping, Affect, and the Metabolic Syndrome in Older Men: How Does Coping Get Under the Skin?" Journals of Gerontology Series B: Psychological Sciences and Social Sciences 61, no. 5 (2006): P295-P303.

13. Jefferson, Angela L., Jayandra J. Himali, Alexa S. Beiser, Rhoda Au, Joseph M. Massaro, Sudha Seshadri, Philimon Gona, et al. "Cardiac Index Is Associated with Brain Aging: The Framingham Heart Study." Circulation 122, no. 7 (2010): 690-97.

14. de Wit, Frank R.C., Karen A. Jehn, and Daan Scheepers. "Negotiating Within Groups: A Psychophysiological Approach." Research on Managing Groups and Teams 14 (2011): 207-38.

15. Seery, Mark D., Max Weisbuch, Maria A. Hetenyi, and Jim Blascovich. "Cardiovascular Measures Independently Predict Performance in a University Course." Psychophysiology 47, no. 3 (2010): 535-39. Turner, Martin J., Marc V. Jones, David Sheffield, and Sophie L. Cross. "Cardiovascular Indices of Challenge and Threat States Predict Competitive Performance." International Journal of Psychophysiology 86, no. 1 (2012): 48-57.

16. Vine, Samuel J., Paul Freeman, Lee J. Moore, Roy Chandra-Ramanan, and Mark R. Wilson. "Evaluating Stress as a Challenge Is Associated with Superior Attentional Control and Motor Skill Performance: Testing the Predictions of the Biopsychosocial Model of Challenge and Threat." Journal of Experimental Psychology: Applied 19, no. 3 (2013): 185-94.

17. Vine, Samuel J., Liis Uiga, Aureliu Lavric, Lee J. Moore, Krasimira Tsaneva—Atanasova, and Mark R. Wilson. "Individual Reactions to Stress Predict Performance During a Critical Aviation Incident." Anxiety, Stress, and Coping.(2014): 1–22.

18. van Wingen, Guido A., Elbert Geuze, Eric Vermetten, and Guillén Fernández. "Perceived Threat Predicts the Neural Sequelae of Combat Stress." Molecular Psychiatry 16, no. 6 (2011): 664–71.

19. Shnabel, Nurit, Valerie Purdie—Vaughns, Jonathan E. Cook, Julio Garcia, and Geoffrey L. Cohen. "Demystifying Values—Affirmation Interventions: Writing About Social Belonging Is a Key to Buffering Against Identity Threat." Personality and Social Psychology Bulletin 39, no. 5 (2013): 663–76. Cooper, Denise C., Julian F. Thayer, and Shari R. Waldstein. "Coping with Racism: The Impact of Prayer on Cardiovascular Reactivity and Post—Stress Recovery in African American Women." Annals of Behavioral Medicine 47, no. 2 (2014): 218–30. Krause, Neal. "The Perceived Prayers of Others, Stress, and Change in Depressive Symptoms over Time." Review of Religious Research 53, no. 3 (2011): 341–56.

20. Allen, Andrew P., Paul J. Kennedy, John F. Cryan, Timothy G. Dinan, and Gerard Clarke. "Biological and Psychological Markers of Stress in Humans: Focus on the Trier Social Stress Test." Neuroscience and Biobehavioral Reviews 38 (2014): 94–124.

21. Lyons, Ian M., and Sian L. Beilock. "When Math Hurts: Math Anxiety Predicts Pain Network Activation in Anticipation of Doing Math." PLOS ONE 7, no. 10 (2012): e48076. See also Maloney, Erin A., Marjorie W. Schaeffer, and Sian L. Beilock. "Mathematics Anxiety and Stereotype Threat: Shared Mechanisms, Negative Consequences and Promising Interventions." Research in Mathematics Education 15, no. 2 (2013): 115–28.

22. Jamieson, Jeremy P., Matthew K. Nock, and Wendy Berry Mendes. "Mind over Matter: Reappraising Arousal Improves Cardiovascular and Cognitive Responses to Stress." Journal of Experimental Psychology: General 141, no. 3 (2012): 417-22. 다음 논문도 참조할 것. Jamieson, Jeremy P., Matthew K. Nock, and Wendy Berry Mendes. "Changing the Conceptualization of Stress in Social Anxiety Disorder Affective and Physiological Consequences." Clinical Psychological Science 1, no. 4 (2013): 363-74.

23. Beltzer, Miranda L., Matthew K. Nock, Brett J. Peters, and Jeremy P. Jamieson. "Rethinking Butterflies: The Affective, Physiological, and Performance Effects of Reappraising Arousal During Social Evaluation." Emotion 14, no. 4 (2014): 761-68.

24. Mauss, Iris, Frank Wilhelm, and James Gross. "Is There Less to Social Anxiety Than Meets the Eye? Emotion Experience, Expression, and Bodily Responding." Cognition and Emotion 18, no. 5 (2004): 631-42. See also Anderson, Emily R., and Debra A. Hope. "The Relationship Among Social Phobia, Objective and Perceived Physiological Reactivity, and Anxiety Sensitivity in an Adolescent Population." Journal of Anxiety Disorders 23, no. 1 (2009): 18-26.

25. 개인 인터뷰는 2014년 12월에 수 코터가 진행했다.

26. Lambert, Jessica E., Charles C. Benight, Tamra Wong, and Lesley E. Johnson. "Cognitive Bias in the Interpretation of Physiological Sensations, Coping Self-Efficacy, and Psychological Distress After Intimate Partner Violence." Psychological Trauma: Theory, Research, Practice, and Policy 5, no. 5 (2013): 494-500.

27. Benight, Charles C., and Albert Bandura. "Social Cognitive Theory of Posttraumatic Recovery: The Role of Perceived Self-Efficacy." Behaviour Research and Therapy 42, no. 10 (2004): 1129-48.

1. Taylor, Shelley E., Laura Cousino Klein, Brian P. Lewis, Tara L. Gruenewald, Regan A.R. Gurung, and John A. Updegraff. "Biobehavioral Responses to Stress in Females: Tend-and-Befriend, Not Fight-or-Flight." Psychological Review 107, no. 3 (2000): 411-29. Taylor, Shelley E., and Sarah L. Master. "Social Responses to Stress: The Tend-and-Befriend Model." The Handbook of Stress Science: Biology, Psychology, and Health, Richard Contrada and Andrew Baum 편, 101-9. New York: Spinger, 2011.

2. Geary, David C., and Mark V. Flinn. "Sex Differences in Behavioral and Hormonal Response to Social Threat: Commentary on Taylor et al. (2000)." Psychological Review 104, no. 4 (2002): 745-50. Buchanan, Tony W., and Stephanie D. Preston. "Stress Leads to Prosocial Action in Immediate Need Situations." Frontiers in Behavioral Neuroscience 8, no. 5 (2014): 1-6. Koranyi, Nicolas, and Klaus Rothermund. "Automatic Coping Mechanisms in Committed Relationships: Increased Interpersonal Trust as a Response to Stress." Journal of Experimental Social Psychology 48, no. 1 (2012): 180-85.

3. Keltner, Dacher, Aleksandr Kogan, Paul K. Piff, and Sarina R. Saturn. "The Sociocultural Appraisals, Values, and Emotions (SAVE) Framework of Prosociality: Core Processes from Gene to Meme." Annual Review of Psychology 65 (2014): 425-60.

4. Inagaki, Tristen K., and Naomi I. Eisenberger. "Neural Correlates of Giving Support to a Loved One." Psychosomatic Medicine 74, no. 1 (2012): 3-7.

5. Strazdins, Lyndall, Amy L. Griffin, Dorothy H. Broom, Cathy Banwell, Rosemary Korda, Jane Dixon, Francesco Paolucci, and John Glover. "Time Scarcity: Another Health Inequality?" Environment and Planning, Part A 43, no. 3 (2011): 545-59.

6. Mogilner, Cassie, Zoë Chance, and Michael I. Norton. "Giving Time Gives

You Time." Psychological Science 23, no. 10 (2012): 1233-38.

7. Aknin, Lara B., Elizabeth W. Dunn, and Michael I. Norton. "Happiness Runs in a Circular Motion: Evidence for a Positive Feedback Loop Between Prosocial Spending and Happiness." Journal of Happiness Studies 13, no. 2 (2012): 347-55.

8. Harbaugh, William T., Ulrich Mayr, and Daniel R. Burghart. "Neural Responses to Taxation and Voluntary Giving Reveal Motives for Charitable Donations." Science 316, no. 5831 (2007): 1622-25.

9. 개인 인터뷰는 2014년 4월 29일에 제니퍼 크로커가 진행했다.

10. 나는 제니퍼 크로커의 연구에 영감을 준 리더십 교육 워크숍에 참여하지 못했지만 그 프로그램에 대해 자세한 정보가 궁금하다면 다음 웹사이트를 참조할 것. www. learnaslead.com.

11. Nuer, Lara. "Learning as Leadership: A Methodology for Organizational Change Through Personal Mastery." Performance Improvement 38, no. 10 (1999): 9-13.

12. Crocker, Jennifer, Marc-Andre Olivier, and Noah Nuer. "Self-Image Goals and Compassionate Goals: Costs and Benefits." Self and Identity8, no. 2-3 (2009): 251-69. Crocker, Jennifer. "The Paradoxical Consequences of Interpersonal Goals: Relationships, Distress, and the Self." Psychological Studies 56, no. 1 (2011): 142-50. Crocker, Jennifer, Amy Canevello, and M. Liu. "Five Consequences of Self-Image and Compassionate Goals." Advances in Experimental Social Psychology 45 (2012): 229-77.

13. Abelson, James L., Thane M. Erickson, Stefanie E. Mayer, Jennifer Crocker, Hedieh Briggs, Nestor L. Lopez-Duran, and Israel Liberzon. "Brief Cognitive Intervention Can Modulate Neuroendocrine Stress Responses to the Trier Social Stress Test: Buffering Effects of a Compassionate Goal Orientation." Psychoneuroendocrinology 44 (2014): 60-70.

14. Yeager, David S., Marlone Henderson, David Paunesku, Gregory M. Walton, Sidney D'Mello, Brian J. Spitzer, and Angela Lee Duckworth. "Boring but Important: A Self–Transcendent Purpose for Learning Fosters Academic SelfRegulation." Regulation(2014, in press).

15. Jack, Anthony I., Richard E. Boyatzis, Masud S. Khawaja, Angela M. Passarelli, and Regina L. Leckie. "Visioning in the Brain: An fMRI Study of Inspirational Coaching and Mentoring." Social Neuroscience 8, no. 4 (2013): 369-84.

16. Personal interview conducted with Monica Worline on August 5, 2014.

17. Hernandez, Morela, Megan F. Hess, and Jared D. Harris. "Leaning into the Wind: Hardship, Stakeholder Relationships, and Organizational Resilience." Academy of Management Proceedings, vol. 2013, no. 1, 16640. Academy of Management, 2013.

18. Frazier, Patricia, Christiaan Greer, Susanne Gabrielsen, Howard Tennen, Crystal Park, and Patricia Tomich. "The Relation Between Trauma Exposure and Prosocial Behavior." Psychological Trauma: Theory, Research, Practice, and Policy 5, no. 3 (2013): 286-94.

19. Staub, Ervin, and Johanna Vollhardt. "Altruism Born of Suffering: The Roots of Caring and Helping After Victimization and Other Trauma." American Journal of Orthopsychiatry 78, no. 3 (2008): 267-80.

20. Vollhardt, Johanna R., and Ervin Staub. "Inclusive Altruism Born of Suffering: The Relationship Between Adversity and Prosocial Attitudes and Behavior Toward Disadvantaged Outgroups." American Journal of Orthopsychiatry 81, no. 3 (2011): 307-15.

21. Taylor, Peter James, Patricia Gooding, Alex M. Wood, and Nicholas Tarrier. "The Role of Defeat and Entrapment in Depression, Anxiety, and Suicide." Psychological Bulletin 137, no. 3 (2011): 391-420.

22. Steffen, Seana Lowe, and Alice Fothergill. "9/11 Volunteerism: A Pathway to Personal Healing and Community Engagement." Social Science Journal 46, no. 1 (2009): 29-46.

23. Cristea, Ioana A., Emanuele Legge, Marta Prosperi, Mario Guazzelli, Daniel David, and Claudio Gentili. "Moderating Effects of Empathic Concern and Personal Distress on the Emotional Reactions of Disaster Volunteers." Disasters 38, no. 4 (2014): 740-52.

24. Brown, Stephanie L., R. Michael Brown, James S. House, and Dylan M. Smith. "Coping with Spousal Loss: Potential Buffering Effects of Self−Reported Helping Behavior." Personality and Social Psychology Bulletin 34, no. 6 (2008): 849-61.

25. Doran, Jennifer M., Ani Kalayjian, Loren Toussaint, and Diana Maria Mendez. "Posttraumatic Stress and Meaning Making in Mexico City." Psychology and Developing Societies 26, no. 1 (2014): 91-114.

26. Arnstein, Paul, Michelle Vidal, Carol Wells−Federman, Betty Morgan, and Margaret Caudill. "From Chronic Pain Patient to Peer: Benefits and Risks of Volunteering." Pain Management Nursing 3, no. 3 (2002): 94-103.

27. Kleinman, Stuart B. "A Terrorist Hijacking: Victims' Experiences Initially and 9 Years Later." Journal of Traumatic Stress 2, no. 1 (1989): 49-58.

28. Sullivan, Gwynn B., and Martin J. Sullivan. "Promoting Wellness in Cardiac Rehabilitation: Exploring the Role of Altruism." Journal of Cardiovascular Nursing 11, no. 3 (1997): 43-52.

29. Poulin, Michael J., and E. Alison Holman. "Helping Hands, Healthy Body? Oxytocin Receptor Gene and Prosocial Behavior Interact to Buffer the Association Between Stress and Physical Health." Hormones and Behavior 63, no. 3 (2013): 510-17.

30. Poulin, Michael J., Stephanie L. Brown, Amanda J. Dillard, and Dylan

M. Smith. "Giving to Others and the Association Between Stress and Mortality." American Journal of Public Health 103, no. 9 (2013): 1649-55.

31. Poulin, Michael J., and E. Alison Holman. "Helping Hands, Healthy Body? Oxytocin Receptor Gene and Prosocial Behavior Interact to Buffer the Association between Stress and Physical Health." Hormones and Behavior 63, no. 3 (2013): 510-17.

32. 응급구조단 훈련생들과 앨러미다 카운티 보건소 소장 알렉스 브리스코의 인용문은 응급구조단에서 제작한 다음 동영상에 등장한다. Emergency Medical Services Corps (EMS Corps): "Providing an Opportunity for Young Men to Become Competent and Successful Health Care Providers" (http://www.rwjf.org/en/about-rwjf/newsroom/newsroom-content/2014/01/ems- corps-video.html) and "EMS Corps Students Reflect on Heart 2 Heart Door-to-Door Blood Pressure Screening Event (https://www.youtube.com/watch?v=gSkwqLqP2tE).

33. Schreier, Hannah M.C., Kimberly A. Schonert-Reichl, and Edith Chen. "Effect of Volunteering on Risk Factors for Cardiovascular Disease in Adolescents: A Randomized Controlled Trial." JAMA Pediatrics 167, no. 4 (2013): 327-32.

34. Yount, Rick, Elspeth Cameron Ritchie, Matthew St. Laurent, Perry Chumley, and Meg Daley Olmert. "The Role of Service Dog Training in the Treatment of Combat-Related PTSD." Psychiatric Annals 43, no. 6 (2013): 292-95.

35. Direct quote from an inmate caregiver about his experience caring for a dying inmate. From Loeb, Susan J., Christopher S. Hollenbeak, Janice Penrod, Carol A. Smith, Erin Kitt-Lewis, and Sarah B. Crouse. "Care and Companionship in an Isolating Environment: Inmates Attending to Dying Peers." Journal of Forensic Nursing 9, no. 1 (2013): 35-44. 이 책에 실린 인용

문은 39쪽에 등장한다.

36. 위의 책. 다음 논문도 참조할 것. Wright, Kevin N., and Laura Bronstein. "An Organizational Analysis of Prison Hospice." Prison Journal 87, no. 4 (2007): 391-407.

37. Cloyes, Kristin G., Susan J. Rosenkranz, Dawn Wold, Patricia H. Berry, and Katherine P. Supiano. "To Be Truly Alive: Motivation Among Prison Inmate Hospice Volunteers and the Transformative Process of End-ofLife Peer Care Service." American Journal of Hospice and Palliative Medicine(2013): 1-14.

38. 위의 책.

39. These items are from the isolation and common humanity subscales of Kristin Neff's SelfCompassion Scale. Neff, Kristin D. "The Development and Validation of a Scale to Measure Self-Compassion." Self and Identity 2, no. 3 (2003): 223-50.

40. Allen, Ashley Batts, and Mark R. Leary. "Self-Compassion, Stress, and Coping." Social and Personality Psychology Compass 4, no. 2 (2010): 107-118. Neff, Kristin D. "The Development and Validation of a Scale to Measure SelfCompassion." Self and Identity 2, no. 3 (2003): 223-50.

41. Gilbert, Paul, Kristen McEwan, Francisco Catarino, and Rita Baião. "Fears of Compassion in a Depressed Population Implication for Psychotherapy." Journal of Depression and Anxiety S2 (2014): doi: 10.4172/2167-1044.S2-003. Jazaieri, Hooria, Geshe Thupten Jinpa, Kelly McGonigal, Erika L. Rosenberg, Joel Finkelstein, Emiliana Simon-Thomas, Margaret Cullen, James R. Doty, James J. Gross, and Philippe R. Goldin. "Enhancing Compassion: A Randomized Controlled Trial of a Compassion Cultivation Training Program." Journal of Happiness Studies 14, no. 4 (2013): 1113-26.

42. Barnard, Laura K., and John F. Curry. "The Relationship of Clergy

Burnout to Self—Compassion and Other Personality Dimensions." Pastoral Psychology 61, no. 2 (2012): 149-63. Raab, Kelley. "Mindfulness, Self—Compassion, and Empathy Among Health Care Professionals: A Review of the Literature." Journal of Health Care Chaplaincy 20, no. 3 (2014): 95-108. Abaci, Ramazan, and Devrim Arda. "Relationship Between Self—Compassion and Job Satisfaction in White Collar Workers ." Procedia—Social and Behavioral Sciences 106 (2013): 2241-47.

43. Jordan, Alexander H., Benoît Monin, Carol S. Dweck, Benjamin J. Lovett, Oliver P. John, and James J. Gross. "Misery Has More Company Than People Think: Underestimating the Prevalence of Others' Negative Emotions." Personality and Social Psychology Bulletin 37, no. 1 (2011): 120-35.

44. Orsillo, Susan M., and Lizabeth Roemer. The Mindful Way through Anxiety: Break Free from Chronic Worry and Reclaim Your Life161, Guilford Press, 2011.

45. McGonigal, Kelly. "The Mindful Way to Self—Compassion." Shambala Sun(July 2011): 77.

46. Fay, Adam J., Alexander H. Jordan, and Joyce Ehrlinger. "How Social Norms Promote Misleading Social Feedback and Inaccurate Self—Assessment." Social and Personality Psychology Compass 6, no. 2 (2012): 206-16.

47. Burke, Moira, Cameron Marlow, and Thomas Lento. "Social Network Activity and Social Well—Being." I n Proceedings of the SIGCHI Conference on Human Factors in Computing Systems, 1909-12. Association for Computing Machinery, 2010. Lou, Lai Lei, Zheng Yan, Amanda Nickerson, and Robert McMorris. "An Examination of the Reciprocal Relationship of Loneliness and Facebook Use Among First—Year College

Students." Journal of Educational Computing Research 46, no. 1 (2012): 105-117. Krasnova, Hanna, Helena Wenninger, Thomas Widjaja, and Peter Buxmann. "Envy on Facebook: A Hidden Threat to Users' Life Satisfaction?" (2013).

48. 스탠퍼드 공감과 이타주의 연구 및 교육 센터(ccare.stanford.edu)에서 실시한 공통된 인간성에 관한 나의 연구에 대해 보다 자세한 정보를 알고 싶다면 다음 논문을 읽어볼 것. Jazaieri, Hooria, Kelly McGonigal, Thupten Jinpa, James R. Doty, James J. Gross, and Philippe R. Goldin. "A Randomized Controlled Trial of Compassion Cultivation Training: Effects on Mindfulness, Affect, and Emotion Regulation." Motivation and Emotion 38, no. 1 (2014): 23-35. Jazaieri, Hooria, Geshe Thupten Jinpa, Kelly McGonigal, Erika L. Rosenberg, Joel Finkelstein, Emiliana Simon-Thomas, Margaret Cullen, James R. Doty, James J. Gross, and Philippe R. Goldin. "Enhancing Compassion: A Randomized Controlled Trial of a Compassion Cultivation Training Program." Journal of Happiness Studies 14, no. 4 (2013): 1113-26.

49. 디너 파티에 관한 자세한 정보는 다음 웹사이트에서 찾아보면 된다. http://thedinnerparty.org/. 레넌 플라워스와의 인터뷰는 2014년 8월 18일에 진행됐다.

50. Garcia, Julie A., and Jennifer Crocker. "Reasons for Disclosing Depression Matter: The Consequences of Having Egosystem and Ecosystem Goals." Social Science and Medicine 67, no. 3 (2008): 453-62. Newheiser, Anna-Kaisa, and Manuela Barreto. "Hidden Costs of Hiding Stigma: Ironic Interpersonal Consequences of Concealing a Stigmatized Identity in Social Interactions." Journal of Experimental Social Psychology 52 (2014): 58-70.

51. 솔 트레인에 관해 자세한 정보가 궁금하다면 다음 웹사이트를 참조할 것. http://www.trinityinspires.org/sole-train/. 제시카 레플러와의 인터뷰는 2014년 3월 21일에 진행됐다.

52. Martha Ross, "Stress: It's Contagious," San Jose Mercury News, July 27, 2014, D1–D3.

53. Buchanan, Tony W., Sara L. Bagley, R. Brent Stansfield, and Stephanie D. Preston. "The Empathic, Physiological Resonance of Stress." Social Neuroscience 7, no. 2 (2012): 191–201.

제6장 _ 성장하기: 역경은 어떻게 나를 강하게 만드는가

1. Aldwin, Carolyn M., Karen J. Sutton, and Margie Lachman. "The Development of Coping Resources in Adulthood." Journal of Personality 64, no. 4 (1996): 837–71.

2. Seery, Mark D., E. Alison Holman, and Roxane Cohen Silver. "Whatever Does Not Kill Us: Cumulative Lifetime Adversity, Vulnerability, and Resilience." Journal of Personality and Social Psychology 99, no. 6 (2010): 1025–41. Seery, Mark D. "Resilience a Silver Lining to Experiencing Adverse Life Events?" Current Directions in Psychological Science 20, no. 6 (2011): 390–94. Seery, Mark D., Raphael J. Leo, Shannon P. Lupien, Cheryl L. Kondrak, and Jessica L. Almonte. "An Upside to Adversity? Moderate Cumulative Lifetime Adversity Is Associated with Resilient Responses in the Face of Controlled Stressors." Psychological Science 24, no. 7 (2013): 1181–89. 모든 인용문과 일부 연구의 세부 사항 및 중재들은 2014년 7월 9일에 마크 시어리와 나눈 대화를 참고했다.

3. Seery, Mark D., Raphael J. Leo, E. Alison Holman, and Roxane Cohen Silver. "Lifetime Exposure to Adversity Predicts Functional Impairment and Healthcare Utilization Among Individuals with Chronic Back Pain." Pain 150, no. 3 (2010): 507–15.

4. Burke, Karena J., and Jane Shakespeare–Finch. "Markers of Resilience in New Police Officers Appraisal of Potentially Traumatizing Events."

Traumatology 17, no. 4 (2011): 52-60.

5. 스칼라매치에 관해 자세한 정보를 알고 싶다면 다음 웹사이트를 참조할 것. scholarmatch.org.

6. Yeager, David Scott, Valerie Purdie-Vaughns, Julio Garcia, Nancy Apfel, Patti Brzustoski, Allison Master, William T. Hessert, Matthew E. Williams, and Geoffrey L. Cohen. "Breaking the Cycle of Mistrust: Wise Interventions to Provide Critical Feedback Across The Racial Divide." Journal of Experimental Psychology: General 143, no. 2 (2014): 804-24.

7. Chen, Edith, and Gregory E. Miller. "Shift-and-Persist Strategies: Why Low Socioeconomic Status Isn't Always Bad for Health." Perspectives on Psychological Science 7, no. 2 (2012): 135-158.

8. Tedeschi, Richard G., and Lawrence G. Calhoun. "Posttraumatic Growth: Conceptual Foundations and Empirical Evidence." Psychological Inquiry 15, no. 1 (2004): 1-18. Sample post-traumatic growth items from Tedeschi, Richard G., and Lawrence G. Calhoun. "The Posttraumatic Growth Inventory: Measuring the Positive Legacy of Trauma." Journal of Traumatic Stress 9, no. 3 (1996): 455-71.

9. Laufer, Avital, and Zahava Solomon. "Posttraumatic Symptoms and Posttraumatic Growth Among Israeli Youth Exposed to Terror Incidents." Journal of Social and Clinical Psychology 25, no. 4 (2006): 429-47. Siegel, Karolynn, and Eric W. Schrimshaw. "Perceiving Benefits in Adversity: Stress-Related Growth in Women Living with HIV/AIDS." Social Science and Medicine 51, no. 10 (2000): 1543-54. Shakespeare-Finch, Jane E., S.G. Smith, Kathryn M. Gow, Gary Embelton, and L. Baird. "The Prevalence of Post-Traumatic Growth in Emergency Ambulance Personnel." Traumatology 9, no. 1 (2003): 58-71.

10. Cho, Dalnim, and Crystal L. Park. "Growth Following Trauma: Overview

and Current Status." Terapia Psicologica 31, no. 1 (2013): 69-79.

11. Baker, Jennifer M., Caroline Kelly, Lawrence G. Calhoun, Arnie Cann, and Richard G. Tedeschi. "An Examination of Posttraumatic Growth and Posttraumatic Depreciation: Two Exploratory Studies." Journal of Loss and Trauma 13, no. 5 (2008): 450-65. Tsai, J., R. El-Gabalawy, W.H. Sledge, S. M. Southwick, and R.H. Pietrzak. "Post- Traumatic Growth Among Veterans in the USA: Results from the National Health and Resilience in Veterans Study." Psychological Medicine: 1-15.

12. Shakespeare-Finch, Jane, and Janine Lurie-Beck. "A Meta-Analytic Clarification of the Relationship Between Posttraumatic Growth and Symptoms of Posttraumatic Distress Disorder." Journal of Anxiety Disorders 28, no. 2 (2014): 223-29.

13. Kehl, Doris, Daniela Knuth, Markéta Holubová, Lynn Hulse, and Silke Schmidt. "Relationships Between Firefighters' Postevent Distress and Growth at Different Times After Distressing Incidents." Traumatolog y 20, no. 4 (2014): 253-61. Lowe, Sarah R., Emily E. Manove, and Jean E. Rhodes. "Posttraumatic Stress and Posttraumatic Growth Among Low-Income Mothers Who Survived Hurricane Katrina." Journal of Consulting and Clinical Psychology81, no. 5 (2013): 877-89.

14. 제니퍼 화이트의 호프 애프터 프로젝트와 그녀의 개인사, 그녀가 이 단체에 관여하게 된 경위 등에 관한 자세한 정보는 다음 웹사이트를 참조할 것. http://www.hopeafterproject.com. 그녀의 개인 인터뷰는 2014년 12월 12일에 진행됐다.

15. Affleck, Glenn, Howard Tennen, Sydney Croog, and Sol Levine. "Causal Attribution, Perceived Benefits, and Morbidity After a Heart Attack: An 8-Year Study." Journal of Consulting and Clinical Psychology 55, no. 1 (1987): 29-35.

16. Ickovics, Jeannette R., Stephanie Milan, Robert Boland, Ellie

Schoenbaum, Paula Schuman, David Vlahov, and HIV Epidemiology Research Study (HERS) Group. "Psychological Resources Protect Health: 5-Year Survival and Immune Function Among HIV-Infected Women from Four U.S. Cities." AIDS 20, no. 14 (2006): 1851-60.

17. Danoff-Burg, Sharon, and Tracey A. Revenson. "Benefit-Finding Among Patients with Rheumatoid Arthritis: Positive Effects on Interpersonal Relationships." Journal of Behavioral Medicine 28, no. 1 (2005): 91-103.

18. Mavandadi, Shahrzad, Roseanne Dobkin, Eugenia Mamikonyan, Steven Sayers, Thomas Ten Have, and Daniel Weintraub. "Benefit Finding and Relationship Quality in Parkinson's Disease: A Pilot Dyadic Analysis of Husbands and Wives." Journal of Family Psychology 28, no. 5 (2014): 728-34.

19. Tran, Vincent, Deborah J. Wiebe, Katherine T. Fortenberry, Jorie M. Butler, and Cynthia A. Berg. "Benefit Finding, Affective Reactions to Diabetes Stress, and Diabetes Management Among Early Adolescents." Health Psychology 30, no. 2 (2011): 212-19.

20. Wood, Michael D., Thomas W. Britt, Jeffrey L. Thomas, Robert P. Klocko, and Paul D. Bliese. "Buffering Effects of Benefit Finding in a War Environment." Military Psychology 23, no. 2 (2011): 202-19.

21. Cassidy, Tony, Marian McLaughlin, and Melanie Giles. "Benefit Finding in Response to General Life Stress: Measurement and Correlates." Health Psychology and Behavioral Medicine 2, no. 1 (2014): 268-82.

22. Pakenham, Kenneth I., Kate Sofronoff, and Christina Samios. "Finding Meaning in Parenting a Child with Asperger Syndrome: Correlates of Sense Making and Benefit Finding." Research in Developmental Disabilities 25, no. 3 (2004): 245-64.

23. Bower, Julienne E., Carissa A. Low, Judith Tedlie Moskowitz, Saviz

Sepah, and Elissa Epel. "Benefit Finding and Physical Health: Positive Psychological Changes and Enhanced Allostasis." Social and Personality Psychology Compass 2, no. 1 (2008): 223-44. Bower, Julienne E., Judith Tedlie Moskowitz, and Elissa Epel. "Is Benefit Finding Good for Your Health? Pathways Linking Positive Life Changes After Stress and Physical Health Outcomes." Current Directions in Psychological Science 18, no. 6 (2009): 337-41.

24. Butler, Lisa D. "Growing Pains: Commentary on the Field Of Posttraumatic Growth and Hobfoll and Colleagues' Recent Contributions to It." Applied Psychology 56, no. 3 (2007): 367-78.

25. Cheng, Cecilia, Waiman Wong, and Kenneth W. Tsang. "Perception of Benefits and Costs During SARS Outbreak: An 18-Month Prospective Study." Journal of Consulting and Clinical Psychology 74, no. 5 (2006): 870-79.

26. McCullough, Michael E., Lindsey M. Root, and Adam D. Cohen. "Writing About the Benefits of an Interpersonal Transgression Facilitates Forgiveness." Journal of Consulting and Clinical Psychology 74, no. 5 (2006): 887-97.

27. vanOyen Witvliet, Charlotte, Ross W. Knoll, Nova G. Hinman, and Paul A. DeYoung. "Compassion-Focused Reappraisal, Benefit-Focused Reappraisal, and Rumination After an Interpersonal Offense: Emotion-Regulation Implications for Subjective Emotion, Linguistic Responses, and Physiology." Journal of Positive Psychology 5, no. 3 (2010): 226-42.

28. Rabe, Sirko, Tanja Zöllner, Andreas Maercker, and Anke Karl. "Neural Correlates of Posttraumatic Growth After Severe Motor Vehicle Accidents." Journal of Consulting and Clinical Psychology 74, no. 5 (2006): 880-86.

29. Danoff-Burg, Sharon, John D. Agee, Norman R. Romanoff, Joel M.

Kremer, and James M. Strosberg. "Benefit Finding and Expressive Writing in Adults with Lupus or Rheumatoid Arthritis." Psychology and Health 21, no. 5 (2006): 651-65.

30. Stanton, Annette L., Sharon Danoff-Burg, Lisa A. Sworowski, Charlotte A. Collins, Ann D. Branstetter, Alicia Rodriguez-Hanley, Sarah B. Kirk, and Jennifer L. Austenfeld. "Randomized, Controlled Trial of Written Emotional Expression and Benefit Finding in Breast Cancer Patients." Journal of Clinical Oncology 20, no. 20 (2002): 4160-68.

31. Cheng, Sheung-Tak, Rosanna W.L. Lau, Emily P.M. Mak, Natalie S.S. Ng, and Linda C.W. Lam. "Benefit-Finding Intervention for Alzheimer Caregivers: Conceptual Framework, Implementation Issues, and Preliminary Efficacy." Gerontologist 54, no. 6 (2014): 1049-58.

32. Wiltenburg, Mary. "She Doesn't Want to Share Her Grief with a Nation." Christian Science Monitor. September 3, 2002. Wiltenburg, Mary. "9/11 Hijacking Victim's Family Expanded, Even Without Him." Christian Science Monitor. September 9, 2011. 매리 윌텐버그와의 개인 인터뷰는 2014년 9월 16일에 진행됐다.

33. Holman, E. Alison, Dana Rose Garfin, and Roxane Cohen Silver. "Media's Role in Broadcasting Acute Stress Following the Boston Marathon Bombings." Proceedings of the National Academy of Sciences 111, no. 1 (2014): 93-98. Pfefferbaum, Betty, Elana Newman, Summer D. Nelson, Pascal Nitiéma, Rose L. Pfefferbaum, and Ambreen Rahman. "Disaster Media Coverage and Psychological Outcomes: Descriptive Findings in the Extant Research." Current Psychiatry Reports 16, no. 9 (2014): 1-7.

34. "The GfK Group Project Report for the National Survey of Fears" (2014). 자세한 정보가 궁금하다면 다음 웹사이트를 참조할 것. http://www.chapman.edu/wilkinson/research-centers/babbiecenter/survey-american-fears.

aspx.

35. IVOH에 관한 자세한 정보는 다음 웹사이트에서 찾아볼 수 있다. http://ivoh. org/. 맬러리 진 테너와의 개인 인터뷰는 2014년 2월 12일에 진행됐다.

36. Arnold, Debora, Lawrence G. Calhoun, Richard Tedeschi, and Arnie Cann. "Vicarious Posttraumatic Growth in Psychotherapy." Journal of Humanistic Psychology 45, no. 2 (2005): 239-63. Barrington, Allysa, and Jane E. Shakespeare—Finch. "Giving Voice to Service Providers Who Work with Survivors of Torture and Trauma." Qualitative Health Research 24, no. 12 (2014). 1686-99. Hernández, Pilar, David Gangsei, and David Engstrom. "Vicarious Resilience: A New Concept in Work With Those Who Survive Trauma." Family Process 46, no. 2 (2007): 229-41. Acevedo, Victoria Eugenia, and Pilar Hernandez—Wolfe. "Vicarious Resilience: An Exploration of Teachers and Children's Resilience in Highly Challenging Social Contexts." Journal of Aggression, Maltreatment, and Trauma 23, no. 5 (2014): 473-93. Inocencio Soares, Nataly Tsumura, and Mauren Teresa Grubisich Mendes Tacla. "Experience of Nursing Staff Facing the Hospitalization of Burned Children." Investigación y Educación en Enfermería 32, no. 1 (2014): 49-59.

37. Abel, Lisa, Casie Walker, Christina Samios, and Larissa Morozow. "Vicarious Posttraumatic Growth: Predictors of Growth and Relationships with Adjustment." Traumatology 20, no. 1 (2014): 9-18.

38. Tosone, Carol, Jennifer Bauwens, and Marc Glassman. "The Shared Traumatic and Professional Posttraumatic Growth Inventory." Research on Social Work Practice(2014). doi: 10.1177/1049731514549814.

39. Therapist's quote taken from Engstrom, David, Pilar Hernandez, and David Gangsei. "Vicarious Resilience: A Qualitative Investigation into Its Description." Traumatology 14, no. 3 (2008): 13-21.

40. Shochet, Ian M., Jane ShakespeareFinch, Cameron Craig, Colette Roos, Astrid Wurfl, Rebecca Hoge, Ross McD Young, and Paula Brough. "The Development and Implementation of the Promoting Resilient Officers (PRO) Program." Traumatology 17, no. 4 (2011): 43-51. ShakespeareFinch, Jane E., Ian M. Shochet, Colette R. Roos, Cameron Craig, Deanne Armstrong, Ross McD Young, and Astrid Wurfl. "Promoting Posttraumatic Growth in Police Recruits: Preliminary Results of a Randomised Controlled Resilience Intervention Trial." 이 논문은 호주의 서퍼스 파라다이스 위치한 QT 골드 코스트 호텔에서 열린 비즈니스 지속가능성 협회(Association for Sustainability in Business)의 호주와 뉴질랜드의 재해와 응급 관리 컨퍼런스(Australian and New Zealand Disaster and Emergency Management Conference)에서 발표됐다(2014년).

41. Hayes, Steven C., Jason B. Luoma, Frank W. Bond, Akihiko Masuda, and Jason Lillis. "Acceptance and Commitment Therapy: Model, Processes and Outcomes." Behaviour Research and Therapy 44, no. 1 (2006): 1-25. 다음 논문도 참조할 것. Bond, Frank W., Steven C. Hayes, Ruth A. Baer, Kenneth M. Carpenter, Nigel Guenole, Holly K. Orcutt, Tom Waltz, and Robert D. Zettle. "Preliminary Psychometric Properties of the Acceptance and Action Questionnaire—II: A Revised Measure of Psychological Inflexibility and Experiential Avoidance." Behavior Therapy 42, no. 4 (2011): 676-88.

| 찾아보기 |

KI신서 9149

스트레스의 힘

1판 1쇄 발행 2015년 12월 4일
2판 1쇄 발행 2020년 5월 29일
2판 5쇄 발행 2024년 5월 1일

지은이 켈리 맥고니걸 옮긴이 신예경
펴낸이 김영곤 펴낸곳 (주)북이십일 21세기북스
인문기획팀장 양으녕 인문기획팀 이지연 서진교 정민기 노재은 김주현
디자인 엔드디자인
출판마케팅영업본부장 한충희
출판영업팀 최명열 김다운 김도연 권채영
마케팅1팀 남정한 한경화 김신우 강효원
마케팅2팀 나은경 정유진 백다희 이민재
제작팀 이영민 권경민
해외기획팀 최연순 소은선

펴낸곳 (주)북이십일 21세기북스
출판등록 2000년 5월 6일 제406-2003-061호
주소 (10881) 경기도 파주시 회동길 201(문발동)
대표전화 031-955-2100 팩스 031-955-2151 이메일 book21@book21.co.kr

(주)북이십일 경계를 허무는 콘텐츠 리더

21세기북스 채널에서 도서 정보와 다양한 영상자료, 이벤트를 만나세요!
페이스북 facebook.com/jiinpill21   포스트 post.naver.com/21c_editors
인스타그램 instagram.com/jiinpill21   홈페이지 www.book21.com
유튜브 youtube.com/book21pub

당신의 일상을 빛내줄 탐나는 탐구 생활 〈탐탐〉
21세기북스 채널에서 취미생활자들을 위한 유익한 정보를 만나보세요!

ISBN 978-89-509-8834-0 03180